北京文物与考古系列丛书

通州东石村与北小营村

北京轻轨L2线通州段次渠站等
土地开发项目考古发掘报告

北京市考古研究院 编

上海古籍出版社

图书在版编目(CIP)数据

通州东石村与北小营村:北京轻轨L2线通州段次渠
站等土地开发项目考古发掘报告/北京市考古研究院编
. —上海:上海古籍出版社,2022.12
(北京文物与考古系列丛书)
ISBN 978 - 7 - 5732 - 0538 - 4

Ⅰ.①通… Ⅱ.①北… Ⅲ.①考古发掘-发掘报告-
通州区-古代 Ⅳ.①K872.135

中国版本图书馆CIP数据核字(2022)第218047号

北京文物与考古系列丛书

通州东石村与北小营村

——北京轻轨L2线通州段次渠站等土地开发项目考古发掘报告

北京市考古研究院 编

上海古籍出版社出版发行

(上海市闵行区号景路159弄1-5号A座5F 邮政编码201101)

(1)网址:www.guji.com.cn

(2)E-mail:guji1 @ guji.com.cn

(3)易文网网址:www.ewen.co

上海雅昌艺术印刷有限公司印刷

开本889×1194 1/16 印张13.75 插页42

2022年12月第1版 2022年12月第1次印刷

ISBN 978-7-5732-0538-4

K·3300 定价:218.00元

如有质量问题,请与承印公司联系

北京文物与考古系列丛书

内 容 简 介

本书为北京轻轨L2线通州段次渠站、堡渠南站、亦庄火车站土地一级开发项目B1、B2、D1、E3-1地块的考古发掘报告集。

在上述地块的考古发掘中，共发掘古代墓葬79座（辽代1座、清代78座）、唐代窑址1座，出土陶、瓷、银、铜等不同质地的文物。这些发现完善了通州区的考古学研究资料，增添了北京东南部的物质文化史信息，丰富了北京清代考古的研究视角，对了解凉水河流域的历史文化有着重要的学术意义。

本书可供从事考古、文物、历史等研究的学者及相关院校师生阅读和参考。

目　录

插 图 目 录

前　言

B1地块考古发掘报告

B2地块考古发掘报告

D1地块考古发掘报告

E3-1地块考古发掘报告

彩 版 目 录

D1 地块考古发掘报告

E3-1 地块考古发掘报告

前　言

一、地理环境与建置沿革

通州区位于北京市东南部,地处京杭大运河北端,自古是水陆要会,史称"左辅雄藩"。区域东西宽36.5公里、南北长48公里,面积906平方公里。

通州区西临北京市大兴区、朝阳区,北与顺义区接壤,东隔潮白河与河北省三河市、大厂回族自治县、香河县相连,南和天津市武清区、河北省廊坊市交界。全区设置4个街道、10个镇和1个乡。

该区主要由永定河、潮白河冲积而成。地势较平坦,西北至东南方向从高到低略有倾斜,平均海拔20米。属华北平原东北部,东南距渤海约100公里,西北距燕山山脉约70公里。

通州区属于大陆性季风气候:春季干旱多风,夏季炎热多雨,秋季天高气爽,冬季寒冷干燥。年平均温度11.3℃,平均降水620毫米。地震和气象灾害是主要的自然灾害。由于地处南苑-通县断裂带,历史上多次发生地震,比较大的有康熙十八年(1679年)平谷-三河大地震、1976年唐山大地震等。此外,水旱、大风、沙尘等也时有发生。

区境内河渠纵横。潮白河、北运河、温榆河、坝河、通惠河、港沟河、小中河、中坝河、凤港减河、凤河、萧太后河、凉水河、玉带河等河流分别属于潮白河、北运河两大河系,多为西北-东南走向,总长240公里。

通州区位重要。秦统一全国后,通州是蓟城(今北京)直达辽东襄平(今辽宁省辽阳市)驰道上的中枢。大运河开凿后,通州更成为北京通往东北、沿海地区和南方的水陆枢纽。

通州人口较多且民族众多。至2016年年底,全区常住人口为142.8万。除汉族外,回族人数最多,自元代以来,大量的回民到此定居,其他还有满族、蒙古族、朝鲜族、苗族、壮族等。

通州地区历史悠久。早在商周时期,这里已有人类活动。迄今所知最早的文化遗物为宋庄镇菜园村出土的属大坨头文化的陶鬲和石器。西周中期,属燕国范围。战国燕昭王时(前

311-前279年）开拓北疆，置上谷、渔阳、右北平、辽西、辽东五郡，今天的通州地属渔阳郡。秦代沿之。

约汉高祖十二年（前195年），在今潞城镇古城村一带设置路县，此乃今通州区单独行政区划建置开端。汉初始元年（8年），王莽改制后称帝建新，路县改名通路亭，渔阳郡亦变曰通路郡。更始元年（23年），恢复郡县原名。东汉建武元年（25年），以潞水而改路县为潞县，并将渔阳郡治（一说在今怀柔区梨园村处）迁至潞县城内。次年，渔阳太守彭宠起兵叛汉，3年后被平，但衙署焚为废墟，民舍化为灰烬，郡治迁还，县署东移至今河北省三河市一带。

汉献帝延康元年（220年），曹丕以魏代汉，废除渔阳郡，于幽州蓟城设置诸侯王国——燕国，潞县改隶之。西晋仍之。东晋十六国、北朝时期，潞县先后改属渔阳郡与前燕、前秦、后燕燕郡。北魏天兴二年（399年），复设渔阳郡，而郡治改在雍奴（约今天津市武清区），潞县属之。太平真君七年、十年（446年、449年），平谷县、安乐县先后废入潞县，此乃历史上潞县辖域最广时期。继而东魏另立，北齐续建，郡县治仍旧。约在天保八年（557年），渔阳郡治自雍奴北迁至今通州旧城北部区域，同时潞县衙署随迁于此，此便今通州城建设之始。

隋文帝开皇三年（583年），渔阳郡撤销，潞县直属幽州。隋炀帝大业三年（607年），幽州改称涿郡，潞县属之。次年，为东征高丽，炀帝"诏发河北诸郡男女百余万"，开凿永济渠，以运兵输粮，该渠斜穿今通州区南部。

唐高祖武德二年（619年），为东攻开道，南讨窦建德，在水陆交冲之地潞县城中，以幽玄通达而名设置玄州，并析出其东部区域建置临沟县，以作缓冲地段。太宗贞观元年（627年），中原一统，废除玄州，临沟还潞，上隶幽州。唐玄宗开元四年（716年），复析出潞县东部而置三河县。

五代十国时期，潞县先后上隶后梁、后唐、后晋幽州，而于后晋高祖天福三年（938年）随燕云十六州划入契丹国土，成为南京道幽都府辖县。辽圣宗统和晚期（约1002-1012年），萧太后主持开修辽陪都南京（今北京宣武区一带）东郊运河，称萧太后运粮河，解决潞县至燕京间驳运问题。开泰元年（1012年），南京道幽都府易名南京路析津府，又于太平间（1021-1030年），以"捺钵文化"之需与保证萧太后河漕运，析出武清县北部与潞县南部合为一域建置漷阴县，县治设于今漷县镇漷县村，与潞县并隶于析津府。天祚帝保大二年（1122年）宋金联兵灭辽，夺回燕云十六州，宋朝分得长城内六州，并在燕京设燕山府，潞、漷二县改属之。

宋徽宗宣和七年（1125年），金派兵攻陷燕山府，夺走六州，且在燕京置永安路析津府，潞、漷二县改隶之。金海陵王天德三年（1151年），调集百余万工匠民夫建设首都燕京，同时修治潞水以通漕运，便取"漕运通济之义"，在潞县城中设置通州，领潞、三河二县，越年首都建成，称中都，此乃古传"先有通州，后有北京"之由来。并将永安路析津府易称中都路大兴府，潞、漷俱隶之。大定、明昌间，曾开金口河、闸河沿高粱河于州城北侧入潞，驳运通州国仓储粮入中都。

自此,通州成为"九重肘腋之上流,六国咽喉之雄镇"。

金宣宗贞祐三年(1215年),忽必烈于燕京东北兴建大都,依次设置燕京路、中都路、大都路大兴府,通州领潞、三河二县与漷阴一并改属之。至元十三年(1276年),因唯一行宫设于柳林(今张家湾镇西永和屯村西),并确保白河(今北运河)漕运,将漷阴县升至漷州,领武清、香河二县,出现"一区二郡"罕况。"元都于燕,去江南极远,而百司庶府之繁,卫士编民之众,无不仰给于江南",遂修坝河、凿通惠河、开金口新河,克服大都与通州间驳运困境,以保京杭大运河运到通州之粮及其他各种物资源源不断转运大都,以万户侯"张瑄督海运至此"而出现驰名中外之张家湾。

元顺帝至正二十八年(1368年),明军攻占大都,于此设置北平府,同时潞县归入通州,通州领一县、漷州领二县并改属之,燕山侯孙兴祖受命重筑通州城。明太祖洪武十年(1377年),宝坻县脱离北平府管辖,改隶通州;十二年(1379年),武清县易属通州,香河县易属北平府;十四年(1381年)漷州降称漷县,上隶通州,通州领四县上属北平府,继而于永乐元年(1403年)属顺天府。四年(1406年),诏建首都北京,江淮流域所产木、砖、石材及其他不可胜计之粮物,连樯而至通州,大运河上下万舟骈集。京通间日夜"车毂织络,相望于道"。为加强战备,保卫北京,正统十四年(1449年),抢筑通州新城,用保天庚。嘉靖四十三年(1564年),急修张家湾城,以卫漕运,漕运所涉衙署俱设通州。

清世祖顺治元年(1644年)、七年(1650年)及十四年(1657年),先后于通州城中设置通州、通密、通蓟道,通州领四县先后改属之。十六年(1659年),漷县废入通州。圣祖康熙八年(1669年),通蓟道扩改为通永道;二十七年(1688年),顺天府于通州城中设置东路厅署。世宗雍正六年(1728年),三河、宝坻、武清脱离通州辖领,通州成为顺天府直辖州,被朝廷视为京门,战略地位高出以往[①]。

民国时期,通州改名通县,隶属河北省。1958年3月7日,通县、通州市划归北京市。1997年4月,撤通县设通州区。2012年,北京市首次正式提出将通州打造成城市副中心。

通州地区,名人辈出。自金朝至清光绪二十六年(1900年)约800年间,产生过通州籍状元2名,文进士172名,武进士37名,以及文、武举人数百名。如唐宪宗元和年间之同中书门下平章事(宰相)、今大庞村人高崇文;金卫绍王大安年间吏部尚书贾益;元世祖至元年间中都路总管兼大兴府尹、今于家务人郭汝梅;明英宗天顺间内阁大学士、岳飞第10代孙、北辛店人岳正;清高宗乾隆年间被誉为"北方第一学者"的刘锡信;清宣宗道光年间都察院左都御史白镕……济济先贤、沙场豪杰、文化精英、杏林名士。近现代以来,如世界著名妇女解放运动活动家、新中国第一任卫生部部长李德全;山西省原副省长刘贯一;北京著名老字号荣宝斋创始人、耿楼

---

① 北京市通州区文化委员会等:《通州文物志》,文化艺术出版社,2006年,第3页。

村人庄虎臣；面塑作品一代宗师通州新城南街人汤子博；单琴大鼓创始者、柴家务人翟青山；著名作家、中国作协副主席刘白羽；中国艺术研究院原常务副院长、红学专家李希凡；中国眼科专家毕华德等，不胜枚举[①]。

作为北京历史文化名城的重要组成部分，通州具有以世界文化遗产大运河为代表的大量不可移动文物。至2021年年底，通州区共有不可移动文物登记项目238处，已公布为各级文物保护单位的49处，包括全国重点文物保护单位2处：大运河（燃灯塔、张家湾城墙）与通州近代学校建筑群；北京市文物保护单位6处：李卓吾墓、路县故城遗址、通州文庙、平津战役指挥部宋庄旧址、通州清真寺、通州兵营旧址；市级地下文物埋藏区7处：东垡、里二泗、菜园、小街、南屯、坨堤、通州城遗址群；区级文物保护单位41处；以及不同时期的古遗址、古墓葬、古建筑、古石刻、优秀近现代建筑、其他文物类遗存等普查登记项目189处。

二、遗址概况与发掘经过

北京轻轨L2线通州段次渠站、垡渠南站、亦庄火车站土地一级开发项目位于通州区台湖镇次一村、次二村、东石村、桂家坟、麦庄村、北小营村等地（图一），总用地约1 683公顷。东北至京津二通道，东南至六环路，西至通惠干渠，西南至规划垡渠路，南至凉水河。

自2012年起，为配合该项目的土地一级开发，原北京市文物研究所（现为北京市考古研究院）相继开展了对该区域的考古调查和勘探。工作之中，得到了建设单位北京住总置业有限公司、北京市土地整理储备中心通州区分中心等单位的大力配合，在此深表谢意。

该区域的地下文物十分丰富，先后发现有汉、唐、辽金、明、清等各个时代遗存[②]。这样的遗址，本应将资料整合在一起刊布才能真正展示遗址的内涵，才是最佳的做法。但由于一些原因，原本完整的遗址当时被分解成若干个小地块发掘，并由不同的人来负责，也就造成了发表资料的早晚有别，风格有异。

为了尽早将这批资料公布，本书将笔者负责发掘的四处地块的资料集中刊布。由此带来的不便之处，还望读者海涵。

B1、B2、D1、E3-1地块分别位于轻轨L2线通州段次渠站、垡渠南站、亦庄火车站土地一级开发项目的北部和中部（图二）。

四处地点的发掘时间以2012年为主，共发掘辽代墓葬1座、清代墓葬78座，唐代窑址1座，

---

① 北京市通州区文化委员会等：《通州文物志》，文化艺术出版社，2006年，第283页。
② 北京市文物研究所2012-2016年发掘资料。

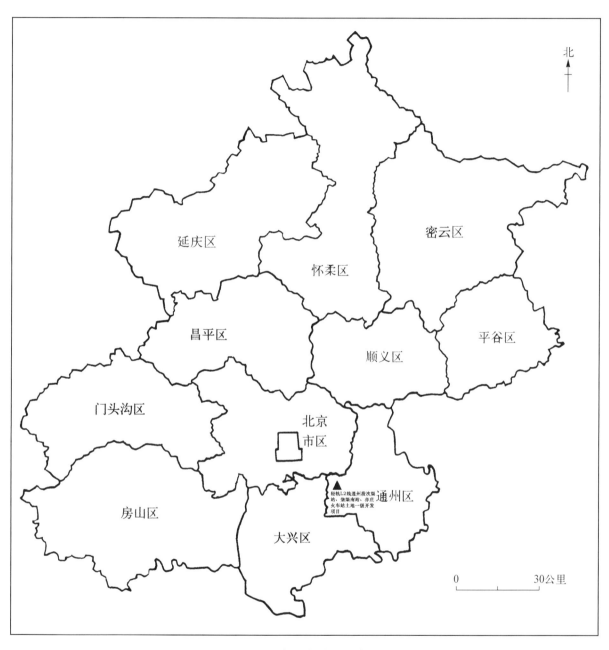

图一　发掘地点位置示意图

图二　B1、B2、D1、E3-1地块位置示意图

发掘总面积为1 520平方米,出土各类文物166件(不计铜钱)。它们反映了北京通州地区古代墓葬的特点、规律,故而一并发表。

B1、B2、D1、E3-1地块的发掘领队均为郭京宁,发掘者有原北京市文物研究所郭京宁、刘风亮,B1地块的发掘人员还有齐智强,B2地块的发掘人员还有韩麦林、齐智强、田金成、李西军,D1地块的发掘人员还有李西军、田金成,E3-1地块的发掘人员还有张弥等。

三、资料整理与报告编排

2016年4-10月,对出土文物开展了整理工作,整理者为郭京宁、王蓓蓓,器物摄影由王宇新完成。2018年1-5月,由郭京宁整合资料,编写报告。其他参加的同志还有刘风亮、雷君燕、王小金、罗娇、李伟伦、杜美辰等。

B1地块考古发掘报告

一、概 况

该地块东邻永隆屯村、南邻次渠北里、西邻通马路、北邻京津高铁(图三),于2012年4月28日至5月9日、6月5日至6月19日、6月30日至7月15日进行勘探。平面近梯形,东西宽543米,南北长625米,总面积为339 400平方米。地表现状多为耕地,其他还有建筑渣土、树林、临

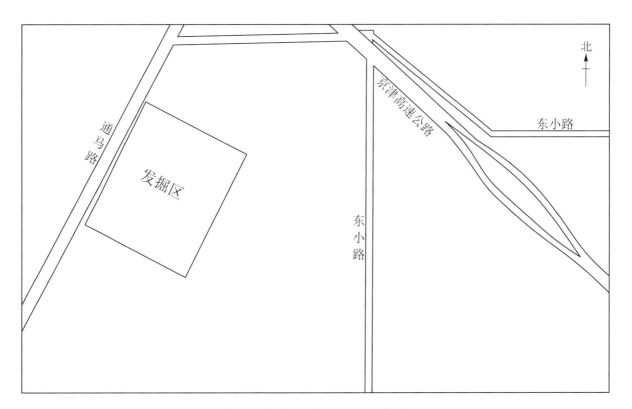

图三 B1地块发掘区位置示意图

时路、河道、高压塔等,杂草丛生,地势平坦。

　　原北京市文物研究所于2012年8月11-28日对该地块范围内的古代墓葬进行了考古发掘（彩版一,1）。共发掘辽代墓葬1座、清代墓葬19座（图四;彩版一,2;附表一）,发掘面积共计650平方米,出土各类文物19件（不计铜钱）。

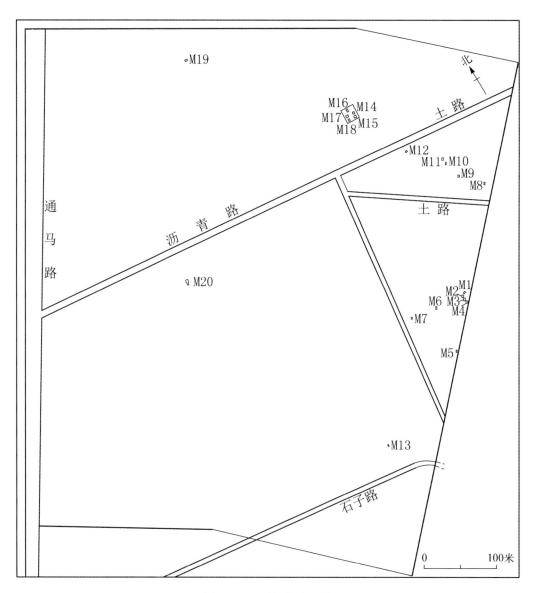

图四　B1地块总平面图

二、地　　层

发掘区的地层堆积自上而下分为三层。

第①层：深 0-0.3 米，表土层。

第②层：深 0.3-1.2 米，厚 0.4-0.9 米，灰褐色黏土层。

第③层：深 1.2-2.9 米，厚 0.5-1.8 米，黄褐色黏土层。

以下为生土层。

三、墓葬及遗物

（一）辽代墓葬

M20　位于发掘区中西部，开口于③层下。平面呈"甲"字形。南北向，方向为 190°。墓口距地表深 1 米，墓底距地表深 1.6 米。墓圹南北长 5.64 米、东西宽 2.5-2.88 米、深 0.6 米。该墓早期被严重盗扰，仅残留墓室少量部分，封门、甬道被破坏无存（图五；彩版二，1）。

墓道平面呈长方形，斜坡式。南高北低。上口南北长 2.3 米、东西宽 1-1.2 米、深 0.6 米。斜坡残长 2.4 米。内填花黏土，包含有少量残砖块。

墓室位于墓道北侧，仅残留北部部分墓室及棺床（彩版二，2）。墓壁残高 0.05-0.4 米，底部呈弧角长方形，用一竖三平法砌成，竖砖均为残砖。墓底为残砖铺成，仅残留墓室东北角少量部分。棺床位于墓室西半部，外部用砖包砌而成，破坏严重。南北长 2.54 米、东西宽 1.3 米、高 0.16 米。棺床上有两副骨架并列放置，骨架保存较差。东侧骨架头向南，面向东。为老年女性，侧身直肢葬。西侧骨架头向南，面向上。为老年男性，侧身直肢葬。未发现随葬品。内填花黏土，包含残砖块等。

（二）清代墓葬

均开口于②层下，分为四种类型：单棺墓、双棺墓、三棺墓、搬迁墓。

1. 单棺墓：4 座，M5、M8、M10、M19。平面均呈长方形。

M5　位于发掘区中东部，M7 的东南部。南北向，方向为 200°。墓口距地表深 0.4 米，墓底距地表深 1.8 米。墓圹南北长 2.4-2.5 米、东西宽 1.01 米、深 1.4 米（图六；彩版三，1）。

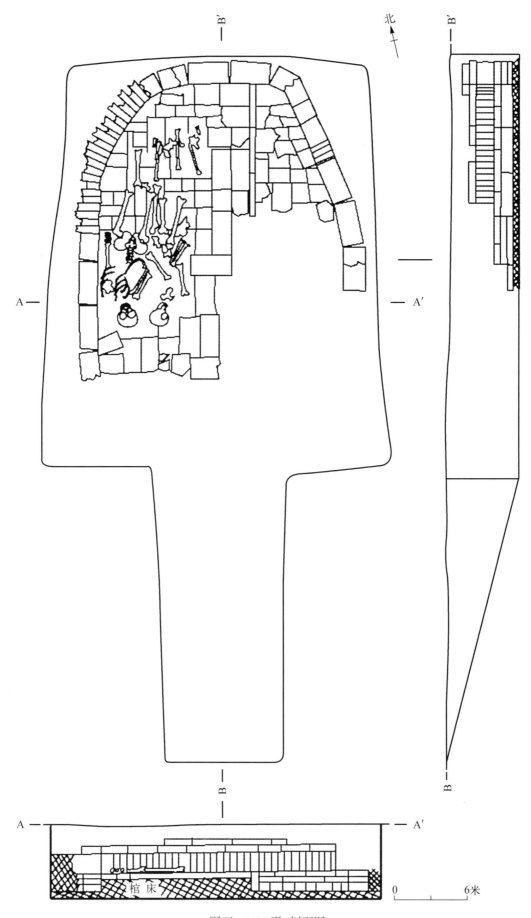

图五　M20平、剖面图

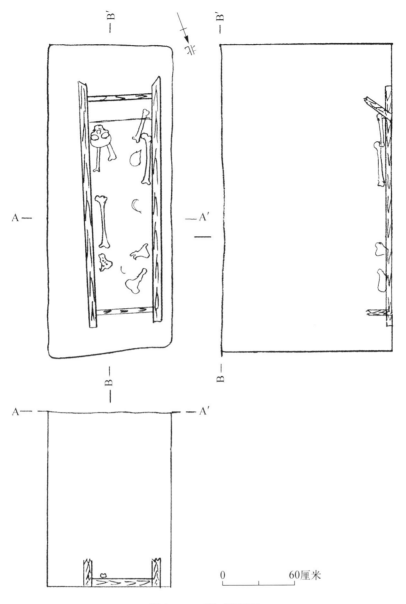

图六　M5平、剖面图

　　棺木保存一般。棺长1.95米、宽0.6-0.65米、残高0.23米、厚0.05米。骨架保存较差,头向西南,面向南。墓主人为老年女性,葬式不详。内填花黏土,土质较松。未发现随葬品。

　　M8　位于发掘区东北部,M9的东南部。南北向,方向为20°。墓口距地表深0.4米,墓底距地表深1.3米。墓圹南北长2.85米、东西宽0.9米、深0.9米(图七;彩版三,2)。

　　棺木保存一般。棺长2.05米、宽0.5-0.6米、残高0.14米、厚0.04米。骨架保存较差,头向北,面向西。墓主人为成年女性,仰身直肢葬。内填花黏土,土质较疏松。随葬品有铜钱。

　　乾隆通宝,3枚。均模制、完整,圆形、方穿。正面有郭,铸"乾隆通宝"四字,楷书,对读;背面有郭,穿左右为满文"宝源",纪局名。标本:M8:1-1,直径2.09厘米、穿径0.38厘米、郭厚0.1

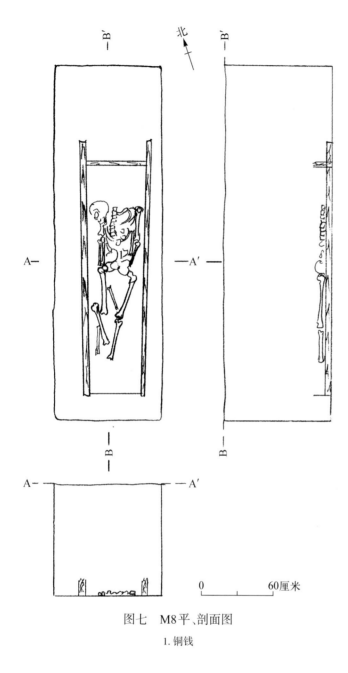

图七　M8平、剖面图
1. 铜钱

厘米（图八，1）。

嘉庆通宝，2枚。均模制、完整，圆形、方穿。正面有郭，铸"嘉庆通宝"四字，楷书，对读；背面有郭，穿左右为满文"宝泉"，纪局名。标本：M8∶1-2，直径2.32厘米、穿径0.52厘米、郭厚0.11厘米（图八，2）。

道光通宝，6枚。均模制、完整，圆形、方穿。正面有郭，铸"道光通宝"四字，楷书，对读；背面有郭。穿左右为满文"宝泉"，纪局名。标本：M8∶1-3，直径2.41厘米、穿径0.5厘米、郭厚0.12厘米（图八，3）。穿左右为满文"宝源"，纪局名。标本：M8∶1-4，直径2.3厘米、穿径0.59厘米、郭厚0.12厘米（图八，4）。

咸丰通宝，1枚。M8∶1-5，模制、完整，圆形、方穿。正面有郭，铸"咸丰通宝"四字，楷书，对读；背面有郭，穿左右为满文"宝苏"，纪局名。直径2.11厘米、穿径0.6厘米、郭厚0.11厘米（图八，5）。

同治重宝，1枚。M8∶1-6，模制、残，圆形、方穿。正面有郭，铸"同治重宝"四字，楷书，对读；背面有郭，穿左右为满文"宝源"，纪局名，穿上下为楷书"当十"。直径2.32厘米、穿径0.68厘米、郭厚0.1厘米（图八，6）。

光绪通宝，15枚。均模制、完整，圆形、方穿。正面有郭，铸"光绪通宝"四字，楷书，对读；背面有郭，穿左右为满文"宝泉"，纪局名。标本：M8∶1-7，直径2.2厘米、穿径0.5厘米、郭厚0.11厘米（图八，7）。

其余2枚，均锈蚀严重，字迹模糊不可辨认。

M10　位于发掘区东北部，西北邻M11。南北向，方向为50°。墓口距地表深0.4米，墓底距地表深2米。墓圹南北长2.6米、东西宽1米、深1.6米（图九；彩版四，1）。

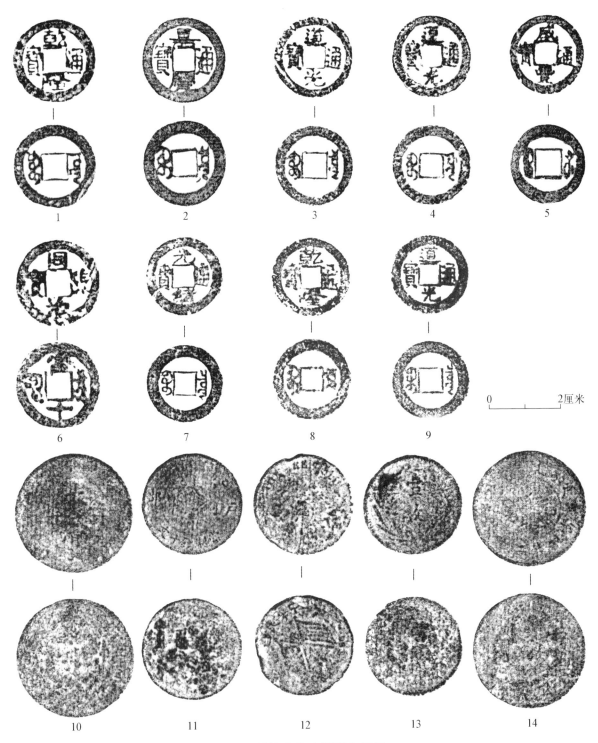

图八　单棺墓葬随葬铜钱、铜板

1、8.乾隆通宝（M8∶1-1、M19∶1-1）　2.嘉庆通宝（M8∶1-2）　3、4、9.道光通宝（M8∶1-3、M8∶1-4、M19∶1-2）
5.咸丰通宝（M8∶1-5）　6.同治重宝（M8∶1-6）　7.光绪通宝（M8∶1-7）　10-14.铜板（M10∶1-1、M10∶1-2、M10∶1-3、
M10∶1-4、M10∶1-5）

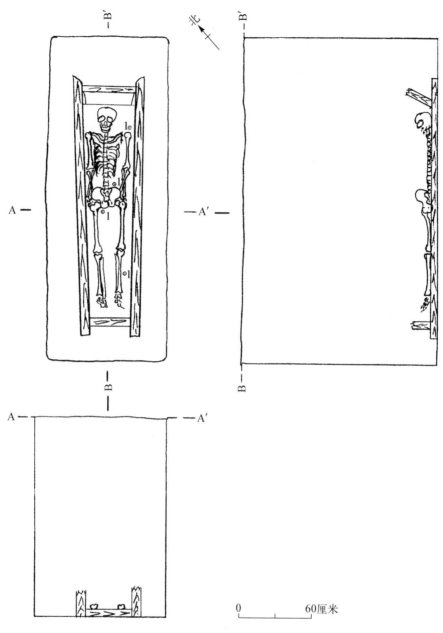

图九　M10平、剖面图
1.铜板

　　棺木保存一般。棺长2.1米、宽0.5-0.6米、残高0.24米、厚0.06米。骨架保存较好,头向东北,面向上。墓主人为老年女性,仰身直肢葬。内填花黏土,土质松软。随葬品有铜板。

　　铜板,10枚。均模制、完整,圆形。正面铸"大清铜币"四字,楷书,对读;背面纹饰较模糊。标本:M10:1-1,直径2.99厘米、厚0.12厘米(图八,10)。标本:M10:1-2,直径3.3厘米、厚0.11厘米(图八,11)。正面纹饰模糊,背面铸有旗帜纹。标本:M10:1-3,直径2.59厘米、厚0.12厘米(图八,12)。正面铸"壹枚"二字,楷书,对读;背面铸有旗帜纹。标本:M10:1-4,

直径2.6厘米、厚0.14厘米（图八，13）。正面铸"光绪元宝"四字，对读；背面纹饰不清。标本：M10：1-5，直径2.69厘米、厚0.14厘米（图八，14）。

M19　位于发掘区北部。东西向，方向为265°。墓口距地表深1.2米，墓底距地表深1.9米。墓圹东西长1.4米、南北宽1.1米、深0.7米。东部被一现代渣土坑打破（图一〇；彩版四，2）。

棺木已朽。棺长1.33米、宽0.5-0.6米、残高0.14米。骨架保存较差，头向西，面向北。墓主人为老年男性，侧身屈肢葬。内填花黏土，土质较疏松。随葬品有铜钱。

乾隆通宝，1枚。M19：1-1，模制、完整、圆形、方穿。正面有郭，铸"乾隆通宝"四字，楷书，对读；背面有郭，穿左右为满文"宝源"，纪局名。直径2.32厘米、穿径0.51厘米、郭厚0.14厘米（图八，8）。

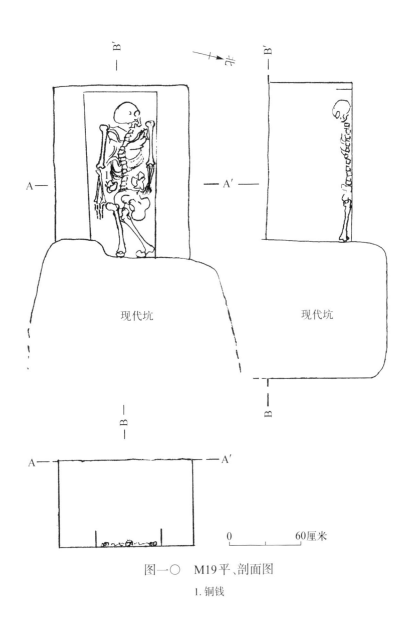

图一〇　M19平、剖面图

1. 铜钱

　　道光通宝，3枚。均模制、完整，圆形、方穿。正面有郭，铸"道光通宝"四字，楷书，对读；背面有郭，穿左右为满文"宝泉"，纪局名。标本：M19：1-2，直径2.38厘米、穿径0.51厘米、郭厚0.13厘米（图八，9）。

　　2. 双棺墓：11座，M1-M4、M7、M9、M11、M12、M14、M16、M18。共分为两型。

　　A型：7座，M3、M4、M7、M9、M14、M16、M18。平面呈长方形，均为南北向。

　　M3　位于发掘区中东部，北邻M2、南邻M4。方向为220°。墓口距地表深0.4米，墓底距地表深1.7米。墓圹南北长2.55米、东西宽2.35米、深1.3米（图一一；彩版五，1）。

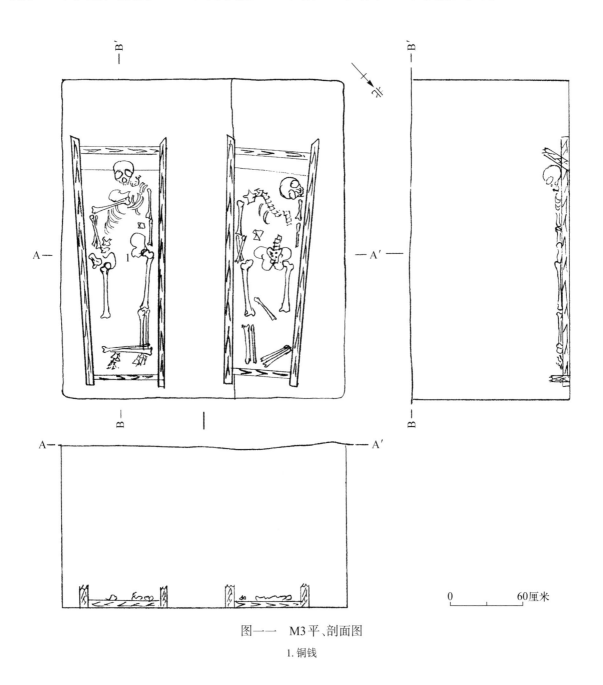

图一一　M3平、剖面图

1. 铜钱

棺木保存一般。东棺长2米、宽0.65-0.8米、残高0.17米、厚0.04米。棺内骨架保存较差，头向西南，面向上。为老年男性，仰身直肢葬。西棺残长2米、宽0.6-0.7米、残高0.18米、厚0.05米。棺内骨架保存较差，头向西南，面向上。为老年女性，仰身直肢葬。西棺打破东棺。内填花黏土，土质较疏松。随葬品有铜钱。

道光通宝，2枚。均模制，圆形、方穿。正面有郭，铸"道光通宝"四字，楷书，对读；背面有郭，穿左右为满文"宝泉"，纪局名。标本：M3∶3-1，直径2.35厘米、穿径0.59厘米、郭厚0.15厘米（图一二，1）。

咸丰重宝，1枚。M3∶4-1，模制、完整，圆形、方穿。正面有郭，铸"咸丰重宝"四字，楷书，对读；背面有郭，穿左右为满文"宝源"，纪局名，穿上下为楷书"当十"。直径3.1厘米、穿径0.68厘米、郭厚0.2厘米（图一二，4）。

同治重宝，6枚。均模制、完整，圆形、方穿。正面有郭，铸"同治重宝"四字，楷书，对读；背面有郭，穿左右为满文"宝泉"，纪局名，穿上下为楷书"当十"。标本：M3∶4-2，直径2.84厘米、穿径0.56厘米、郭厚0.15厘米（图一二，5）。标本：M3∶4-3，直径2.75厘米、穿径0.61厘米、郭厚0.16厘米（图一二，6）。

光绪通宝，30枚。均模制，圆形、方穿。正面有郭，铸"光绪通宝"四字，楷书，对读；背面有郭，穿左右为满文"宝泉"，纪局名。标本：M3∶3-2，直径2.25厘米、穿径0.51厘米、郭厚0.11厘米（图一二，2）。

宣统通宝，5枚。均模制、完整，圆形、方穿。正面有郭，铸"宣统通宝"四字，楷书，对读；背面有郭，穿左右为满文"宝泉"，纪局名。标本：M3∶3-3，直径1.91厘米、穿径0.35厘米、郭厚0.11厘米（图一二，3）。标本：M3∶4-4，直径1.9厘米、穿径0.38厘米、郭厚0.11厘米（图一二，7）。

其余20枚，均锈蚀严重，字迹模糊不可辨认。

M4　位于发掘区中东部，M3的南部。方向为220°。墓口距地表深0.4米，墓底距地表深1.8米。墓圹南北长2.4米、东西宽1.9-2米、深1.4米（图一三；彩版五，2）。

棺木保存一般。东棺残长2.1米、宽0.65-0.75米、残高0.18米、厚0.04米。骨架保存较差，头向西南，面向东。为老年女性，仰身直肢葬。西棺残长2.1米、宽0.65-0.75米、残高0.18米、厚0.05米。骨架保存较差，头向西南，面向不详。为老年男性，仰身直肢葬。东棺打破西棺。内填花黏土，土质较疏松。随葬品有银簪、铜簪、铜钱。

银簪，2件。首为鎏金圆形。中间錾刻盛开的牡丹。体为锥体。M4∶1-1，体细直。首直径2.5厘米、高0.4厘米、通长12.4厘米（图一四，4；彩版一二，1）。M4∶1-2，体略弯。首直径2.5厘米、高0.3厘米、通长12厘米（图一四，5；彩版一二，2）。

铜簪，2件。首为禅杖形，用铜丝缠绕而成，略残。分成六面。顶端为葫芦状，宝瓶形饰。

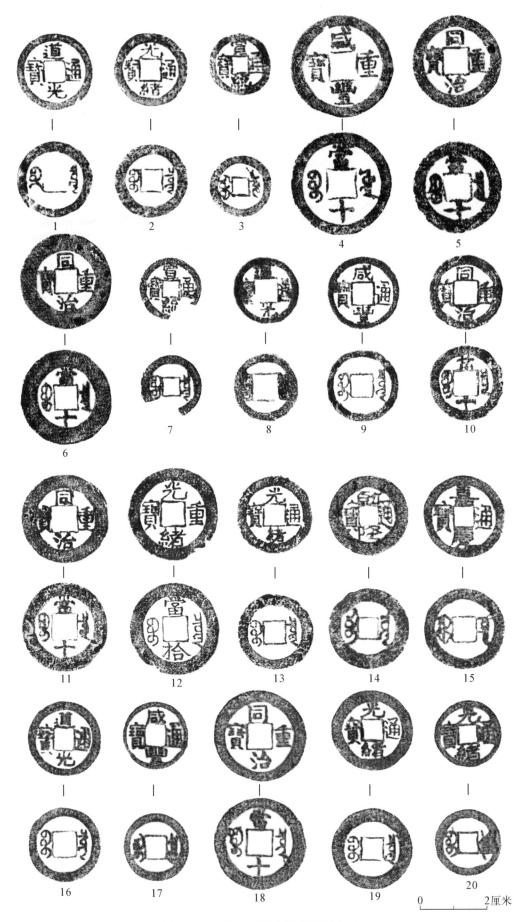

图一二　双棺 A 型墓葬随葬铜钱（一）

1、8、16. 道光通宝（M3∶3-1、M4∶3-1、M4∶4-3）　2、13、19、20. 光绪通宝（M3∶3-2、M4∶3-6、M4∶4-6、
M4∶4-7）　3、7. 宣统通宝（M3∶3-3、M3∶4-4）　4. 咸丰重宝（M3∶4-1）　5、6、10、11、18. 同治重宝
（M3∶4-2、M3∶4-3、M4∶3-3、M4∶3-4、M4∶4-5）　9、17. 咸丰通宝（M4∶3-2、M4∶4-4）　12. 光绪重宝
（M4∶3-5）　14. 乾隆通宝（M4∶4-1）　15. 嘉庆通宝（M4∶4-2）

图一三　M4平、剖面图

1. 银簪　2. 铜簪　3、4. 铜钱

体细直，为锥体。M4∶1-3，首长4厘米、宽1.3厘米、通长14.9厘米（图一四，3；彩版一二，3）。
M4∶2，首长4厘米、宽1.3厘米、通长17.5厘米（图一四，7；彩版一三，1）。

　　乾隆通宝，13枚。均模制、完整，圆形、方穿。正面有郭，铸"乾隆通宝"四字，楷书，对读；
背面有郭，穿左右为满文"宝泉"，纪局名。标本：M4∶4-1，直径2.49厘米、穿径0.5厘米、郭厚
0.15厘米（图一二，14）。

　　嘉庆通宝，4枚。均模制、完整，圆形、方穿。正面有郭，铸"嘉庆通宝"四字，楷书，对读；
背面有郭，穿左右为满文"宝源"，纪局名。标本：M4∶4-2，直径2.51厘米、穿径0.51厘米、郭

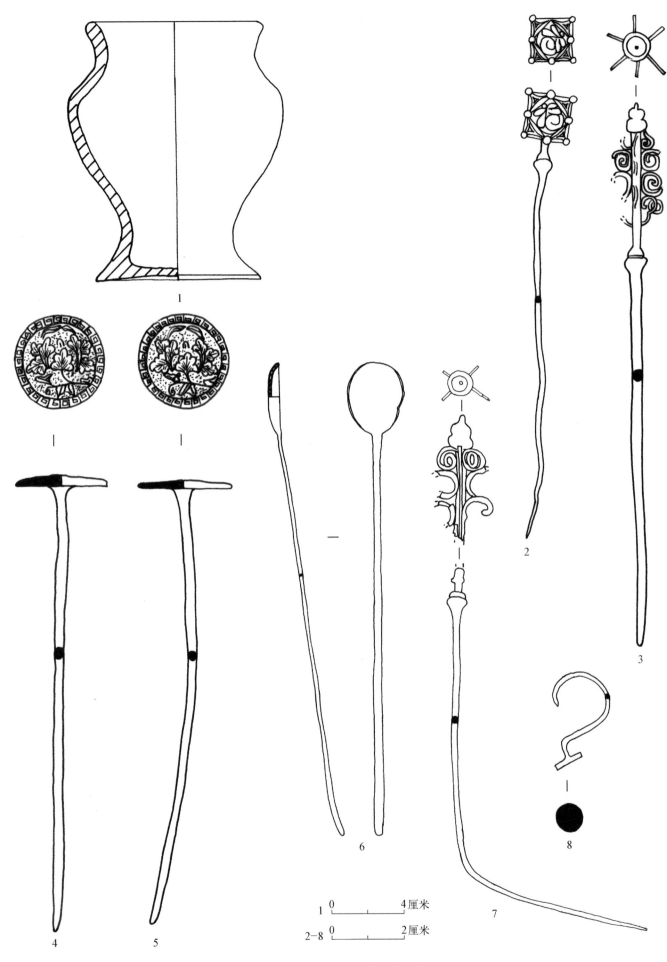

图一四　双棺A型墓葬随葬器物

1.瓷罐（M9：1）　2、3、7.铜簪（M14：1、M4：1-3、M4：2）　4、5.银簪（M4：1-1、M4：1-2）　6.铜勺（M18：1）　8.银耳钉（M14：2）

厚0.11厘米（图一二，15）。

道光通宝，12枚。均模制、完整、圆形、方穿。正面有郭，铸"道光通宝"四字，楷书，对读；背面有郭，穿左右为满文"宝泉"，纪局名。标本：M4：3-1，直径2厘米、穿径0.56厘米、郭厚0.1厘米（图一二，8）。标本：M4：4-3，直径2.22厘米、穿径0.56厘米、郭厚0.18厘米（图一二，16）。

咸丰通宝，3枚。均模制、完整、圆形、方穿。正面有郭，铸"咸丰通宝"四字，楷书，对读；背面有郭，穿左右为满文"宝泉"，纪局名。标本：M4：3-2，直径2.19厘米、穿径0.51厘米、郭厚0.15厘米（图一二，9）。标本：M4：4-4，直径1.93厘米、穿径0.54厘米、郭厚0.09厘米（图一二，17）。

同治重宝，7枚。均模制、完整、圆形、方穿。正面有郭，铸"同治重宝"四字，楷书，对读；背面有郭，穿左右为满文"宝泉"，纪局名，穿上下为楷书"当十"。标本：M4：3-3，直径2.65厘米、穿径0.69厘米、郭厚0.15厘米（图一二，10）。标本：M4：3-4，直径2.21厘米、穿径0.61厘米、郭厚0.1厘米（图一二，11）。标本：M4：4-5，直径2.71厘米、穿径0.61厘米、郭厚0.13厘米（图一二，18）。

光绪重宝，1枚。M4：3-5，模制、完整、圆形、方穿。正面有郭，铸"光绪重宝"四字，楷书，对读；背面有郭，穿左右为满文"宝泉"，纪局名，穿上下为楷书"当拾"。直径2.73厘米、穿径0.68厘米、郭厚0.19厘米（图一二，12）。

光绪通宝，10枚。均模制、完整、圆形、方穿。正面有郭，铸"光绪通宝"四字，楷书，对读；背面有郭，穿左右为满文"宝泉"，纪局名。标本：M4：3-6，直径2.3厘米、穿径0.51厘米、郭厚0.12厘米（图一二，13）。标本：M4：4-6，直径2.38厘米、穿径0.48厘米、郭厚0.13厘米（图一二，19）。标本：M4：4-7，直径1.93厘米、穿径0.4厘米、郭厚0.11厘米（图一二，20）。

M7　位于发掘区中东部，东北邻M6。方向为330°。墓口距地表深0.4米，墓底距地表深1.1米。墓圹南北长2.2米、东西宽1.5米、深0.7米（图一五；彩版六，1）。

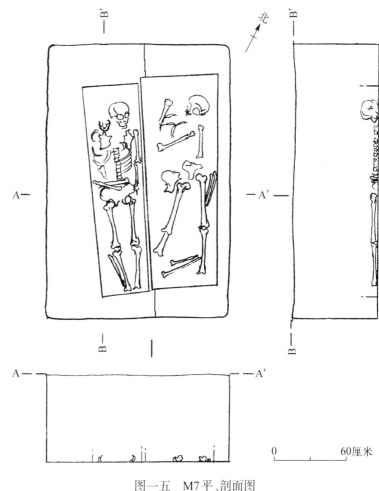

图一五　M7平、剖面图

　　棺木已朽。东棺长1.7米、宽0.55-0.65米、残高0.08米。骨架保存较差。头向西北,面向下。为老年男性,侧身屈肢葬。西棺残长1.7米、宽0.4-0.45米、残高0.08米。骨架保存较差,头向西北,面向上。为老年女性,仰身直肢葬。东棺打破西棺。内填花黏土,土质较疏松。未发现随葬品。

　　M9　位于发掘区东北部,M8西北部。方向为20°。墓口距地表深0.4米,墓底距地表深1.2米。墓圹南北长2.8米、东西宽1.8米、深0.8米(图一六;彩版六,2)。

　　东棺保存一般。棺长1.9米、宽0.5-0.6米、残高0.08米、厚0.04米。骨架保存较差,头向北,面向上。为老年男性,仰身直肢葬。西棺已朽。棺残长1.9米、宽0.46-0.54米、残高0.14米。骨架已被迁出,仅存头骨和两根肢骨,头向北,面向上,为老年女性。东棺打破西棺。内填花黏

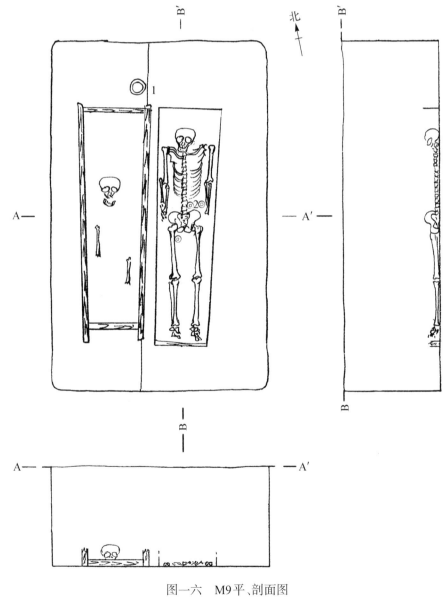

图一六　M9平、剖面图

1. 瓷罐　2. 铜钱

土,土质较疏松。随葬品有瓷罐、铜钱。

瓷罐,1件。M9：1,圆唇、斜卷沿,短束颈,鼓腹,下腹曲收,胫底部外撇,平底略内凹。轮制。通体施酱黄釉,素面。口径9.8厘米、腹径11.9厘米、底径9.2厘米、高14厘米(图一四,1;彩版一三,2)。

乾隆通宝,2枚。模制,圆形、方穿。正面有郭,铸"乾隆通宝"四字,楷书,对读。M9：4-1,背面有郭,穿左右为满文"宝源",纪局名。直径2.32厘米、穿径0.56厘米、郭厚0.14厘米(图一七,1)。M9：4-2,背面有郭,穿左右为满文"宝泉",纪局名。直径2.41厘米、穿径0.52厘米、郭厚0.11厘米(图一七,2)。

道光通宝,4枚。均模制、完整,圆形、方穿。正面有郭,铸"道光通宝"四字,楷书,对读。背面有郭,穿左右为满文"宝泉",纪局名。标本：M9：4-3,直径2.25厘米、穿径0.59厘米、郭厚0.12厘米(图一七,3)。背面有郭,穿左右为满文"宝源",纪局名。标本：M9：4-4,直径2.26厘米、穿径0.61厘米、郭厚0.11厘米(图一七,4)。

咸丰通宝,1枚。M9：4-5,模制、完整,圆形、方穿。正面有郭,铸"咸丰通宝"四字,楷书,对读;背面有郭,穿左右为满文"宝台",纪局名。直径2.21厘米、穿径0.5厘米、郭厚0.12厘米(图一七,5)。

同治重宝,2枚。均模制、完整,圆形、方穿。正面有郭,铸"同治重宝"四字,楷书,对读;背面有郭,穿左右为满文"宝泉",纪局名,穿上下为楷书"当十"。标本：M9：4-6,直径2厘米、穿径0.61厘米、郭厚0.09厘米(图一七,6)。

光绪重宝,2枚。均模制、完整,圆形、方穿。正面有郭,铸"光绪重宝"四字,楷书,对读;背面有郭,穿左右为满文"宝泉",纪局名,穿上下为楷书"当拾"。标本：M9：4-7,直径2.82厘米、穿径0.59厘米、郭厚0.13厘米(图一七,7)。

光绪通宝,10枚。均模制、完整,圆形、方穿。正面有郭,铸"光绪通宝"四字,楷书,对读。背面有郭,穿左右为满文"宝源",纪局名。标本：M9：4-8,直径2.22厘米、穿径0.5厘米、郭厚0.12厘米(图一七,8)。背面有郭,穿左右为满文"宝泉",纪局名。标本：M9：4-9,直径2.06厘米、穿径0.5厘米、郭厚0.09厘米(图一七,9)。

其余9枚,均锈蚀严重,字迹模糊不可辨认。

M14 位于发掘区北部,南邻M15。方向为350°。墓口距地表深1.1米,墓底距地表深2米。墓圹南北长2.7米、东西宽2-2.1米、深0.9米(图一八;彩版七,1)。

东棺棺木已朽。棺长1.8米、宽0.65-0.8米、残高0.15米。骨架保存较差,头向北,面向上。为老年女性,侧身屈肢葬。西棺残长2.1米、宽0.7-0.85米、残高0.2米。骨架保存较差,头向北,面向上。为老年男性,仰身直肢葬。西棺打破东棺。内填花黏土,土质较疏松。随葬品有银耳钉、铜簪、铜钱。

图一七　双棺A型墓葬随葬铜钱(二)

1、2、10、13、15、16. 乾隆通宝(M9：4-1、M9：4-2、M14：3-1、M14：4-1、M16：1-1、M18：2-1)　3、4、17、19、20. 道光通宝
(M9：4-3、M9：4-4、M18：2-2、M18：3-2、M18：3-3)　5. 咸丰通宝(M9：4-5)　6. 同治重宝(M9：4-6)　7. 光绪重宝
(M9：4-7)　8、9. 光绪通宝(M9：4-8、M9：4-9)　11、12、14、18. 嘉庆通宝(M14：3-2、M14：3-3、M14：4-2、M18：3-1)

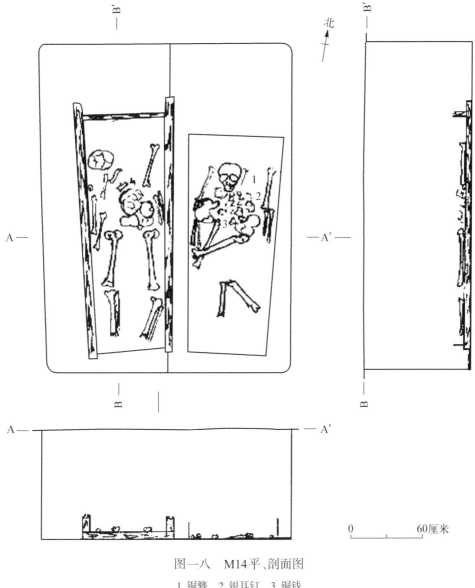

图一八　M14平、剖面图
1. 铜簪　2. 银耳钉　3. 铜钱

银耳钉，1件。M14：2，呈"S"形，一端为圆饼形，一端尖细。通长7厘米（图一四，8；彩版一三，4）。

铜簪，1件。M14：1，首为14面多边形镂空体，其中最中间的四面上均为铁丝缠绕的"福"字。每个棱角各有一个尤为凸出的小圆球，共11个。体呈圆锥体。通长12.3厘米（图一四，2；彩版一三，3）。

乾隆通宝，3枚。均模制、完整、圆形、方穿。正面有郭，铸"乾隆通宝"四字，楷书，对读；背面有郭，穿左右为满文"宝源"，纪局名。标本：M14：3-1，直径2.45厘米、穿径0.55厘米、郭厚0.11厘米（图一七，10）。标本：M14：4-1，直径2.25厘米、穿径0.53厘米、郭厚0.13厘米（图一七，13）。

嘉庆通宝，4枚。均模制、完整、圆形、方穿。正面有郭，铸"嘉庆通宝"四字，楷书，对读。

标本：M14：3-2，背面有郭，穿左右为满文"宝泉"，纪局名。直径2.32厘米、穿径0.52厘米、郭厚0.13厘米（图一七，11）。标本：M14：4-2，直径2.51厘米、穿径0.52厘米、郭厚0.11厘米（图一七，14）。背面有郭，穿左右为满文"宝源"，纪局名。标本：M14：3-3，直径2.32厘米、穿径0.51厘米、郭厚0.12厘米（图一七，12）。

其余38枚，均锈蚀严重，字迹模糊不可辨认。

M16　位于发掘区北部，南邻M14、M17。方向为355°。墓口距地表深1米，墓底距地表深2.3米。墓圹南北长2.55-2.65米、东西宽1.7-1.75米、深1.3米（图一九；彩版七，2）。

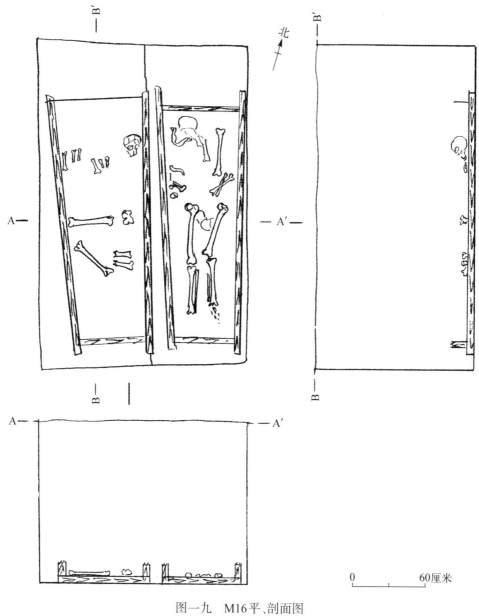

图一九　M16平、剖面图

1.铜钱

棺木保存一般。东棺长2.1米、宽0.6-0.75米、残高0.17米、厚0.08米。骨架保存较差,头向北,面向不详。为老年男性,侧身直肢葬。西棺残长2.1米、宽0.65-0.85米、残高0.17米、厚0.08米。骨架保存散乱,头向北,面向不详。为老年女性,侧身屈肢葬。西棺打破东棺。内填花黏土,土质较疏松。随葬品有铜钱。

乾隆通宝,9枚。均模制、完整、圆形、方穿。正面有郭,铸"乾隆通宝"四字,楷书,对读;背面有郭,穿左右为满文"宝泉",纪局名。标本:M16:1-1,直径2.39厘米、穿径0.49厘米、郭厚0.15厘米(图一七,15)。

M18 位于发掘区北部,北邻M17。方向为5°。墓口距地表深1米,墓底距地表深1.9米。墓圹南北长2.4米、东西宽1.58-1.73米、深0.9米(图二〇;彩版七,3)。

棺木已朽。东棺长1.95米、宽0.5-0.6米、残高0.11米。骨架保存较差,头向北,面向东。为老年男性,侧身直肢葬。西棺残长1.85米、宽0.5-0.65米、残高0.14米。骨架保存较差,头向北,面向

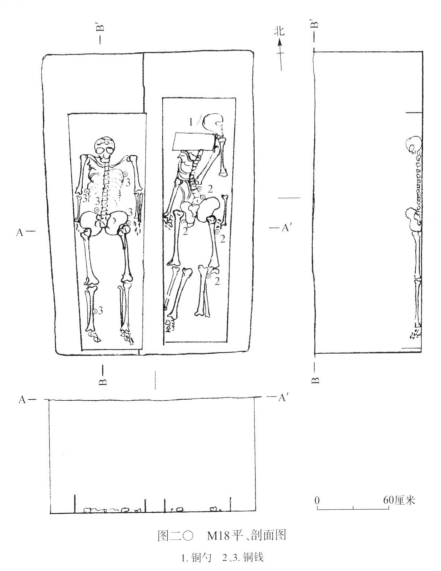

图二〇　M18平、剖面图

1. 铜勺　2、3. 铜钱

上。为老年女性,仰身直肢葬。西棺打破东棺。内填花黏土,土质较疏松。随葬品有铜勺、铜钱。

铜勺,1件。M18:1,椭圆形,略上翘。柄呈扁长体。体通长13厘米,勺长2厘米(图一四,6;彩版一三,5)。

乾隆通宝,8枚。均模制、完整、圆形、方穿。正面有郭,铸"乾隆通宝"四字,楷书,对读;背面有郭,穿左右为满文"宝苏",纪局名。标本:M18:2-1,直径2.45厘米、穿径0.52厘米、郭厚0.11厘米(图一七,16)。

嘉庆通宝,9枚。均模制、完整、圆形、方穿。正面有郭,铸"嘉庆通宝"四字,楷书,对读;背面有郭,穿左右为满文"宝泉",纪局名。标本:M18:3-1,直径2.49厘米、穿径0.59厘米、郭厚0.15厘米(图一七,18)。

道光通宝,30枚。均模制、完整、圆形、方穿。正面有郭,铸"道光通宝"四字,楷书,对读;背面有郭,穿左右为满文"宝泉",纪局名。标本:M18:2-2,直径2.31厘米、穿径0.58厘米、郭厚0.12厘米(图一七,17)。标本:M18:3-3,直径2.2厘米、穿径0.58厘米、郭厚0.19厘米(图一七,20)。背面有郭,穿左右为满文"宝源",纪局名。标本:M18:3-2,直径2.39厘米、穿径0.51厘米、郭厚0.12厘米(图一七,19)。

其余5枚,均锈蚀严重,字迹模糊不可辨认。

B型:4座,M1、M2、M11、M12。平面呈不规则形。

M1　位于发掘区中东部,南邻M2。南北向,方向为220°。墓口距地表深0.4米,墓底距地表深1.2米。墓圹南北长2.7米、东西宽1-1.25米、深0.8米(图二一;彩版八,1)。

棺木已朽。东棺长1.95米、宽0.5-0.6米、残高0.1米。骨架保存较差,头向西南,面向上。为老年男性,仰身直肢葬。西棺长0.75米、宽0.34

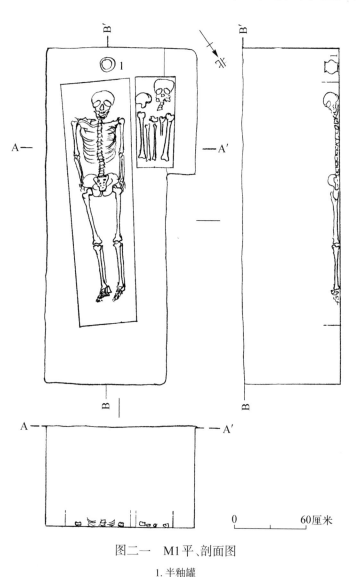

图二一　M1平、剖面图
1.半釉罐

米、残高0.1米。为后期迁葬,与东棺并列放置。骨架保存较好,头向西南,面向不详,为老年女性。西棺打破东棺。内填花黏土,土质较疏松。随葬品有半釉罐。

半釉罐,1件。M1∶1,圆唇、敞口、束颈,腹微鼓,下腹斜收,假圈足,平底略内凹。轮制。腹部以上及口沿内外施绿色釉。素面。口径9厘米、腹径11.3厘米、底径6.3厘米、高10.2厘米(图二二,1;彩版一三,6)。

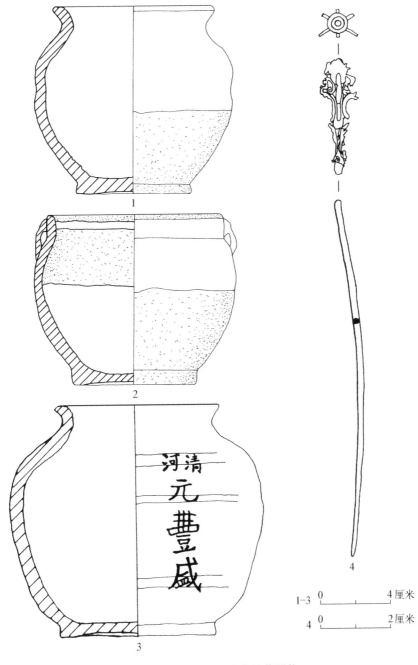

河清
元
豐
盛

1—3 ⊢————┤ 0 4厘米

4 ⊢————┤ 0 2厘米

图二二　双棺B型墓葬随葬器物

1、2.半釉罐(M1∶1、M2∶1)　3.瓷罐(M12∶1)　4.银簪(M11∶1)

M2　位于发掘区中东部,北邻M1。南北向,方向为210°。墓口距地表深0.4米,墓底距地表深1.2–1.41米。墓圹南北长2.5–2.7米、东西宽1.6米、深0.8–1.01米(图二三;彩版八,2)。

棺木已朽。东棺残长1.9米、宽0.5–0.6米、残高0.12米。骨架保存较差,头向西南,面向南。为老年男性,仰身屈肢葬。西棺残长1.9米、宽0.5–0.6米、残高0.11米。骨架保存较差,头向西南,面向西。为老年女性,仰身直肢葬。为二次葬。东棺打破西棺。内填花黏土,土质较疏松。随葬品有半釉罐。

半釉罐,1件。M2:1,尖圆唇、直口、短颈、鼓腹、圈足略内凹,肩部有对称双系。轮制。胎质粗糙。内壁及外壁肩部施酱褐色釉,口沿下腹部及圈足无釉,露灰胎。素面。口径8.2厘米、腹径10.5厘米、底径6.6厘米、高9.3厘米(图二二,2;彩版一四,1)。

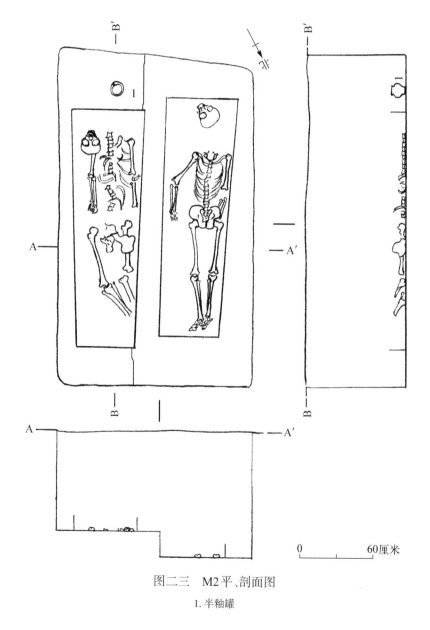

图二三　M2平、剖面图

1. 半釉罐

M11　位于发掘区东北部，东南邻M10。南北向，方向为40°。墓口距地表深0.4米，墓底距地表深2米。墓圹南北长2.67–2.8米、东西宽1.87–2.41米、深1.6米（图二四；彩版九，1）。

棺木保存一般。东棺长2米、宽0.6–0.7米、残高0.23米、厚0.04米。骨架保存较差，头向东北，面向上。为老年男性，仰身直肢葬。西棺残长2米、宽0.6–0.7米、残高0.23米、厚0.05米。

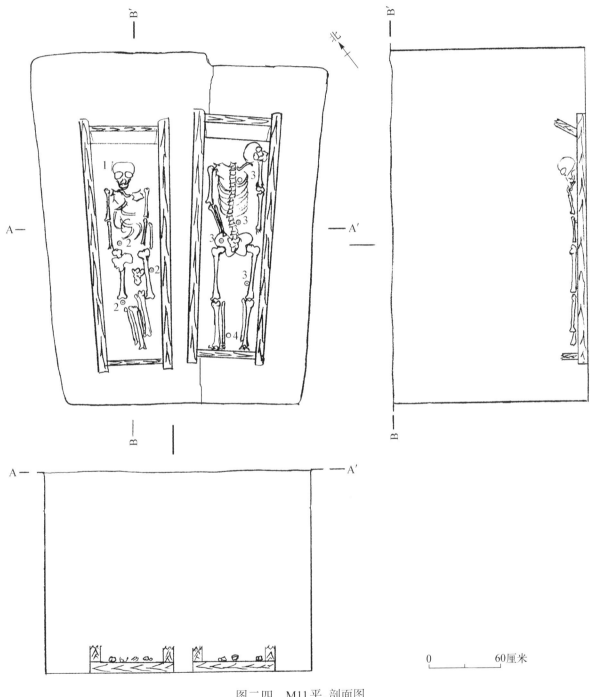

图二四　M11平、剖面图

1. 银簪　2. 铜板　3、4. 铜钱

骨架保存较差。头向东北,面向上。为老年女性,仰身直肢葬。东棺打破西棺。内填花黏土,土质较疏松。随葬品有银簪、铜钱、铜板。

银簪,1件。M11:1,首为禅杖形,仅存五面。首用银丝缠绕而成,顶端为葫芦状,宝瓶形饰。体细长。首宽1.1厘米、残长12.2厘米(图二二,4;彩版一四,2)。

康熙通宝,1枚。M11:2-1,模制、完整、圆形、方穿。正面有郭,铸"康熙通宝"四字,楷书,对读;背面有郭,穿左右为满文"宝泉",纪局名。直径2.41厘米、穿径0.52厘米、郭厚0.11厘米(图二五,1)。

乾隆通宝,2枚。均模制、完整、圆形、方穿。正面有郭,铸"乾隆通宝"四字,楷书,对读;背面有郭,穿左右为满文"宝源",纪局名。标本:M11:3-1,直径2.09厘米、穿径0.31厘米、郭厚0.15厘米(图二五,2)。

嘉庆通宝,1枚。M11:3-2,模制、残、圆形、方穿。正面有郭,铸"嘉庆通宝"四字,楷书,对读;背面有郭,穿左右为满文"宝泉",纪局名。直径2.1厘米、穿径0.39厘米、郭厚0.11厘米(图二五,3)。

道光通宝,1枚。M11:3-3,模制、完整、圆形、方穿。正面有郭,铸"道光通宝"四字,楷书,对读;背面有郭,穿左右为满文"宝泉",纪局名。直径2.5厘米、穿径0.38厘米、郭厚0.16厘米(图二五,4)。

铜板,54枚。正面铸"壹分"二字,9枚。标本:M11:3-4,直径2.16厘米、厚0.11厘米(图二五,12)。铜板,45枚。均模制、完整、圆形。正面铸稻谷纹;背面铸有旗帜纹。标本:M11:2-2,直径2.99厘米、厚0.1厘米(图二五,13)。标本:M11:4-2,直径3.21厘米、厚0.11厘米(图二五,17)。正面铸"贰拾文"三字,楷书,对读;背面铸有旗帜纹。标本:M11:2-3,直径3.01厘米、厚0.16厘米(图二五,14)。正面铸稻谷纹;背面铸有旗帜纹。标本:M11:2-4,直径3.01厘米、厚0.11厘米(图二五,15)。正面铸"大清铜币"四字,楷书,对读;背面铸有龙纹和英文。标本:M11:4-1,直径3.31厘米、厚0.15厘米(图二五,16)。正面铸"光绪元宝"四字,楷书,对读;背面铸有龙纹和英文。标本:M11:4-3,直径3.21厘米、厚0.19厘米(图二五,18)。正面铸"湖南铜元"四字,楷书,对读;背面铸有太阳花纹和英文。标本:M11:4-4,直径2.81厘米、厚0.15厘米(图二五,19)。正面有郭,铸"光绪元宝"四字,楷书,对读;背面铸有龙纹和英文。标本:M11:4-5,直径2.79厘米、厚0.13厘米(图二五,20)。

M12　位于发掘区东北部,M11西部。东西向,方向为70°。墓口距地表深0.4米,墓底距地表深1.5-1.69米。墓圹东西长2.3-2.6米、南北宽1.7-1.75米、深1.1-1.29米(图二六;彩版九,2)。

棺木已朽。南棺长1.9米、宽0.5-0.6米、残高0.14米。骨架保存较差,头向东,面向南。为老年男性,仰身直肢葬。北棺残长1.8米、宽0.5-0.55米、残高0.14米。骨架保存较差,头向东,面向北。为老年女性,仰身直肢葬。南棺打破北棺。内填花黏土,土质较疏松。随葬品有瓷罐、铜钱、铜板。

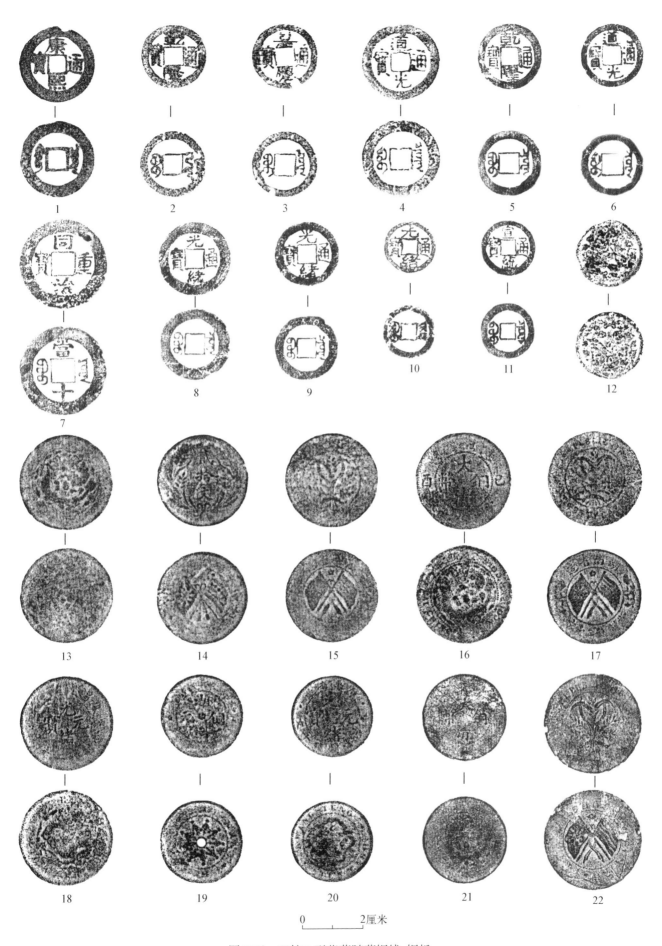

图二五 双棺B型墓葬随葬铜钱、铜板

1.康熙通宝(M11：2-1) 2、5.乾隆通宝(M11：3-1、M12：3-1) 3.嘉庆通宝(M11：3-2) 4、6.道光通宝(M11：3-3、M12：3-2)
7.同治重宝(M12：3-3) 8-10.光绪通宝(M12：3-4、M12：3-5、M12：3-6) 11.宣统通宝(M12：3-7) 12-22.铜板(M11：3-4、
M11：2-2、M11：2-3、M11：2-4、M11：4-1、M11：4-2、M11：4-3、M11：4-4、M11：4-5、M12：2-1、M12：2-2)

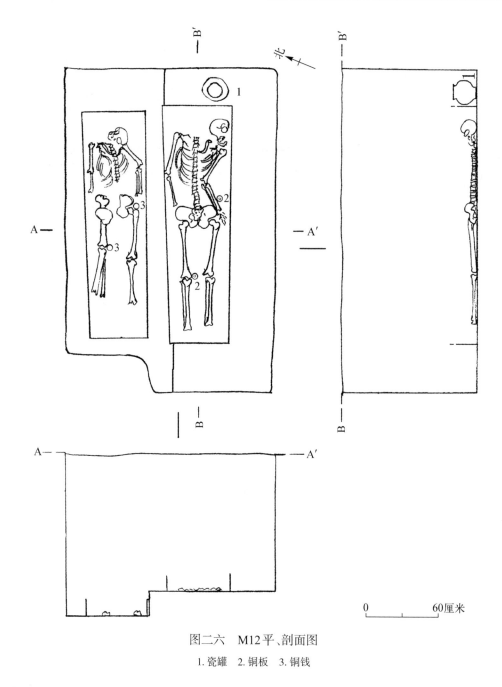

图二六　M12平、剖面图
1. 瓷罐　2. 铜板　3. 铜钱

　　瓷罐，1件。M12：1，尖唇、敞口，束颈，腹微鼓，下腹斜收，矮圈足略内凹。轮制，外表有抹痕。外壁施绿釉，下腹有部分脱落。素面，腹部刻"清河元蕴盛"，竖行。口径9.6厘米、肩径13.6厘米、底径9厘米、高13厘米（图二二，3；彩版一四，3）。

　　乾隆通宝，2枚。均模制、完整、圆形、方穿。正面有郭，铸"乾隆通宝"四字，楷书，对读；背面有郭，穿左右为满文"宝泉"，纪局名。标本：M12：3-1，直径2.25厘米、穿径0.51厘米、郭厚0.12厘米（图二五，5）。

　　道光通宝，2枚。均模制、完整、圆形、方穿。正面有郭，铸"道光通宝"四字，楷书，对读；

背面有郭,穿左右为满文"宝泉",纪局名。标本:M12:3-2,直径2.15厘米、穿径0.55厘米、郭厚0.16厘米(图二五,6)。

同治重宝,1枚。M12:3-3,模制、完整、圆形、方穿。正面有郭,铸"同治重宝"四字,楷书,对读;背面有郭,穿左右为满文"宝源",纪局名,穿上下为楷书"当十"。直径3.01厘米、穿径0.69厘米、郭厚0.15厘米(图二五,7)。

光绪通宝,10枚。模制、完整、圆形、方穿。正面有郭,铸"光绪通宝"四字,楷书,对读;背面有郭,穿左右为满文"宝泉",纪局名。标本:M12:3-4,直径2.45厘米、穿径0.51厘米、郭厚0.12厘米(图二五,8)。标本:M12:3-5,直径2.23厘米、穿径0.49厘米、郭厚0.13厘米(图二五,9)。标本:M12:3-6,直径1.78厘米、穿径0.41厘米、郭厚0.1厘米(图二五,10)。

宣统通宝,1枚。M12:3-7,模制、完整、圆形、方穿。正面有郭,铸"宣统通宝"四字,楷书,对读;背面有郭,穿左右为满文"宝泉",纪局名。直径1.89厘米、穿径0.4厘米、郭厚0.11厘米(图二五,11)。

其余12枚,均锈蚀严重,字迹模糊不可辨认。

铜板,11枚。均模制、完整、圆形。正面铸"大清铜币"四字,楷书,对读;背面铸有龙纹和英文。标本:M12:2-1,直径2.81厘米、厚0.11厘米(图二五,21)。正面铸有稻谷纹;背面铸有旗帜纹。标本:M12:2-2,直径3.22厘米、厚0.13厘米(图二五,22)。

3. 三棺墓:2座,M15、M17。平面均呈不规则形,皆为南北向。

M15 位于发掘区东北部,北邻M14。方向为0°。墓口距地表深1米,墓底距地表深2.1米。墓圹南北长2.5-2.7米、东西宽2.26-2.87米、深1.1米(图二七;彩版一〇,1)。

东棺已朽。棺残长2米、宽0.4-0.55米、残高0.18米。骨架保存较差,头向北,面向上。为老年女性,仰身直肢葬。中棺棺木已朽。棺残长2米、宽0.6-0.9米、残高0.16米。骨架保存较差,头向北,面向上。为老年男性,仰身直肢葬。西棺保存一般。棺残长2米、宽0.45-0.55米、残高0.18米、厚0.04米。头向北,面向上。为老年女性,仰身直肢葬。东棺打破中棺,中棺打破西棺。内填花黏土,土质较疏松。随葬品有铜簪、铜耳环、铜钱。

铜簪,2件。首为如意形,体錾刻梅花图案,背錾刻"峻德"字样,竖行。体扁长,尾尖锐。M15:1-1,通长13.6厘米(图二八,1;彩版一四,4)。M15:1-2,略弯曲,通长13.7厘米(图二八,2;彩版一五,3)。

铜耳环,2件。形制、大小基本相同。用铜丝绕成环形,作龙首张嘴衔尾状。M15:3-1,直径2.1厘米、宽1.5-3.5厘米(图二八,3;彩版一四,5、6)。M15:3-2,直径2.15厘米、宽2-4厘米(图二八,4;彩版一五,1、2)。

乾隆通宝,3枚。模制、完整、圆形、方穿。正面有郭,铸"乾隆通宝"四字,楷书,对读;背面有郭,穿左右为满文"宝泉",纪局名。标本:M15:4-1,直径2.21厘米、穿径0.51厘米、郭厚0.12厘米(图二九,3)。

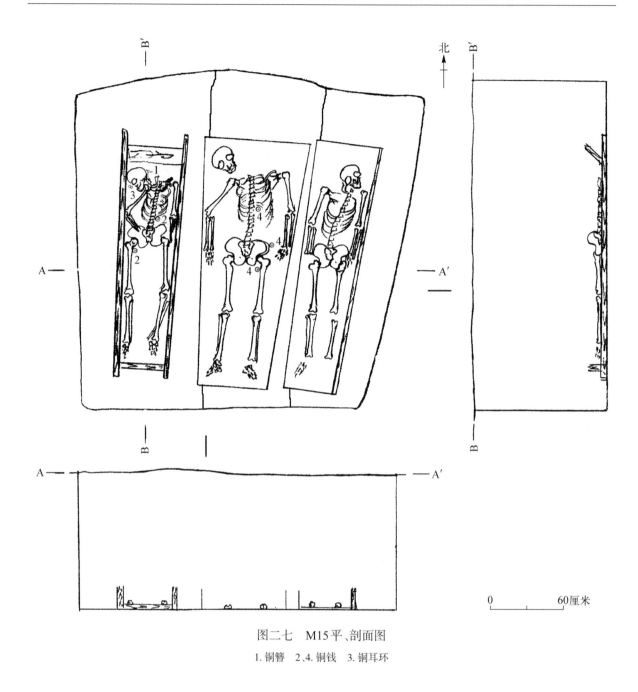

图二七　M15平、剖面图

1.铜簪　2、4.铜钱　3.铜耳环

　　嘉庆通宝,7枚。均模制、完整,圆形、方穿。正面有郭,铸"嘉庆通宝"四字,楷书,对读。背面有郭,穿左右为满文"宝泉",纪局名。标本:M15:4-2,直径2.5厘米、穿径0.59厘米、郭厚0.12厘米(图二九,4)。背面有郭,穿左右为满文"宝直",纪局名。标本:M15:2-1,直径2.37厘米、穿径0.55厘米、郭厚0.13厘米(图二九,1)。

　　道光通宝,38枚。均模制、完整,圆形、方穿。正面有郭,铸"道光通宝"四字,楷书,对读。背面有郭,穿左右为满文"宝泉",纪局名。标本:M15:2-2,直径2.31厘米、穿径0.59厘米、郭厚0.19厘米(图二九,2)。标本:M15:4-3,直径2.58厘米、穿径0.59厘米、郭厚0.11厘米(图

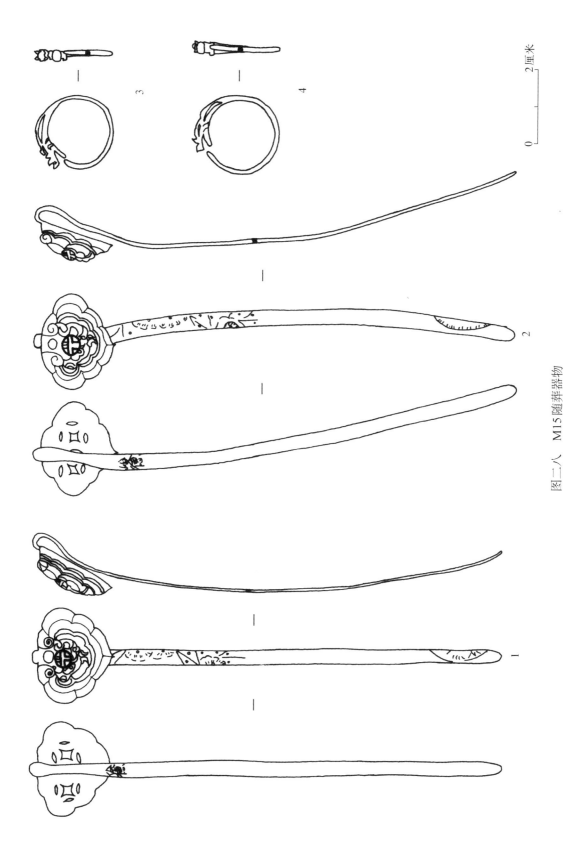

图二八　M15随葬器物

1.2. 铜簪（M15：1-1,M15：1-2）　3.4. 铜耳环（M15：3-1,M15：3-2）

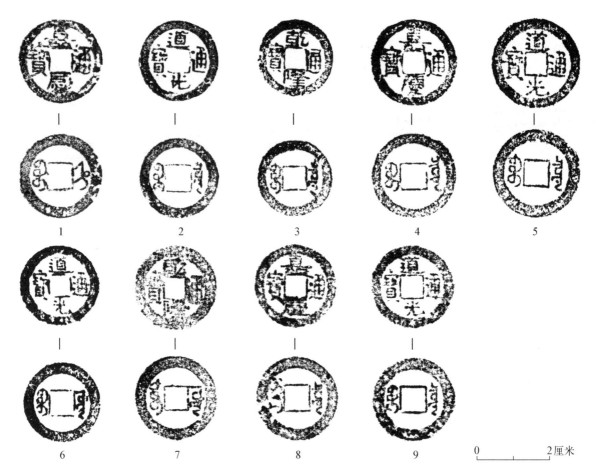

图二九　三棺墓葬随葬铜钱

1、4、8. 嘉庆通宝（M15：2-1、M15：4-2、M17：2-2）　2、5、6、9. 道光通宝（M15：2-2、M15：4-3、M15：4-4、M17：2-3）
3、7. 乾隆通宝（M15：4-1、M17：2-1）

二九，5）。标本：M15：4-4，背面有郭，穿左右为满文"宝源"，纪局名。直径2.32厘米、穿径
0.56厘米、郭厚0.18厘米（图二九，6）。

　　M17　位于发掘区北部，北邻M16、南邻M18。方向为345°。墓口距地表深1米，墓底距
地表深1.97-2.3米。墓圹南北长2.67-2.76米、东西宽3.45-3.7米、深0.97-1.3米（图三〇；彩版
一〇，2）。

　　棺木已朽。东棺残长1.8米、宽0.6-0.65米、残高0.14米。骨架保存较差，头向北，面向东。
为老年男性，仰身屈肢葬。中棺残长1.85米、宽0.55-0.7米、残高0.17米。骨架保存较差，头向
北，面向西。为老年女性，侧身屈肢葬。西棺残长1.8米、宽0.5-0.7米、残高0.16米。骨架保存
较差，头向北，面向上。为老年女性，仰身直肢葬。中棺打破西棺，东棺打破中棺。内填花黏
土，土质疏松。随葬品有铜钱。

　　乾隆通宝，8枚。均模制、完整、圆形、方穿。正面有郭，铸"乾隆通宝"四字，楷书，对读；
背面有郭，穿左右为满文"宝源"，纪局名。标本：M17：2-1，直径2.32厘米、穿径0.49厘米、郭

厚0.16厘米（图二九,7）。

嘉庆通宝,2枚。均模制、完整、圆形、方穿。正面有郭,铸"嘉庆通宝"四字,楷书,对读;背面有郭,穿左右为满文"宝泉",纪局名。标本：M17：2-2,直径2.31厘米、穿径0.51厘米、郭厚0.16厘米（图二九,8）。

道光通宝,29枚。均模制、完整、圆形、方穿。正面有郭,铸"道光通宝"四字,楷书,对读;背面有郭,穿左右为满文"宝泉",纪局名。标本：M17：2-3,直径2.35厘米、穿径0.51厘米、郭厚0.19厘米（图二九,9）。

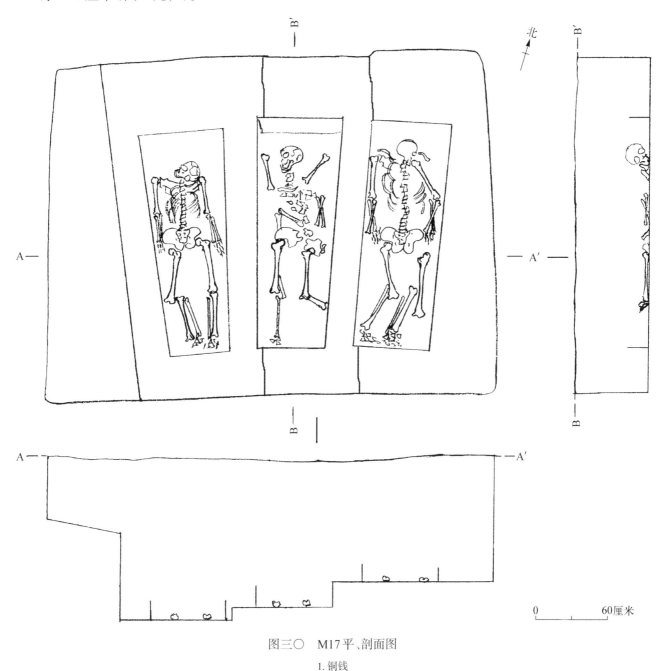

图三〇　M17平、剖面图

1. 铜钱

4.搬迁墓：2座,M6、M13。平面均呈长方形,皆为南北向。

M6　位于发掘区中东部,西邻M7、南邻M5。方向为200°。墓口距地表深0.4米,墓底距地表深1.7米。墓圹南北长2.6米、东西宽1.2米、深1.3米(图三一;彩版一一,1)。

棺木已朽。棺长1.75米、宽0.55~0.65米、残高0.08米。棺内未发现人骨架。内填花黏土,土质较疏松。随葬品有银扁方、银簪、铜钱。

银扁方,1件。M6:1-1,首为半圆形。略弯。体扁平,为长方形,下端为圆弧状。首宽1.4厘米、通长8.5厘米(图三二,3;彩版一五,4)。

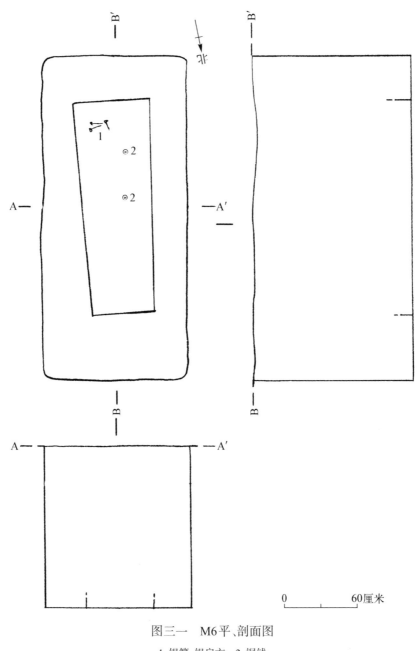

图三一　M6平、剖面图

1.银簪、银扁方　2.铜钱

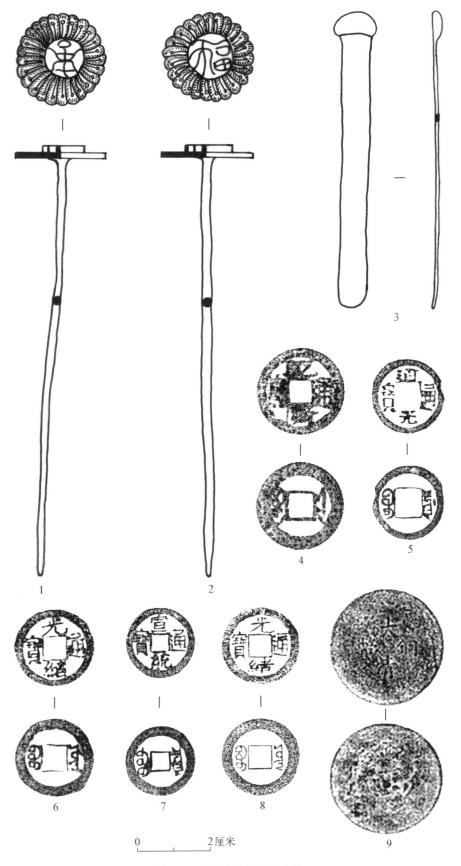

图三二 搬迁墓葬随葬器物

1、2.银簪（M6∶1-2、M6∶1-3） 3.银扁方（M6∶1-1） 4.乾隆通宝（M6∶2-1） 5.道光通宝（M6∶2-2）
6、8.光绪通宝（M6∶2-3、M13∶1） 7.宣统通宝（M6∶2-4） 9.铜板（M13∶2）

银簪，2件。首为圆形。花朵状，截面为"凸"字形。中间为一圆形凸起，铸有"寿"字花瓣形，錾刻花蕊形纹。M6：1-2，首直径2.6厘米、高0.4厘米、通长12.4厘米（图三二，1；彩版一五，5）。中间为一圆形凸起，铸有"福"字花瓣形，錾刻花蕊形纹。M6：1-3，首直径2.7厘米、高0.3厘米、通长12.4厘米（图三二，2；彩版一五，6）。

乾隆通宝，2枚。均模制、完整、圆形、方穿。正面有郭，铸"乾隆通宝"四字，楷书，对读；背面有郭，穿左右为满文"宝浙"，纪局名。标本：M6：2-1，直径2.36厘米、穿径0.53厘米、郭厚0.18厘米（图三二，4）。

道光通宝，1枚。M6：2-2，模制、残、圆形、方穿。正面有郭，铸"道光通宝"四字，楷书，对读；背面有郭，穿左右为满文"宝源"，纪局名。直径2.04厘米、穿径0.68厘米、郭厚0.1厘米（图三二，5）。

光绪通宝，3枚。均模制、完整，圆形、方穿。正面有郭，铸"光绪通宝"四字，楷书，对读；背面有郭，穿左右为满文"宝源"，纪局名。标本：M6：2-3，直径2.11厘米、穿径0.53厘米、郭厚0.12厘米（图三二，6）。

宣统通宝，1枚。M6：2-4，模制、完整，圆形、方穿。正面有郭，铸"宣统通宝"四字，楷书，对读；背面有郭，穿左右为满文"宝泉"，纪局名。直径1.91厘米、穿径0.32厘米、郭厚0.11厘米（图三二，7）。

M13　位于发掘区东南部。方向为170°。墓口距地表深0.4米，墓底距地表深1.1米。墓圹南北长2.5米、东西宽1米、深0.7米（图三三；彩版一一，2）。

棺木已朽。棺长1.9米、宽0.55-0.65米、残高0.12米。棺内未发现骨架。内填花黏土，土质较疏松。随葬品有铜钱、铜板。

光绪通宝，M13：1，模制、完整，圆形、方穿。正面有郭，铸"光绪通宝"四

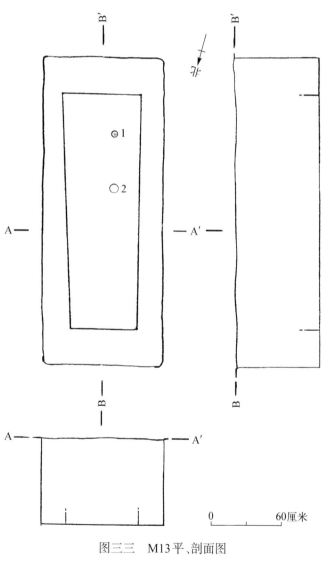

图三三　M13平、剖面图
1. 铜钱　2. 铜板

字,楷书,对读;背面有郭,穿左右为满文"宝源",纪局名。直径2.28厘米、穿径0.51厘米、郭厚0.11厘米(图三二,8)。

铜板,M13：2,模制、完整,圆形。正面铸"大清铜币"四字,楷书,对读;背面铸有龙纹和英文。直径3.31厘米、厚0.12厘米(图三二,9)。

四、小　　结

此次发掘的清代墓葬以双棺墓为主,有11座,占墓葬总数的58%;单棺墓4座,占墓葬总数的21%;三棺墓2座,占墓葬总数的11%;迁葬墓2座,占墓葬总数的11%。

人骨头向以北为主,有7座,占墓葬总数的35%;东向有1座,占墓葬总数的5%;东北向有2座,占墓葬总数的10%;西北向有1座,占墓葬总数的5%;西向有1座,占墓葬总数的5%;西南向有5座,占墓葬总数的25%;南向有1座,占墓葬总数的5%;不详的有2座,占墓葬总数的10%。

这批墓葬骨架多保存较差。葬式可分为仰身直肢葬与侧身屈肢葬。从墓葬的形制、出土器物,特别是随葬铜钱看,这批墓葬的时代应为清代中晚期。M3内出土的"宣统通宝"表明,部分墓葬的年代下限已至近代。

附表一　B1地块墓葬登记表

（单位：米）

墓号	方向	墓口（长×宽×深）	墓底（长×宽×深）	深度	棺数	葬式	人骨保存情况	头向及面向	性别及年龄	随葬品（件）	备注
M1	220°	2.7×(1-1.25)×0.4	2.7×(1-1.25)×1.2	0.8	双棺	东棺仰身直肢葬，西棺迁葬	东棺较差；西棺较好	东棺头向西南，面向上；西棺不详	东棺男性；西棺女性	半釉罐1	
M2	210°	(2.5-2.7)×1.6×0.4	(2.5-2.7)×1.6×(1.2-1.41)	0.8-1.01	双棺	东棺仰身屈肢葬；西棺仰身直肢葬	较差	东棺头向西南，面向南；西棺头向南，面向西	东棺男性；西棺女性	半釉罐1	
M3	220°	2.55×2.35×0.4	2.55×2.35×1.7	1.3	双棺	仰身直肢葬	较差	皆头向西南，面向上	东棺男性；西棺女性	铜钱64	
M4	220°	2.4×(1.9-2)×0.4	2.4×(1.9-2)×1.8	1.4	双棺	仰身直肢葬	较差	东棺头向西南，面向东；西棺头不详，面向南	东棺女性；西棺男性	银簪2，铜钱50	
M5	200°	(2.4-2.5)×1.01×0.4	(2.4-2.5)×1.01×1.8	1.4	单棺	不详	较差	头向西南，面向南	女性	无	
M6	200°	2.6×1.2×0.4	2.6×1.2×1.7	1.3	单棺	不详	无	不详	不详	银簪2，银扁方1，铜钱7	
M7	330°	2.2×1.5×0.4	2.2×1.5×1.1	0.7	双棺	东棺侧身葬；西棺仰身直肢葬	较差	东棺头向西北，面向下；西棺头向北，面向上	东棺男性；西棺女性	无	迁葬墓
M8	20°	2.85×0.9×0.4	2.85×0.9×1.3	0.9	单棺	仰身直肢葬	较差	头向北，面向西	女性	铜钱30	
M9	20°	2.8×1.8×0.4	2.8×1.8×1.2	0.8	双棺	东棺仰身直肢葬；西棺仰身直肢葬不详	较差	皆头向北，面向上	东棺男性；西棺女性	瓷罐1，铜钱30	
M10	50°	2.6×1×0.4	2.6×1×2	1.6	单棺	仰身直肢葬	较好	头向东北，面向上	女性	铜板10	
M11	40°	(2.67-2.8)×(1.87-2.41)×0.4	(2.67-2.8)×(1.87-2.41)×2	1.6	双棺	仰身直肢葬	较差	皆头向东北，面向上	东棺男性；西棺女性	银簪1，铜板54，铜钱5	

续表

墓号	方向	墓口（长×宽×深）	墓底（长×宽×深）	深度	棺数	葬式	人骨保存情况	头向及面向	性别及年龄	随葬品（件）	备注
M12	70°	(2.3-2.6)×(1.7-1.75)×0.4	(2.3-2.6)×(1.7-1.75)×(1.5-1.69)	1.1-1.29	双棺	仰身直肢葬	较差	南棺头向东、面向南；北棺头向东、面向北	南棺男性；北棺女性	绿釉瓷罐1、铜钱28、铜板11	
M13	170°	2.5×1×0.4	2.5×1×1.1	0.7	单棺	不详	无	不详	不详	铜钱1、铜板1	迁葬墓
M14	350°	2.7×(2-2.1)×1.1	2.7×(2-2.1)×2	0.9	双棺	东棺侧身屈肢葬；西棺仰身直肢葬	较差	皆头向北，面向上	东棺女性；西棺男性	铜耳钉1、铜钱45	
M15	0°	(2.5-2.7)×(2.26-2.87)×1	(2.5-2.7)×(2.26-2.87)×2.1	1.1	三棺	仰身直肢葬	东、中棺较差；西棺一般	皆头向北，面向上	东棺女性；中棺男性；西棺女性	铜簪2、铜环2、铜钱48	
M16	355°	(2.55-2.65)×(1.7-1.75)×1	(2.55-2.65)×(1.7-1.75)×2.3	1.3	双棺	东棺侧身直肢葬；西棺侧身屈肢葬	较差	皆头向北，面向不详	东棺男性；西棺女性	铜钱9	
M17	345°	(2.67-2.76)×(3.45-3.7)×1	(2.67-2.76)×(3.45-3.7)×(1.97-2.3)	0.97-1.3	三棺	东仰身屈肢葬；中棺侧身屈肢葬；西棺仰身直肢葬	一般	东棺头向东；中棺头向西，面向北；西棺头向北，面向上	东棺男性；中棺男性；西棺女性	铜钱39	
M18	5°	2.4×(1.58-1.73)×1	2.4×(1.58-1.73)×1.9	0.9	双棺	东棺侧身直肢葬；西棺仰身直肢葬	较差	东棺头向东；西棺头向北，面向上	东棺男性；西棺女性	铜勺1、铜钱52	
M19	265°	1.4×1.1×1.2	1.4×1.1×1.9	0.7	单棺	侧身屈肢葬	较差	头向西，面向北	男性	铜钱4	
M20	190°	5.64×(2.5-2.88)×1	5.64×(2.5-2.88)×1.6	0.6	双棺	皆侧身屈肢葬	较差	东棺头向南，面向南；西棺头向东，面向上	东棺女性；西棺男性	无	

附表二　B1地块出土铜钱统计表　　　　　　　　　　（单位：厘米）

单位	编号	种　类	直径	穿径	郭厚/厚	备　注
M3	3-1	道光通宝	2.35	0.59	0.15	穿左右为满文"宝泉"
	3-2	光绪通宝	2.25	0.51	0.11	穿左右为满文"宝泉"
	3-3	宣统通宝	1.91	0.35	0.11	穿左右为满文"宝泉"
	4-1	咸丰重宝	3.1	0.68	0.2	穿左右为满文"宝源"，穿上下为楷书"当十"
	4-2	同治重宝	2.84	0.56	0.15	穿左右为满文"宝泉"，穿上下为楷书"当十"
	4-3	同治重宝	2.75	0.61	0.16	穿左右为满文"宝泉"，穿上下为楷书"当十"
	4-4	宣统通宝	1.9	0.38	0.11	穿左右为满文"宝泉"
M4	3-1	道光通宝	2	0.56	0.1	穿左右为满文"宝泉"
	3-2	咸丰通宝	2.19	0.51	0.15	穿左右为满文"宝泉"
	3-3	同治重宝	2.65	0.69	0.15	穿左右为满文"宝泉"，穿上下为楷书"当十"
	3-4	同治重宝	2.21	0.61	0.1	穿左右为满文"宝泉"，穿上下为楷书"当十"
	3-5	光绪重宝	2.73	0.68	0.19	穿左右为满文"宝泉"，穿上下为楷书"当拾"
	3-6	光绪通宝	2.3	0.51	0.12	穿左右为满文"宝泉"
	4-1	乾隆通宝	2.49	0.5	0.15	穿左右为满文"宝泉"
	4-2	嘉庆通宝	2.51	0.51	0.11	穿左右为满文"宝源"
	4-3	道光通宝	2.22	0.56	0.18	穿左右为满文"宝泉"
	4-4	咸丰通宝	1.93	0.54	0.09	穿左右为满文"宝泉"
	4-5	同治重宝	2.71	0.61	0.13	穿左右为满文"宝泉"，穿上下为楷书"当十"
	4-6	光绪通宝	2.38	0.48	0.13	穿左右为满文"宝泉"
	4-7	光绪通宝	1.93	0.4	0.11	穿左右为满文"宝泉"
M6	2-1	乾隆通宝	2.36	0.53	0.18	穿左右为满文"宝浙"
	2-2	道光通宝	2.04	0.68	0.1	穿左右为满文"宝源"
	2-3	光绪通宝	2.11	0.53	0.12	穿左右为满文"宝源"
	2-4	宣统通宝	1.91	0.32	0.11	穿左右为满文"宝泉"

单位	编号	种　类	直径	穿径	郭厚/厚	备　注
M8	1-1	乾隆通宝	2.09	0.38	0.1	穿左右为满文"宝源"
	1-2	嘉庆通宝	2.32	0.52	0.11	穿左右为满文"宝泉"
	1-3	道光通宝	2.41	0.5	0.12	穿左右为满文"宝泉"
	1-4	道光通宝	2.3	0.59	0.12	穿左右为满文"宝源"
	1-5	咸丰通宝	2.11	0.6	0.11	穿左右为满文"宝苏"
	1-6	同治重宝	2.32	0.68	0.1	穿左右为满文"宝源"，穿上下为楷书"当十"
	1-7	光绪通宝	2.2	0.5	0.11	穿左右为满文"宝泉"
M9	4-1	乾隆通宝	2.32	0.56	0.14	穿左右为满文"宝源"
	4-2	乾隆通宝	2.41	0.52	0.11	穿左右为满文"宝泉"
	4-3	道光通宝	2.25	0.59	0.12	穿左右为满文"宝泉"
	4-4	道光通宝	2.26	0.61	0.11	穿左右为满文"宝源"
	4-5	咸丰通宝	2.21	0.5	0.12	穿左右为满文"宝台"
	4-6	同治重宝	2	0.61	0.09	穿左右为满文"宝泉"，穿上下为楷书"当十"
	4-7	光绪重宝	2.82	0.59	0.13	穿左右为满文"宝泉"，穿上下为楷书"当拾"
	4-8	光绪通宝	2.22	0.5	0.12	穿左右为满文"宝源"
	4-9	光绪通宝	2.06	0.5	0.09	穿左右为满文"宝泉"
M10	1-1	铜板	2.99		0.12	大清铜币
	1-2	铜板	3.3		0.11	大清铜币
	1-3	铜板	2.59		0.12	
	1-4	铜板	2.6		0.14	壹枚
	1-5	铜板	2.69		0.14	光绪元宝
M11	2-1	乾隆通宝	2.41	0.52	0.11	穿左右为满文"宝泉"
	2-2	铜板	2.99		0.1	
	2-3	铜板	3.01		0.16	贰拾文
	2-4	铜板	3.01		0.11	
	3-1	乾隆通宝	2.09	0.31	0.15	穿左右为满文"宝源"

续　表

单位	编号	种　类	直径	穿径	郭厚/厚	备　注
M11	3-2	嘉庆通宝	2.1	0.39	0.11	穿左右为满文"宝泉"
	3-3	道光通宝	2.5	0.38	0.16	穿左右为满文"宝泉"
	3-4	铜板	2.16		0.11	壹分
	4-1	铜板	3.31		0.15	大清铜币
	4-2	铜板	3.21		0.11	
	4-3	铜板	3.21		0.19	光绪元宝
	4-4	铜板	2.81		0.15	湖南铜元
	4-5	铜板	2.79		0.13	光绪元宝
M12	2-1	铜板	2.81		0.11	大清铜币
	2-2	铜板	3.22		0.13	
	3-1	乾隆通宝	2.25	0.51	0.12	穿左右为满文"宝泉"
	3-2	道光通宝	2.15	0.55	0.16	穿左右为满文"宝泉"
	3-3	同治重宝	3.01	0.69	0.15	穿左右为满文"宝源"，穿上下为楷书"当十"
	3-4	光绪通宝	2.45	0.51	0.12	穿左右为满文"宝泉"
	3-5	光绪通宝	2.23	0.49	0.13	穿左右为满文"宝泉"
	3-6	光绪通宝	1.78	0.41	0.1	穿左右为满文"宝泉"
	3-7	宣统通宝	1.89	0.4	0.11	穿左右为满文"宝泉"
M13	1	光绪通宝	2.28	0.51	0.11	穿左右为满文"宝源"
	2	铜板	3.31		0.12	大清铜币
M14	3-1	乾隆通宝	2.45	0.55	0.11	穿左右为满文"宝源"
	3-2	嘉庆通宝	2.32	0.52	0.13	穿左右为满文"宝泉"
	3-3	嘉庆通宝	2.32	0.51	0.12	穿左右为满文"宝源"
	4-1	乾隆通宝	2.25	0.53	0.13	穿左右为满文"宝源"
	4-2	嘉庆通宝	2.51	0.52	0.11	穿左右为满文"宝泉"
M15	2-1	嘉庆通宝	2.37	0.55	0.13	穿左右为满文"宝直"
	2-2	道光通宝	2.31	0.59	0.19	穿左右为满文"宝泉"
	4-1	乾隆通宝	2.21	0.51	0.12	穿左右为满文"宝泉"

单位	编号	种　类	直径	穿径	郭厚/厚	备　注
M15	4-2	嘉庆通宝	2.5	0.59	0.12	穿左右为满文"宝泉"
	4-3	道光通宝	2.58	0.59	0.11	穿左右为满文"宝泉"
	4-4	道光通宝	2.32	0.56	0.18	穿左右为满文"宝源"
M16	1-1	乾隆通宝	2.39	0.49	0.15	穿左右为满文"宝泉"
M17	2-1	乾隆通宝	2.32	0.49	0.16	穿左右为满文"宝源"
	2-2	嘉庆通宝	2.31	0.51	0.16	穿左右为满文"宝泉"
	2-3	道光通宝	2.35	0.51	0.19	穿左右为满文"宝泉"
M18	2-1	乾隆通宝	2.45	0.52	0.11	穿左右为满文"宝苏"
	2-2	道光通宝	2.31	0.58	0.12	穿左右为满文"宝泉"
	3-1	嘉庆通宝	2.49	0.59	0.15	穿左右为满文"宝泉"
	3-2	道光通宝	2.39	0.51	0.12	穿左右为满文"宝源"
	3-3	道光通宝	2.2	0.58	0.19	穿左右为满文"宝泉"
M19	1-1	乾隆通宝	2.32	0.51	0.14	穿左右为满文"宝源"
	1-2	道光通宝	2.38	0.51	0.13	穿左右为满文"宝泉"

B2地块考古发掘报告

一、概 况

　　B2地块东邻永隆屯村、南邻次渠北里、西邻通马路、北邻京津高铁(图三四)。于2012年4月27日至5月21日进行勘探,平面近似梯形,东西宽480-598米,南北长613米,总面积为347 600平方米。地表现状为建筑渣土、耕地、树林。

　　原北京市文物研究所于2012年6月1日至6月13日对该地块范围内的古代墓葬进行了考

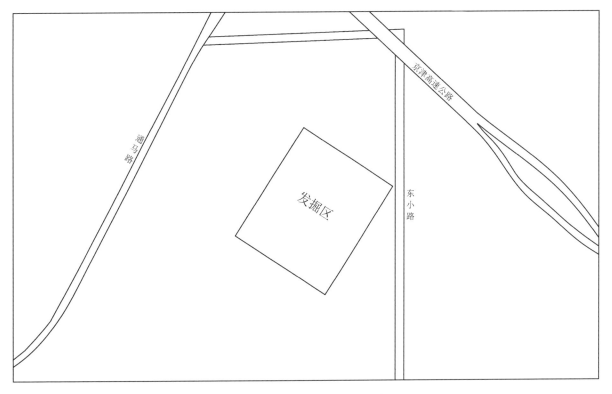

图三四　B2地块发掘区位置示意图

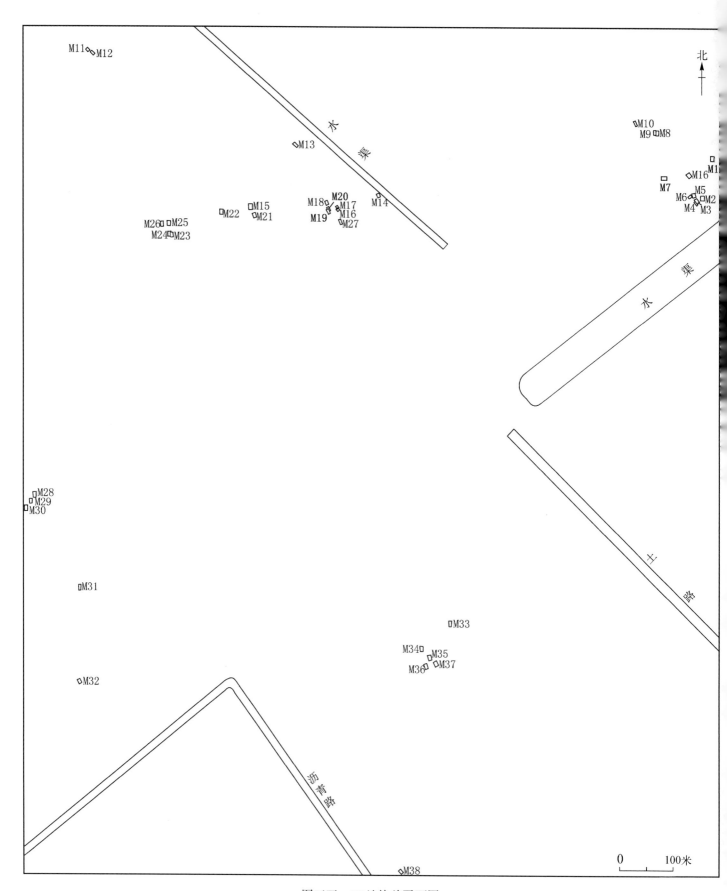

图三五　B2地块总平面图

古发掘（彩版一六，1）。

共发掘清代墓葬38座（图三五；彩版一六，2；附表三）。发掘面积共计445平方米，出土各类文物95件（不计铜钱）。

二、地　　层

该区域内的地层堆积自上而下分为三层。

第①层：深0-0.3米，灰褐色表土层，含清代青花瓷片等。

第②层：深0.3-1.2米，厚0.4-0.7米，灰褐色黏土层。

第③层：深1.2-2.9米，厚0.3-2米，黄褐色黏土层。

以下为生土层。

三、墓葬及遗物

墓葬均开口于①层下。由棺数和建墓材质可分为五种类型：单棺墓、双棺墓、三棺墓、迁葬墓、砖室墓。

1. 单棺墓：10座，M4、M8-M10、M19、M20、M24、M27、M33、M34。分为三型。

A型：7座，M8、M9、M19、M20、M24、M27、M33。平面呈长方形。

M8　位于发掘区东北部，打破M9。东西向，方向为320°。墓口距地表深0.4米，墓底距地表深1.2米。墓圹南北长2.78米、东西宽0.9-0.93米、深0.8米（图三六；彩版一七，1）。

棺木保存一般。棺长1.9米、宽0.5-0.6米、残高0.12米、厚0.04米。骨架保存较差，头向西北。墓主人面向、葬式、性别、年纪均不详。内填花黏土，土质较疏松。随葬品有铜钱、铜板。

乾隆通宝，15枚。均模制、完整、圆形、方穿。正面有郭，铸"乾隆通宝"四字，楷书，对读。标本：M8：1-1，背面有郭，穿左右为满文"宝源"，纪局名。直径2.25厘米、穿径0.55厘米、郭厚0.1厘米（图三七，1）。背面有郭，穿左右为满文"宝泉"，纪局名。标本：M8：1-2，直径2.15厘米、穿径0.48厘米、郭厚0.18厘米（图三七，2）。

嘉庆通宝，8枚。均模制、完整、圆形、方穿。正面有郭，铸"嘉庆通宝"四字，楷书，对读。背面有郭，穿左右为满文"宝泉"，纪局名。标本：M8：1-3，直径2.52厘米、穿径0.5厘米、郭厚0.12厘米（图三七，3）。背面有郭，穿左右为满文"宝直"，纪局名。标本：M8：1-4，直径2.2厘米、穿径0.52厘米、郭厚0.15厘米（图三七，4）。

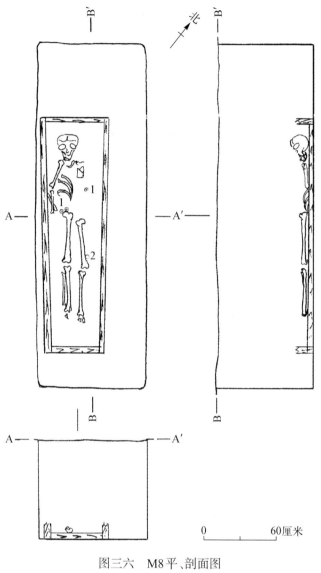

图三六　M8平、剖面图

1. 铜钱　2. 铜板

　　道光通宝,6枚。均模制、完整、圆形、方穿。正面有郭,铸"道光通宝"四字,楷书,对读。背面有郭,穿左右为满文"宝源",纪局名。标本:M8:1-5,直径2.18厘米、穿径0.58厘米、郭厚0.12厘米(图三七,5)。背面有郭,穿左右为满文"宝泉",纪局名。标本:M8:1-6,直径2.28厘米、穿径0.55厘米、郭厚0.15厘米(图三七,6)。

　　咸丰通宝,2枚。均模制、完整、圆形、方穿。正面有郭,铸"咸丰通宝"四字,楷书,对读;背面有郭,穿左右为满文"宝泉",纪局名。标本:M8:1-7,直径2.18厘米、穿径0.5厘米、郭厚0.15厘米(图三七,7)。

　　光绪通宝,14枚。均模制、完整、圆形、方穿。正面有郭,铸"光绪通宝"四字,楷书,对读;背面有郭,穿左右为满文"宝泉",纪局名。标本:M8:1-8,直径2.25厘米、穿径0.5厘米、郭厚

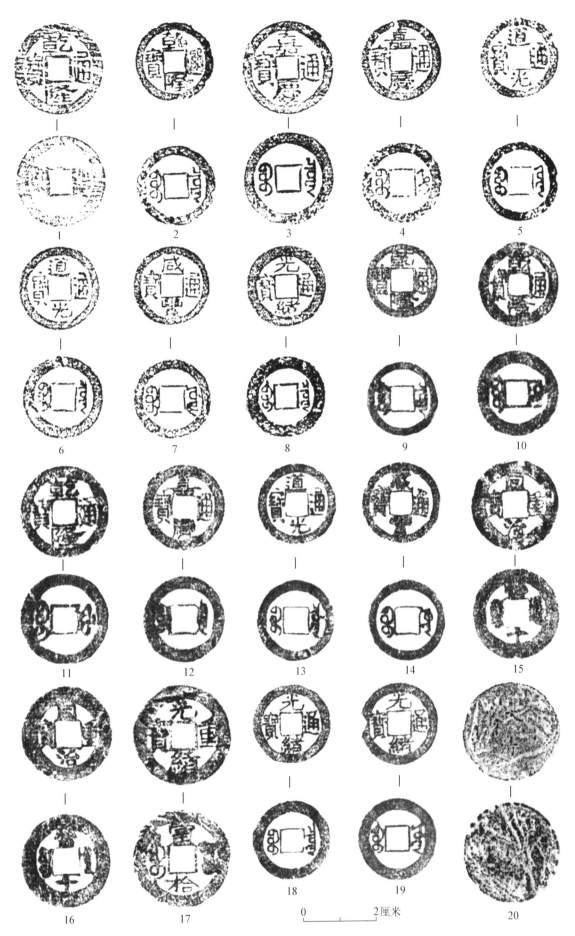

图三七　单棺 A 型墓葬随葬铜钱、铜板(一)

1、2、9-11.乾隆通宝(M8∶1-1、M8∶1-2、M9∶4-1、M9∶4-2、M9∶4-3)　3、4、12.嘉庆通宝(M8∶1-3、M8∶1-4、M9∶4-4)
5、6、13.道光通宝(M8∶1-5、M8∶1-6、M9∶4-5)　7、14.咸丰通宝(M8∶1-7、M9∶4-6)　8、18、19.光绪通宝(M8∶1-8、
M9∶4-10、M9∶4-11)　15、16.同治重宝(M9∶4-7、M9∶4-8)　17.光绪重宝(M9∶4-9)　20.铜板(M8∶2)

0.15厘米（图三七, 8）。

　　铜板, 1枚。M8:2, 模制、完整, 圆形。正面铸"大清铜币"四字, 楷书, 对读; 背面纹饰模糊。直径2.31厘米、厚0.11厘米（图三七, 20）。

　　M9　位于发掘区东北部, 东部被M8打破。南北向, 方向为320°。墓口距地表深0.4米, 墓底距地表深1.2米。墓圹南北长3米、东西宽1.76米、深0.8米（图三八; 彩版一七, 2）。

　　棺木保存一般。棺长2米、宽0.7-0.8米、残高0.15米、厚0.05米。骨架保存较差, 头向西北, 面向上。墓主人为老年女性, 仰身直肢葬。内填花黏土, 土质较疏松。随葬品有银扁方、银

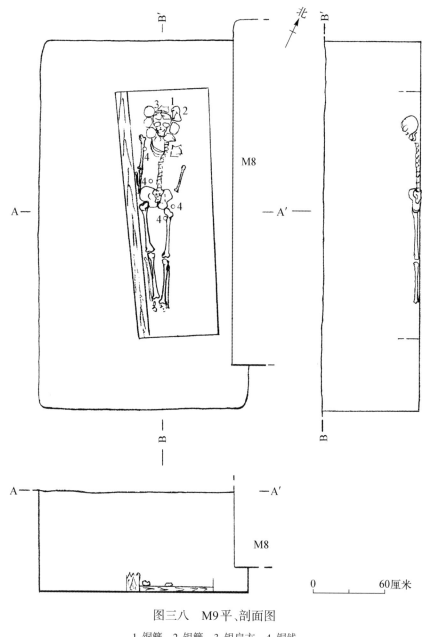

图三八　M9平、剖面图

1. 铜簪　2. 银簪　3. 银扁方　4. 铜钱

簪、铜簪、铜钱。

银扁方，1件。M9：3，首作蘑菇状，末端为圆弧状。素面。首宽1.2厘米、体宽0.8厘米、通长8.9厘米（图三九，10；彩版三四，5）。

银簪，2件。M9：2-1，首残，体呈锥体。残长12厘米（图三九，8；彩版三四，3）。M9：2-2，首残，应为禅杖形，体为锥体。残长11.2厘米（图三九，9；彩版三四，4）。

铜簪，2件。首为葵花瓣形，截面为凸字形。中间为圆形凸起。底托为花瓣形，上面錾刻花蕊形纹。体细直，为锥体。M9：1-1，首上铸"寿"字。首直径2.5厘米、高0.4厘米、通长12.4厘米（图三九，4；彩版三四，1）。M9：1-2，首上铸"福"字。首直径2.5厘米、高0.4厘米、通长12厘米（图三九，5；彩版三四，2）。

乾隆通宝，4枚。均模制、完整、圆形、方穿。正面有郭，铸"乾隆通宝"四字，楷书，对读。背面有郭，穿左右为满文"宝泉"，纪局名。标本：M9：4-1，直径2.02厘米、穿径0.55厘米、郭厚0.13厘米（图三七，9）。背面有郭，穿左右为满文"宝源"，纪局名。标本：M9：4-2，直径2.3厘米、穿径0.55厘米、郭厚0.11厘米（图三七，10）。标本：M9：4-3，直径2.5厘米、穿径0.57厘米、郭厚0.11厘米（图三七，11）。

嘉庆通宝，2枚。均模制、完整、圆形、方穿。正面有郭，铸"嘉庆通宝"四字，楷书，对读；背面有郭，穿左右为满文"宝泉"，纪局名。标本：M9：4-4，直径2.31厘米、穿径0.59厘米、郭厚0.11厘米（图三七，12）。

道光通宝，1枚。M9：4-5，模制、完整、圆形、方穿。正面有郭，铸"道光通宝"四字，楷书，对读；背面有郭，穿左右为满文"宝泉"，纪局名。直径2.22厘米、穿径0.57厘米、郭厚0.15厘米（图三七，13）。

咸丰通宝，1枚。M9：4-6，模制、完整、圆形、方穿。正面有郭，铸"咸丰通宝"四字，楷书，对读；背面有郭，穿左右为满文"宝泉"，纪局名。直径2.21厘米、穿径0.6厘米、郭厚0.12厘米（图三七，14）。

同治重宝，7枚。均模制、完整、圆形、方穿。正面有郭，铸"同治重宝"四字，楷书，对读；背面有郭，穿左右为满文"宝泉"，纪局名，穿上下为楷书"当十"。标本：M9：4-7，直径2.55厘米、穿径0.65厘米、郭厚0.11厘米（图三七，15）。标本：M9：4-8，直径2.61厘米、穿径0.64厘米、郭厚0.11厘米（图三七，16）。

光绪重宝，6枚。均模制、完整、圆形、方穿。正面有郭，铸"光绪重宝"四字，楷书，对读。标本：M9：4-9，背面有郭，穿左右为满文"宝源"，纪局名，穿上下为楷书"当拾"。直径2.81厘米、穿径0.59厘米、郭厚0.18厘米（图三七，17）。

光绪通宝，2枚。均模制、完整、圆形、方穿。正面有郭，铸"光绪通宝"四字，楷书，对读；背面有郭，穿左右为满文"宝泉"，纪局名，穿上下为楷书"当十"。标本：M9：4-10，直径2.26厘米、穿径0.51厘米、郭厚0.12厘米（图三七，18）。标本：M9：4-11，直径2.23厘米、穿径0.58厘米、郭厚0.11厘米（图三七，19）。

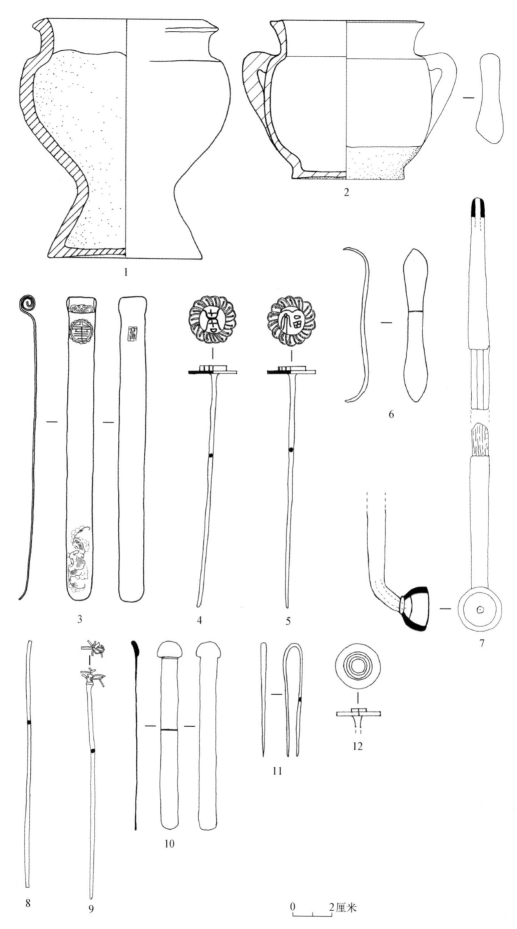

图三九　单棺A型墓葬随葬器物

1、2.瓷罐（M27：3、M20：3）　3、10.银扁方（M27：2、M9：3）　4、5、12.铜簪（M9：1-1、M9：1-2、M33：3）
6.铜压发（M20：1）　7.铜烟锅（M33：2）　8、9.银簪（M9：2-1、M9：2-2）　11.银钗（M27：1）

其余12枚,均锈蚀严重,字迹模糊不可辨认。

M19 位于发掘区北部,打破M20。东西向,方向为40°。墓口距地表深0.4米,墓底距地表深1.1米。墓圹南北长2.3米、东西宽0.92米、深0.7米(图四〇;彩版一八,1)。

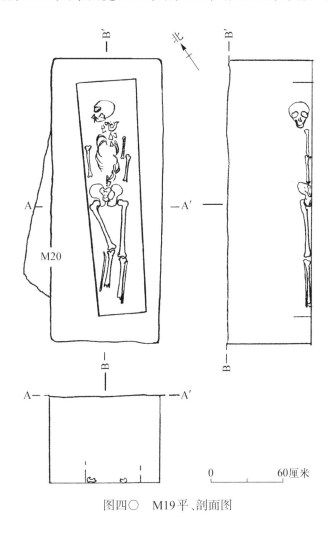

图四〇 M19平、剖面图

棺木已朽。棺长1.9米、宽0.4-0.5米、残高0.16米。骨架保存较差,头向东北,面向北。墓主人为老年男性,仰身直肢葬。内填花黏土,土质较疏松。未发现随葬品。

M20 位于发掘区北部,北邻M18,被M19打破。东西向,方向为65°。墓口距地表深0.4米,墓底距地表深1.8米。墓圹东西长2.6米、南北宽1.2米、深1.4米(图四一;彩版一八,2)。

棺木保存一般。棺长1.92米、宽0.55-0.6米、残高0.22米、厚0.04米。骨架保存较好,头向东,面向南。墓主人为老年女性,仰身直肢葬。内填花黏土,土质较疏松。随葬品有瓷罐、铜压发、铜板。

瓷罐,1件。M20:3,方唇、敞口、束颈、溜肩、弧腹。平底略凹,足略凸。肩部至下腹部有一对称桥形耳。内壁满施绿釉,外壁近底部、底部未施釉。胎质较粗。素面。口径6.5厘米、肩径8.2厘米、底径5.6厘米、高7.7厘米(图三九,2;彩版三五,1)。

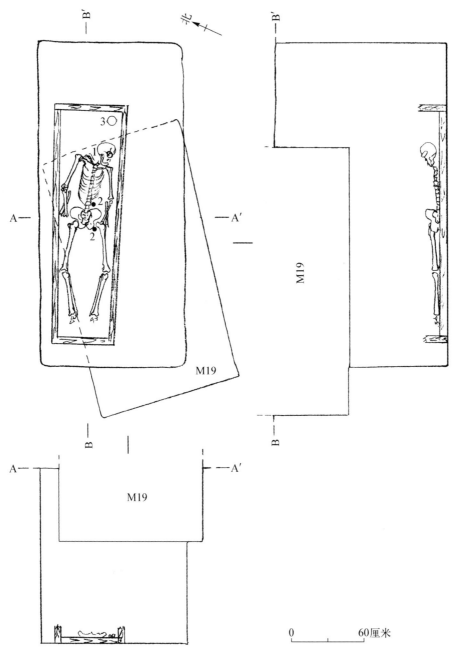

图四一　M20平、剖面图
1. 铜压发　2. 铜板　3. 瓷罐

　　铜压发，1件。M20：1，扁长体，两端为圆弧尖状，束腰。素面。通长7.3厘米、宽0.1厘米（图三九，6；彩版三四，6）。

　　铜板，2枚。均模制、完整，圆形。正面铸"大清铜币"，"清""铜"字迹模糊，楷书，对读；背面纹饰模糊。M20：2-1，直径3.29厘米、厚0.12厘米（图四二，10）。M20：2-2，直径3.3厘米、厚0.12厘米（图四二，11）。

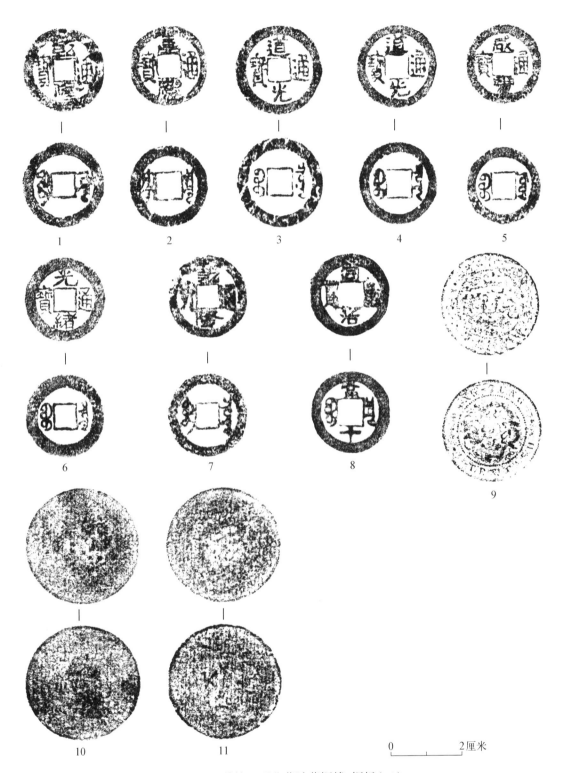

图四二　单棺 A 型墓葬随葬铜钱、铜板（二）

1、7.乾隆通宝（M24：1-1、M33：1-1）　2.嘉庆通宝（M24：1-2）　3、4.道光通宝（M24：1-3、M24：1-4）
5.咸丰通宝（M24：1-5）　6.光绪通宝（M24：1-6）　8.同治重宝（M33：1-2）　9-11.铜板（M24：2-1、
M20：2-1、M20：2-2）

M24　位于发掘区西北部,被M23打破。东西向,方向为45°。墓口距地表深0.4米,墓底距地表深1.6米。墓圹东西长2.64米、南北宽1.6米、深1.2米(图四三;彩版一九,1)。

棺木保存一般。棺长2.1米、宽0.6-0.7米、残高0.1-0.13米、厚0.06米。骨架保存较差,头向东北。墓主人为老年男性,仰身屈肢葬。内填花黏土,土质较疏松。随葬品有铜钱、铜板。

乾隆通宝,4枚。均模制、完整、圆形、方穿。正面有郭,铸"乾隆通宝"四字,楷书,对读;背面有郭,穿左右为满文"宝源",纪局名。标本:M24:1-1,直径2.31厘米、穿径0.49厘米、郭厚0.12厘米(图四二,1)。

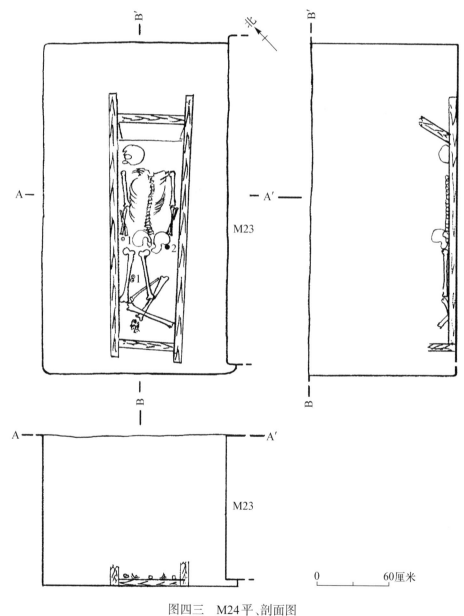

图四三　M24平、剖面图

1. 铜钱　2. 铜板

嘉庆通宝，3枚。均模制、完整、圆形、方穿。正面有郭，铸"嘉庆通宝"四字，楷书，对读；背面有郭，穿左右为满文"宝泉"，纪局名。标本：M24：1-2，直径2.2厘米、穿径0.58厘米、郭厚0.15厘米（图四二，2）。

道光通宝，9枚。均模制、完整、圆形、方穿。正面有郭，铸"道光通宝"四字，楷书，对读；背面有郭，穿左右为满文"宝泉"，纪局名。标本：M24：1-3，直径2.48厘米、穿径0.53厘米、郭厚0.13厘米（图四二，3）。标本：M24：1-4，直径2.27厘米、穿径0.54厘米、郭厚0.15厘米（图四二，4）。

咸丰通宝，1枚。M24：1-5，模制、完整、圆形、方穿。正面有郭，铸"咸丰通宝"四字，楷书，对读；背面有郭，穿左右为满文"宝源"，纪局名。直径2.15厘米、穿径0.56厘米、郭厚0.13厘米（图四二，5）。

光绪通宝，15枚。模制、完整、圆形、方穿。正面有郭，铸"光绪通宝"四字，楷书，对读；背面有郭，穿左右为满文"宝泉"，纪局名。标本：M24：1-6，直径2.28厘米、穿径0.47厘米、郭厚0.12厘米（图四二，6）。

铜板，3枚。均模制、完整、圆形。正面铸"光绪元宝"四字，楷书，对读；背面铸龙纹和英文。标本：M24：2-1，直径2.78厘米、厚0.12厘米（图四二，9）。

M27　位于发掘区北部，北邻M16。南北向，方向为30°。墓口距地表深0.3米，墓底距地表深1.1米。墓圹南北长2.46米、东西宽1.02米、深0.8米（图四四；彩版一九，2）。

棺木保存一般。长1.92米、宽0.58-0.6米、残高0.14米、厚0.05米。骨架保存较差，头向北，面向东。墓主人为老年女性，葬式不详。内填花黏土，土质较疏松。随葬品有银钗、银扁方、瓷罐。

银钗，1件。M27：1，体呈"U"形，素面，两端尖细。长10厘米、宽0.1厘米（图三九，11；彩版三五，2）。

银扁方，1件。M27：2，首部錾刻有蝙蝠纹，方体，正面上方錾刻一圆形"寿"

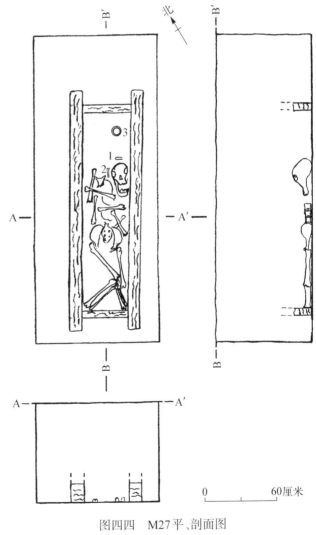

图四四　M27平、剖面图

1.银钗　2.银扁方　3.瓷罐

字,尾部线刻一展翅蝙蝠。方体背部有铭文"宝典"二字,竖行。体呈长方形。首部卷曲,尾呈圆弧形。通长14.7厘米、宽1.3厘米(图三九,3;彩版三五,3)。

　　瓷罐,1件。M27:3,尖唇、敞口、斜沿、短束颈,鼓腹,下腹曲收,底部外撇,平底略内凹。外壁施姜黄色釉。轮制。素面。口径8.2厘米、腹径10.9厘米、底径8.2厘米、高12.1厘米(图三九,1;彩版三五,4)。

　　M33　位于发掘区中南部,西南邻M34。南北向,方向为230°。墓口距地表深0.4米,墓底距地表深1.6米。墓圹南北长2.6米、东西宽1.3米、深1.2米(图四五;彩版一九,3)。

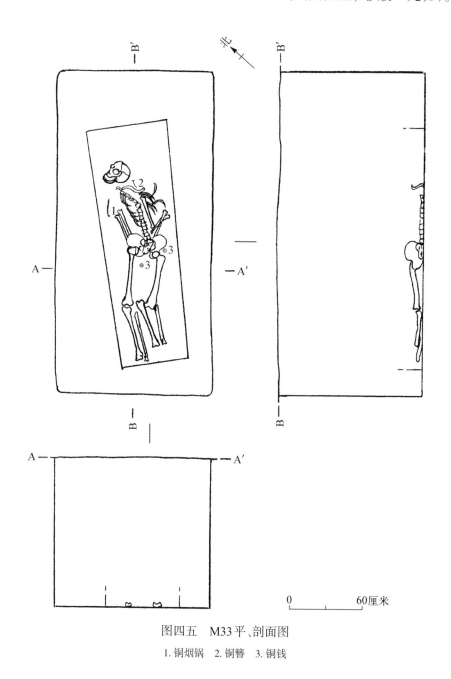

图四五　M33平、剖面图

1. 铜烟锅　2. 铜簪　3. 铜钱

棺木已朽。棺长1.9米、宽0.6-0.7米、残高0.13米。骨架保存较好,头向西南,面向南。墓主人为老年男性,侧身直肢葬。内填花黏土,土质较疏松。随葬品有铜烟锅、铜簪、铜钱。

铜烟锅,1件。M33:2,由锅、杆、嘴三部分组成。杆部剖面呈环形。锅部直径2.1厘米、高1.4厘米,残长20.4厘米、宽0.8厘米(图三九,7;彩版三五,5)。

铜簪,1件。M33:3,首为圆形,截面为凸字形。中间为一圆形凸起,上面錾刻圆圈形纹。体残缺。首直径2.3厘米、残高0.9厘米(图三九,12;彩版三五,6)。

乾隆通宝,4枚。均模制、完整,圆形、方穿。正面有郭,铸"乾隆通宝"四字,楷书,对读;背面有郭,穿左右为满文"宝泉",纪局名。标本:M33:1-1,直径2.29厘米、穿径0.51厘米、郭厚0.15厘米(图四二,7)。

同治重宝,1枚。M33:1-2,模制、完整,圆形、方穿。正面有郭,铸"同治重宝"四字,楷书,对读;背面有郭,穿左右为满文"宝泉",纪局名,穿上下为楷书"当十"。直径2.27厘米、穿径0.65厘米、郭厚0.11厘米(图四二,8)。

B型:2座,M4、M10。平面呈梯形。

M4 位于发掘区东北部,被M3打破,打破生土层。南北向,方向为0°。墓口距地表深0.3米,墓底距地表深1米。墓圹南北长2.64米、东西宽1.13-1.27米、深0.7米(图四六;彩版二〇,1)。

棺木已朽。棺长1.94米、宽0.6-0.66米、残高0.12米。骨架保存较差,头向北,面向东。墓主人为老年女性,仰身直肢葬。内填花黏土,土质较疏松。随葬品有铜簪、铜钱。

铜簪,2件。M4:1,首呈九连环禅杖形,顶呈葫芦状,体呈锥体。首长4厘米、宽1.7厘米、通长15.3厘米(图四七,1;彩版三六,1)。M4:2,首为葵花形,花朵状,截面为凸字形。中间为一圆形凸起,首上铸"寿"字。底托

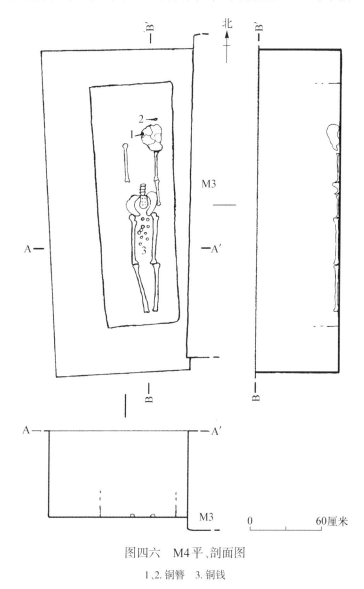

图四六 M4平、剖面图

1、2.铜簪 3.铜钱

为花瓣形，上面錾刻花蕊形纹。体细直，为锥体。首直径2.6厘米、高0.3厘米、通长12厘米（图四七，2；彩版三六，2）。

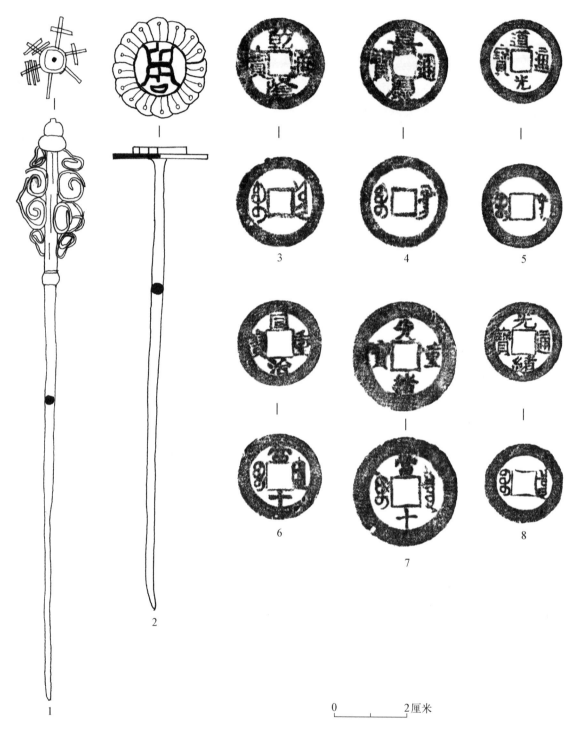

0　　　2厘米

图四七　M4随葬器物

1、2. 铜簪（M4：1、M4：2）　3. 乾隆通宝（M4：3-1）　4. 嘉庆通宝（M4：3-2）　5. 道光通宝（M4：3-3）
6. 同治重宝（M4：3-4）　7. 光绪重宝（M4：3-5）　8. 光绪通宝（M4：3-6）

乾隆通宝，1枚。M4：3-1，模制、完整、圆形、方穿。正面有郭，铸"乾隆通宝"四字，楷书，对读；背面有郭，穿左右为满文"宝泉"，纪局名。直径2.51厘米、穿径0.51厘米、郭厚0.11厘米（图四七，3）。

嘉庆通宝，1枚。M4：3-2，模制、完整、圆形、方穿。正面有郭，铸"嘉庆通宝"四字，楷书，对读；背面有郭，穿左右为满文"宝源"，纪局名。直径2.51厘米、穿径0.5厘米、郭厚0.11厘米（图四七，4）。

道光通宝，1枚。M4：3-3，模制、完整、圆形、方穿。正面有郭，铸"道光通宝"四字，楷书，对读；背面有郭，穿左右为满文"宝源"，纪局名。直径2.32厘米、穿径0.49厘米、郭厚0.12厘米（图四七，5）。

同治重宝，21枚。均模制、完整、圆形、方穿。正面有郭，铸"同治重宝"四字，楷书，对读；背面有郭，穿左右为满文"宝泉"，纪局名，穿上下为楷书"当十"。标本：M4：3-4，直径2.41厘米、穿径0.61厘米、郭厚0.11厘米（图四七，6）。

光绪重宝，20枚。均模制、完整，圆形、方穿。正面有郭，铸"光绪重宝"四字，楷书，对读；背面有郭，穿左右为满文"宝泉"，纪局名，穿上下为楷书"当十"。标本：M4：3-5，直径3.01厘米、穿径0.51厘米、郭厚0.21厘米（图四七，7）。

光绪通宝，6枚。均模制、完整、圆形、方穿。正面有郭，铸"光绪通宝"四字，楷书，对读；背面有郭，穿左右为满文"宝泉"，纪局名。标本：M4：3-6，直径2.21厘米、穿径0.51厘米、郭厚0.11厘米（图四七，8）。

M10　位于发掘区东北部，东南邻M9。东西向，方向为30°。墓口距地表深0.35米，墓底距地表深0.99米。墓圹南北长2.44米、东西宽0.91-1米、深0.64米（图四八；彩版二〇，2）。

棺木已朽。棺长2米、宽0.62-0.66米、残高0.18米。骨架保存较好，头向北，面向上。墓主人为老年男性，仰身直肢葬。内填花黏土，土质较疏松。未发现随葬品。

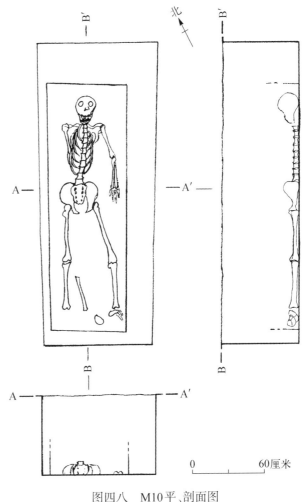

图四八　M10平、剖面图

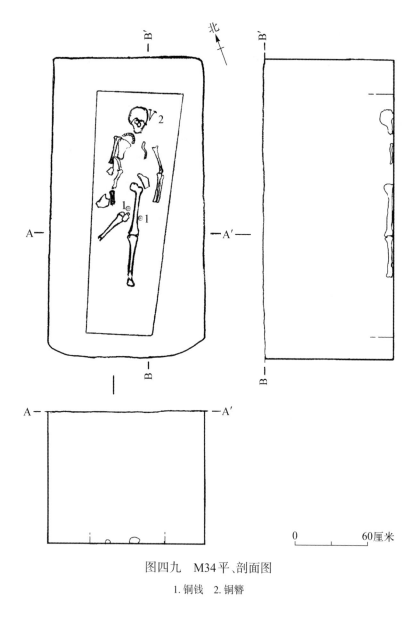

图四九　M34平、剖面图
1. 铜钱　2. 铜簪

C型：1座，M34。平面呈不规则形。

M34　位于发掘区南部，东南邻M35。南北向，方向为20°。墓口距地表深0.3米，墓底距地表深1.36米。墓圹南北长2.4米、东西宽1.24-1.3米、深1.06米（图四九；彩版二一，1、2）。

棺木已朽。棺长1.96米、宽0.55-0.71米、残高0.14米。骨架保存较差，头向北，面向下。墓主人为老年男性，仰身直肢葬。内填花黏土，土质较疏松。随葬品有铜簪、铜钱。

铜簪，2件。首为葵花形，花朵状，截面为凸字形。中间为一圆形凸起，上面铸有"福"字花瓣形，旁边錾刻花蕊形纹，体残缺。M34：2-1，首直径2.1厘米、高0.2厘米、残长0.2厘米（图五〇，3；彩版三六，3）。M34：2-2，首直径2.15厘米、高0.25厘米、残长0.2厘米（图五〇，2；彩版三六，4）。

乾隆通宝，2枚。均模制、完整、圆形、方穿。正面有郭，铸"乾隆通宝"四字，楷书，对读；背面有郭，穿左右为满文"宝源"，纪局名。标本：M34：1-1，直径2.5厘米、穿径0.58厘米、郭厚0.15厘米（图五〇，1）。

2. 双棺墓：22座，M1-M3、M5、M7、M11、M14-M16、M18、M21-M23、M25、M26、M28-M30、M32、M35-M37。分为三型。

A型：7座，M14、M16、M29、M30、M32、M35、M36。平面呈长方形。

M14　位于发掘区北部。东西向，方向为30°。墓口距地表深0.4米，墓底距地表深1.6米。墓圹南北长2.4米、东西宽1.9米、深1.2米（图五一；彩版二二，1）。

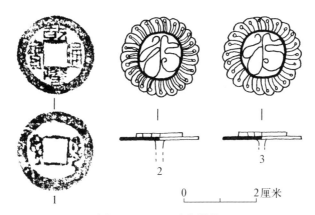

图五〇　M34随葬器物

1. 乾隆通宝（M34∶1-1）　2、3. 铜簪（M34∶2-2、M34∶2-1）

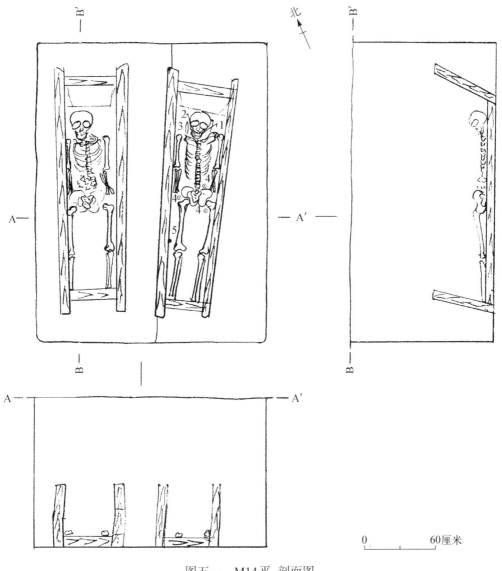

图五一　M14平、剖面图

1. 铜簪　2. 银簪　3. 银压发　4. 铜钱　5. 铜板

棺木保存一般。东棺长2米、宽0.5-0.6米、残高0.51米、厚0.06米。骨架保存较差,头向东北,面向上。为老年男性,仰身直肢葬。西棺长2米、宽0.5-0.6米、残高0.51米、厚0.06米。骨架保存较差,头向东北,面向上。为老年女性,仰身直肢葬。东棺打破西棺。内填花黏土,土质较疏松。随葬品有银压发、银簪、铜簪、铜钱、铜板。

银压发,1件。M14:3,扁长体,两端为圆弧尖状,中间略束腰,通体扁平,体表面錾刻团兽纹。宽0.1厘米、通长6厘米(图五二,9;彩版三七,3)。

银簪,1件。M14:2,首为禅杖形,仅存四面,用银丝缠绕而成。首上挂有小圆环,顶端为葫芦宝瓶状。体细直,为锥体。首残宽1.4厘米、残长13.5厘米(图五二,3;彩版三七,2)。

铜簪,3件。首为圆饼形,体细直,为锥体。M14:1-1,首直径2.4厘米、高0.05厘米、通长10厘米(图五二,5;彩版三六,5)。M14:1-2,首直径2.4厘米、残高0.1厘米、通长10厘米(图五二,6;彩版三六,6)。M14:1-3,首直径2厘米、高0.1厘米、通长12厘米(图五二,7;彩版三七,1)。

光绪通宝,1枚。M14:4,模制、完整、圆形、方穿。正面有郭,铸"光绪通宝"四字,楷书,对读;背面有郭,穿左右为满文"宝泉",纪局名。直径1.78厘米、穿径0.38厘米、郭厚0.11厘米(图五三,1)。

铜板,1枚。M14:5,模制、完整,圆形。正面纹饰模糊;背面铸有旗帜纹。直径3.21厘米、厚0.15厘米(图五三,18)。

M16　位于发掘区北部,南邻M27、北邻M17。东西向,方向为50°。墓口距地表深0.3米,墓底距地表深1.1米。墓圹南北长2.8米、东西宽1.7米、深0.8米(图五四;彩版二二,2)。

棺木保存一般。东棺长2.1米、宽0.5-0.64米、残高0.2米、厚0.05米。骨架保存较差,头向北,面向上。为老年男性,仰身直肢葬。西棺长2.1米、宽0.64-0.7米、残高0.2米、厚0.05米。骨架保存较差,头向北,面向上。为老年女性,仰身直肢葬。西棺打破东棺。内填花黏土,土质较疏松。随葬品有瓷罐、瓷碗、铜板。

瓷罐,1件。M16:1,尖唇、侈口、斜平沿、短束颈,鼓肩,鼓腹,下腹曲收,胫底部外撇,平底内凹。内外壁施绿釉,釉面脱落。素面。轮制。口径7.5厘米、腹径10.6厘米、底径7.9厘米、高10.6厘米(图五二,1;彩版三七,4)。

瓷碗,1件。M16:3,圆唇、侈口、斜直壁,矮圈足。内壁及圈足施青白色釉,外壁施青色釉。底部有青花方框图记款。口径9.2厘米、底径4.2厘米、高5.4厘米、壁厚0.1厘米(图五二,2;彩版三七,5)。

铜板,2枚。均模制、完整,圆形。M16:2-1,正面铸"大清铜币"四字,楷书,对读;背面纹饰模糊。直径3.29厘米、厚0.11厘米(图五三,19)。M16:2-2,正面纹饰模糊;背面纹饰模糊。直径3.21厘米、厚0.12厘米(图五三,20)。

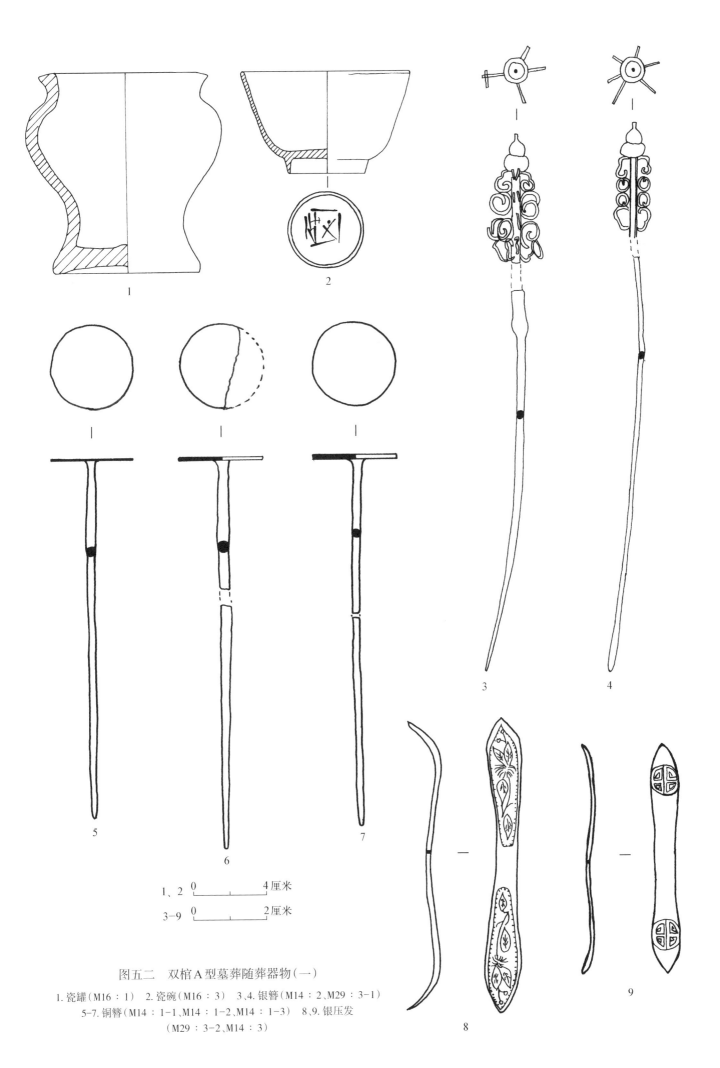

图五二　双棺A型墓葬随葬器物(一)

1.瓷罐(M16∶1)　2.瓷碗(M16∶3)　3、4.银簪(M14∶2、M29∶3-1)

5-7.铜簪(M14∶1-1、M14∶1-2、M14∶1-3)　8、9.银压发

(M29∶3-2、M14∶3)

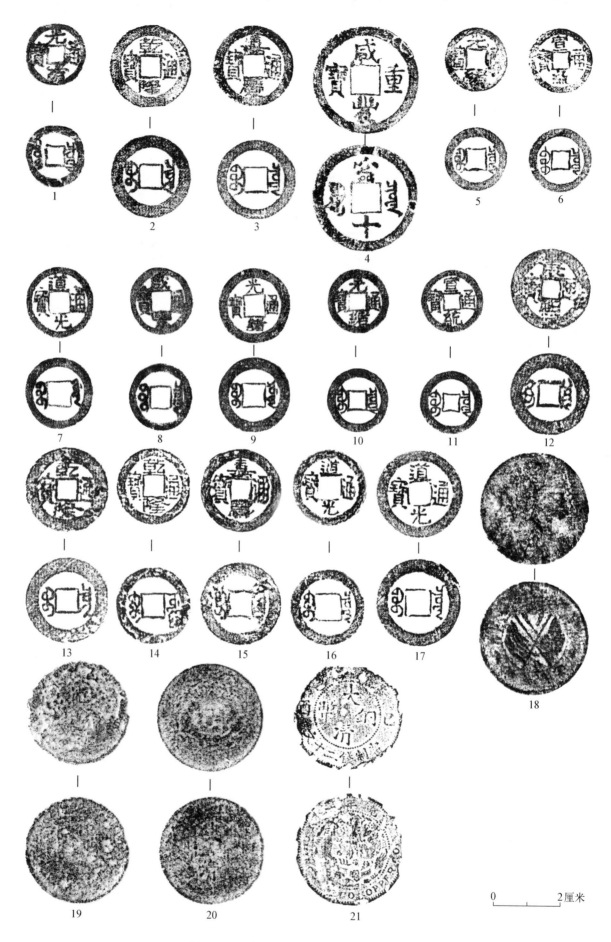

图五三　双棺A型墓葬随葬铜钱、铜板（一）

1、5、9、10.光绪通宝（M14：4、M29：1-4、M29：2-3、M29：2-4）　2、13、14.乾隆通宝（M29：1-1、M35：1-2、M35：1-3）
3.嘉庆通宝（M29：1-2）　4.咸丰重宝（M29：1-3）　6、11.宣统通宝（M29：1-5、M29：2-5）　7、16、17.道光通宝（M29：2-1、
　M36：5-2、M36：5-3）　8.咸丰通宝（M29：2-2）　12.康熙通宝（M35：1-1）　15.嘉庆通宝（M36：5-1）　18-21.铜板
　（M14：5、M16：2-1、M16：2-2、M29：1-6）

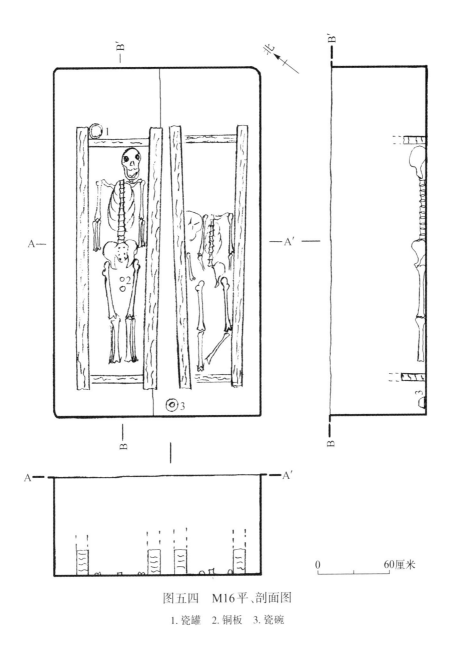

图五四　M16平、剖面图

1. 瓷罐　2. 铜板　3. 瓷碗

　　M29　位于发掘区西部，南邻M30、北邻M28。东西向，方向为235°。墓口距地表深0.4米，墓底距地表深1.14-1.2米。墓圹东西长2.5米、南北宽1.7米、深0.74-0.8米（图五五；彩版二三，1）。

　　棺木保存一般。南棺长1.96米、宽0.6-0.71米、残高0.17米、厚0.05米。骨架保存较差，头向西南，面向下。为老年女性，仰身直肢葬。北棺长1.96米、宽0.64-0.75米、残高0.2米、厚0.06米。骨架保存较好，头向西南，面向下。为老年男性，仰身直肢葬。南棺打破北棺。内填花黏土，土质较疏松。随葬品有银压发、银簪、铜钱、铜板。

　　银压发，1件。M29：3-2，扁长体，两端为圆弧尖状，束腰。面锤揲花草纹。宽0.1厘米、通

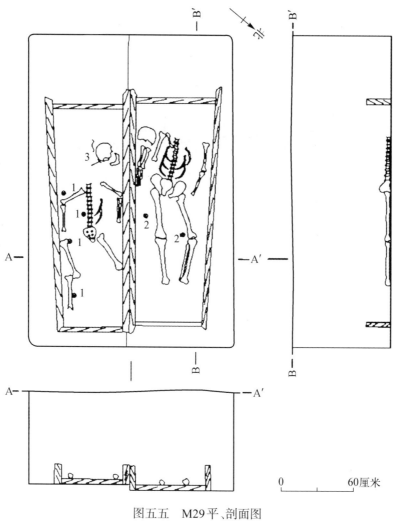

图五五   M29平、剖面图

1、2.铜钱   3.银簪、银压发

长7.6厘米(图五二,8;彩版三八,1)。

银簪,1件。M29:3-1,首为禅杖形,用银丝缠绕而成,残存五面。顶端为葫芦状,宝瓶形式。颈部较细,饰凸弦纹。体细直,为锥体。首残宽1厘米、残长13.7厘米(图五二,4;彩版三七,6)。

乾隆通宝,4枚。均模制、完整,圆形、方穿。正面有郭,铸"乾隆通宝"四字,楷书,对读;背面有郭,穿左右为满文"宝泉",纪局名。标本:M29:1-1,直径2.43厘米、穿径0.52厘米、郭厚0.11厘米(图五三,2)。

嘉庆通宝,1枚。M29:1-2,模制、完整,圆形、方穿。正面有郭,铸"嘉庆通宝"四字,楷书,对读;背面有郭,穿左右为满文"宝泉",纪局名。直径2.39厘米、穿径0.52厘米、郭厚0.11厘米(图五三,3)。

道光通宝,2枚。均模制、完整,圆形、方穿。正面有郭,铸"道光通宝"四字,楷书,对读;

背面有郭,穿左右为满文"宝源",纪局名。标本:M29:2-1,直径2.14厘米、穿径0.57厘米、郭厚0.15厘米(图五三,7)。

咸丰重宝,1枚。M29:1-3,模制、完整、圆形、方穿。正面有郭,铸"咸丰重宝"四字,楷书,对读;背面有郭,穿左右为满文"宝泉",纪局名,穿上下为楷书"当十"。直径3.19厘米、穿径0.7厘米、郭厚0.21厘米(图五三,4)。

咸丰通宝,2枚。均模制、完整、圆形、方穿。正面有郭,铸"咸丰通宝"四字,楷书,对读;背面有郭,穿左右为满文"宝泉",纪局名。标本:M29:2-2,直径1.99厘米、穿径0.48厘米、郭厚0.11厘米(图五三,8)。

光绪通宝,14枚。均模制、完整、圆形、方穿。正面有郭,铸"光绪通宝"四字,楷书,对读;背面有郭,穿左右为满文"宝泉",纪局名。标本:M29:1-4,直径1.85厘米、穿径0.48厘米、郭厚0.11厘米(图五三,5)。标本:M29:2-3,直径1.9厘米、穿径0.37厘米、郭厚0.14厘米(图五三,9)。标本:M29:2-4,直径2.26厘米、穿径0.51厘米、郭厚0.13厘米(图五三,10)。

宣统通宝,15枚。均模制、完整、圆形、方穿。正面有郭,铸"宣统通宝"四字,楷书,对读;背面有郭,穿左右为满文"宝泉",纪局名。标本:M29:1-5,直径1.91厘米、穿径0.38厘米、郭厚0.11厘米(图五三,6)。标本:M29:2-5,直径1.9厘米、穿径0.39厘米、郭厚0.1厘米(图五三,11)。

其余30枚,均锈蚀严重,字迹模糊不可辨认。

铜板,9枚。模制、完整、圆形。标本:M29:1-6,正面铸"大清铜币"四字与"己酉"二字,楷书,对读;四周铸"当制钱二十文",旋读。背面铸龙纹和英文。直径3.32厘米、厚0.16厘米(图五三,21)。

其余8枚,均锈蚀严重,字迹模糊不可辨认。

M30　位于发掘区西部,北邻M29。东西向,方向为230°。墓口距地表深0.4米,墓底距地表深1.6米。墓圹东西长2.6米、南北宽1.8米、深1.2米(图五六;彩版二三,2)。

棺木已朽。东棺长1.95米、宽0.4-0.5米、残高0.21米。骨架保存较差,头向南,面向上。为老年女性,仰身直肢葬。南棺长2米、宽0.5-0.55米、残高0.21米。骨架保存较差,头向南,面向北。为老年男性,仰身直肢葬。西棺打破东棺。内填花黏土,土质较疏松。随葬品有银耳环、铜钱。

银耳环,2件。形制、大小基本相同。呈"S"形,一端锤揲为盛开的牡丹纹,一端尖细。M30:2-1,长8.5厘米(图五七,8;彩版三八,2)。M30:2-2,长8.6厘米(图五七,7;彩版三八,3)。

康熙通宝,1枚。M30:3-1,模制、完整、圆形、方穿。正面有郭,铸"康熙通宝"四字,楷书,对读;背面有郭,穿左右为满文"宝泉",纪局名。直径2.72厘米、穿径0.68厘米、郭厚0.11厘米(图五八,10)。

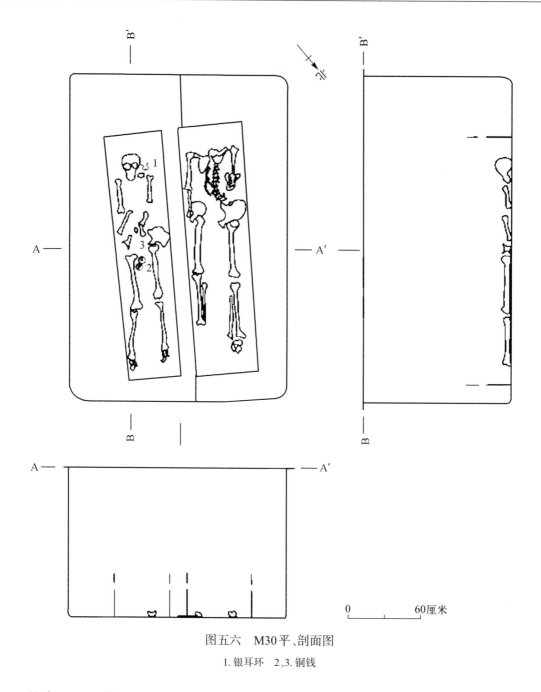

图五六　M30平、剖面图

1. 银耳环　2、3. 铜钱

　　乾隆通宝，4枚。均模制、完整，圆形、方穿。正面有郭，铸"乾隆通宝"四字，楷书，对读；背面有郭，穿左右为满文"宝泉"，纪局名。M30∶1-1，直径2.38厘米、穿径0.52厘米、郭厚0.11厘米（图五八，1）。M30∶1-2，直径2.2厘米、穿径0.52厘米、郭厚0.12厘米（图五八，2）。M30∶3-2，直径2.21厘米、穿径0.58厘米、郭厚0.18厘米（图五八，11）。M30∶3-3，直径2.59厘米、穿径0.52厘米、郭厚0.11厘米（图五八，12）。

　　嘉庆通宝，3枚。均模制、完整，圆形、方穿。正面有郭，铸"嘉庆通宝"四字，楷书，对读；背面有郭，穿左右为满文"宝源"，纪局名。M30∶1-3，直径2.51厘米、穿径0.55厘米、郭厚0.13

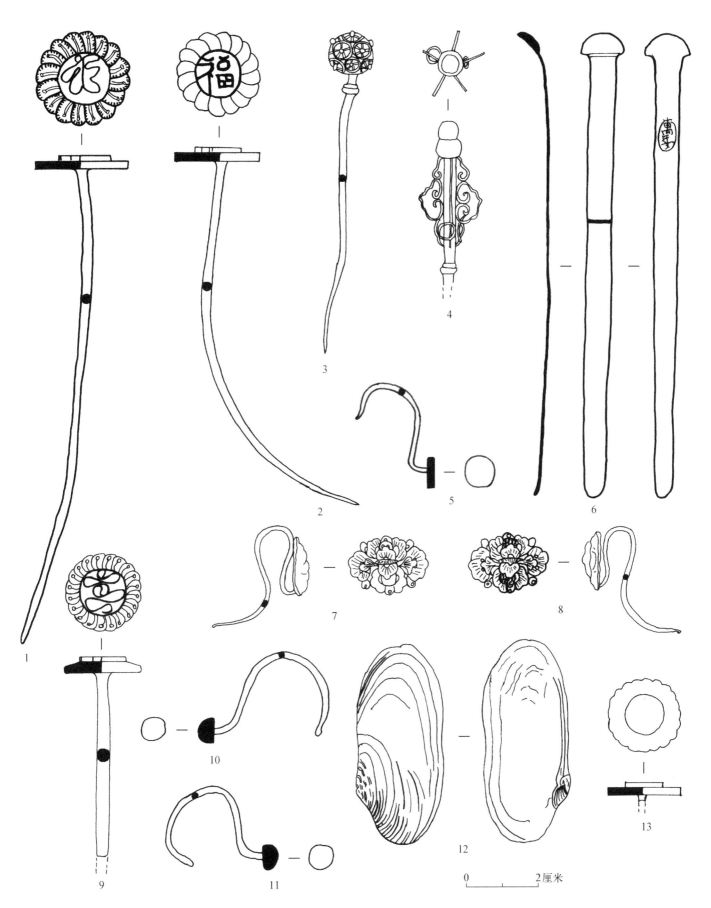

图五七　双棺A型墓葬随葬器物（二）

1—4、9、13.铜簪（M32：2，M35：3，M35：2，M35：4，M36：2-2，M36：2-1）　5、10、11.银耳钉（M36：1，M32：1-1、
M32：1-2）　6.银簪（M36：3）　7、8.银耳环（M30：2-2，M30：2-1）　12.贝饰（M36：4）

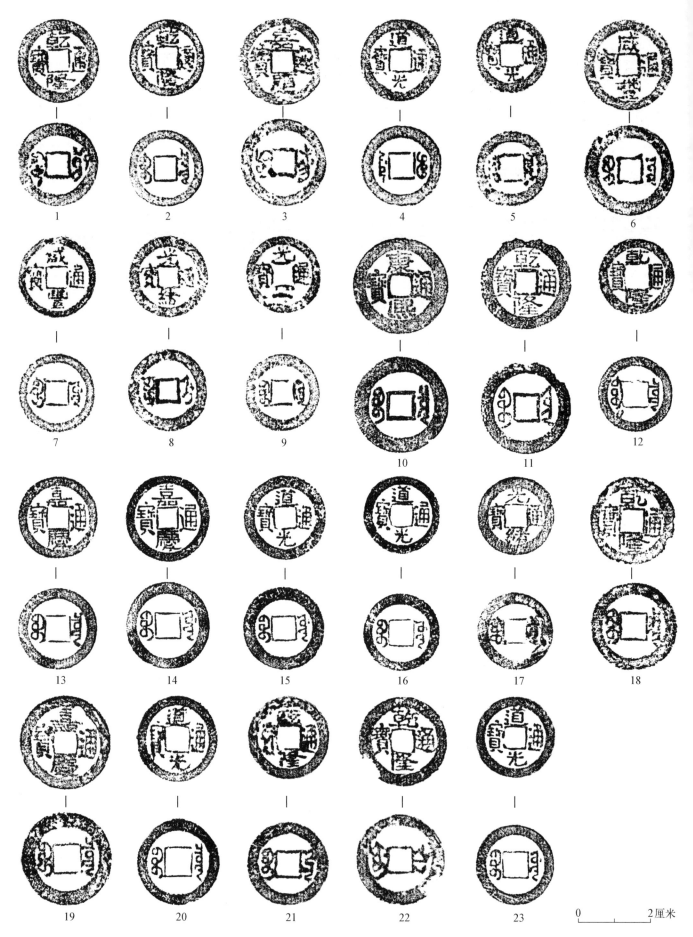

图五八　双棺A型墓葬随葬铜钱（二）

1、2、11、12、18、21、22.乾隆通宝（M30：1-1、M30：1-2、M30：3-2、M30：3-3、M32：3-1、M32：4-1、M32：4-2）　3、13、14、19.嘉庆通宝（M30：1-3、M30：3-4、M30：3-5、M32：3-2）　4、5、15、16、20、23.道光通宝（M30：1-4、M30：1-5、M30：3-6、M30：3-7、M32：3-3、M32：4-3）　6、7.咸丰通宝（M30：1-6、M30：1-7）　8、9、17.光绪通宝（M30：1-8、M30：1-9、M30：3-8）　10.康熙通宝（M30：3-1）

厘米(图五八,3)。M30∶3-4,直径2.51厘米、穿径0.51厘米、郭厚0.15厘米(图五八,13)。背面有郭,穿左右为满文"宝泉",纪局名。M30∶3-5,直径2.35厘米、穿径0.55厘米、郭厚0.13厘米(图五八,14)。

道光通宝,4枚。均模制、完整、圆形、方穿。正面有郭,铸"道光通宝"四字,楷书,对读;背面有郭,穿左右为满文"宝泉",纪局名。M30∶1-4,直径2.19厘米、穿径0.54厘米、郭厚0.16厘米(图五八,4)。M30∶1-5,直径2.36厘米、穿径0.53厘米、郭厚0.15厘米(图五八,5)。背面有郭,穿左右为满文"宝源",纪局名。M30∶3-6,直径2.29厘米、穿径0.57厘米、郭厚0.19厘米(图五八,15)。M30∶3-7,直径2.41厘米、穿径0.59厘米、郭厚0.15厘米(图五八,16)。

咸丰通宝,2枚。均模制、完整、圆形、方穿。正面有郭,铸"咸丰通宝"四字,楷书,对读。M30∶1-6,背面有郭,穿左右为满文"宝源",纪局名。直径2.29厘米、穿径0.5厘米、郭厚0.17厘米(图五八,6)。M30∶1-7,背面有郭,穿左右为满文"宝泉",纪局名。直径2.6厘米、穿径0.49厘米、郭厚0.11厘米(图五八,7)。

光绪通宝,3枚。均模制、完整、圆形、方穿。正面有郭,铸"光绪通宝"四字,楷书,对读。M30∶1-8,背面有郭,穿左右为满文"宝直",纪局名。直径2.32厘米、穿径0.42厘米、郭厚0.11厘米(图五八,8)。M30∶1-9,背面有郭,穿左右为满文"宝源",纪局名。直径2.2厘米、穿径0.52厘米、郭厚0.14厘米(图五八,9)。M30∶3-8,背面有郭,穿左右为满文"宝泉",纪局名。直径2.24厘米、穿径0.51厘米、郭厚0.18厘米(图五八,17)。

其余78枚,均锈蚀严重,字迹模糊不可辨认。

M32　位于发掘区西南部。东西向,方向为210°。墓口距地表深0.4米,墓底距地表深1.6米。墓圹南北长2.6米、东西宽1.7米、深1.2米(图五九;彩版二四,1)。

棺木已朽。东棺长1.8米、宽0.5-0.6米、残高0.1米。骨架保存较差,头向南,面向上。为老年女性,仰身直肢葬。西棺长2.1米、宽0.6-0.7米、残高0.1米。骨架保存较好,头向南,面向东。为老年男性,仰身屈肢葬。东棺打破西棺。内填花黏土,土质较疏松。随葬品有银耳钉、铜簪、铜钱。

银耳钉,2件。形制、大小基本相同,呈"S"形,一端为蘑菇首状,一端圆弧。M32∶1-1,通长7厘米(图五七,10;彩版三八,4)。M32∶1-2,通长6.8厘米(图五七,11;彩版三八,5)。

铜簪,1件。M32∶2,首为葵花形,花朵状,截面为凸字形。中间为一圆形凸起,上面铸有"福"字花瓣形,旁边錾刻花蕊形纹。首直径2.5厘米、高0.4厘米、通长13厘米(图五七,1;彩版三八,6)。

乾隆通宝,3枚。均模制、完整、圆形、方穿。正面有郭,铸"乾隆通宝"四字,楷书,对读;背面有郭,穿左右为满文"宝泉",纪局名。M32∶3-1,直径2.29厘米、穿径0.49厘米、郭厚0.17厘米(图五八,18)。M32∶4-2,直径2.48厘米、穿径0.56厘米、郭厚0.12厘米(图五八,22)。背

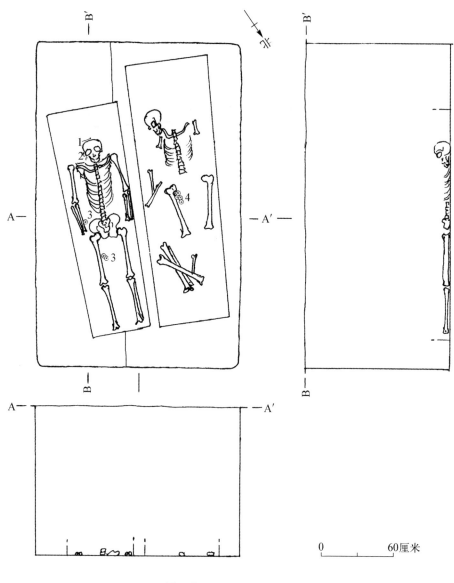

图五九　M32平、剖面图
1.铜簪　2.银耳环　3、4.铜钱

面有郭,穿左右为满文"宝源",纪局名。M32∶4-1,直径2.34厘米、穿径0.57厘米、郭厚0.15厘米(图五八,21)。

　　嘉庆通宝,1枚。M32∶3-2,模制,圆形、方穿。正面有郭,铸"嘉庆通宝"四字,楷书,对读;背面有郭,穿左右为满文"宝泉",纪局名。直径2.41厘米、穿径0.58厘米、郭厚0.14厘米(图五八,19)。

　　道光通宝,2枚。均模制、完整,圆形、方穿。正面有郭,铸"道光通宝"四字,楷书,对读。M32∶3-3,背面有郭,穿左右为满文"宝泉",纪局名。直径2.29厘米、穿径0.59厘米、郭厚0.16

厘米(图五八,20)。M32:4-3,背面有郭,穿左右为满文"宝源",纪局名。直径2.27厘米、穿径0.58厘米、郭厚0.17厘米(图五八,23)。

其余32枚,均锈蚀严重,字迹模糊不可辨认。

M35   位于发掘区中南部,西南邻M36、东南邻M37。南北向,方向为50°。墓口距地表深0.4米,墓底距地表深1.62-1.81米。墓圹南北长2.8米、东西宽2米、深1.22-1.41米(图六○;彩版二四,2)。

图六○   M35平、剖面图

1. 铜钱   2-4. 铜簪

棺木已朽。东棺长2.03米、宽0.5-0.65米、残高0.14米。骨架保存较差，头向东北，面向西。为老年男性，侧身屈肢葬。西棺长2.03米、宽0.7-0.8米、残高0.13米。骨架保存较差，头向东北，面向、葬式均不详，为老年女性。头骨上盖有板瓦1块。东棺打破西棺。内填花黏土，土质较疏松。随葬品有铜簪、铜钱。

铜簪，3件。M35：2，首为垒丝缠绕成的小圆组成的镂空圆球，各小球中间镶有一个凸出的圆钮。颈部较细，缠绕铜丝。体细直，为锥体。首直径1.1厘米、通长8.5厘米（图五七，3；彩版三九，1）。M35：3，首为葵花形，截面为凸字形。中间为圆形凸起，首上铸"福"字，底托为花瓣形。体细直，为锥体。首直径2.2厘米、高0.4厘米、通长12厘米（图五七，2；彩版三九，2）。M35：4，首为禅杖形，残存五面，用铜丝缠绕而成。上面挂有小圆环，顶端为葫芦状宝瓶形饰。体大部分残缺，仅存上端。首长3.4厘米、宽1.7厘米、残长4.3厘米（图五七，4；彩版三九，3）。

康熙通宝，1枚。M35：1-1，模制、完整、圆形、方穿。正面有郭，铸"康熙通宝"四字，楷书，对读；背面有郭，穿左右为满文"宝泉"，纪局名。直径2.42厘米、穿径0.51厘米、郭厚0.11厘米（图五三，12）。

乾隆通宝，7枚。均模制、完整、圆形、方穿。正面有郭，铸"乾隆通宝"四字，楷书，对读。标本：M35：1-2，背面有郭，穿左右为满文"宝泉"，纪局名。直径2.32厘米、穿径0.52厘米、郭厚0.12厘米（图五三，13）。背面有郭，穿左右为满文"宝源"，纪局名。标本：M35：1-3，直径2.32厘米、穿径0.5厘米、郭厚0.17厘米（图五三，14）。

其余11枚，均锈蚀严重，字迹模糊不可辨认。

M36 位于发掘区中南部，东邻M37。南北向，方向为20°。墓口距地表深0.4米，墓底距地表深1.6米。墓圹南北长2.8米、东西宽1.9米、深1.2米（图六一；彩版二四，3）。

棺木已朽。东棺长1.8米、宽0.5-0.6米、残高0.12米。骨架保存较差，头向不详，面向下。为老年男性，仰身直肢葬。西棺长1.9米、宽0.6-0.7米、残高0.12米。骨架保存较差，头向北，面向南。为老年女性，仰身直肢葬。西棺打破东棺。内填花黏土，土质较疏松。随葬品有银耳钉、银簪、铜簪、贝饰、铜钱。

银耳钉，1件。M36：1，呈"S"形，一端为圆饼形，一端尖细。素面。长4.9厘米（图五七，5；彩版三九，4）。

银簪，1件。M36：3，首为半圆形，内弯。体扁平，上部略宽，末端为圆弧状。通体素面。体背面中上部錾刻"万年"二字，竖行。首宽1.2厘米、体宽0.7厘米、通长12厘米（图五七，6；彩版四〇，1）。

铜簪，2件。首为葵花形，截面为凸字形。中间为圆形凸起。底托为花瓣形。体残缺。M36：2-1，表面无字。首直径2厘米、高0.3厘米、残长0.5厘米（图五七，13；彩版三九，5）。M36：2-2，首上铸"寿"字。首直径2厘米、高0.4厘米、残长5.3厘米（图五七，9；彩版三九，6）。

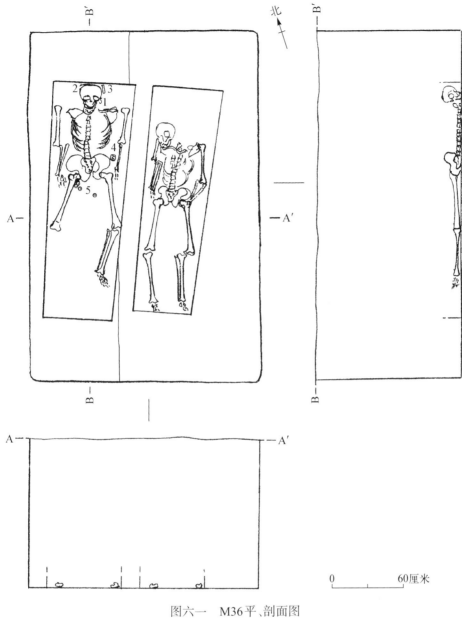

图六一　M36平、剖面图

1.银耳环　2.铜簪　3.银簪　4.贝饰　5.铜钱

贝饰，1件。M36：4，长5.3厘米、宽2.2厘米（图五七，12；彩版四〇，2）。

嘉庆通宝，1枚。M36：5-1，模制、圆形、方穿。正面有郭，铸"嘉庆通宝"四字，楷书，对读；背面有郭，穿左右为满文"宝泉"，纪局名。直径2.4厘米、穿径0.51厘米、郭厚0.15厘米（图五三，15）。

道光通宝，3枚。模制、圆形、方穿。正面有郭，铸"道光通宝"四字，楷书，对读；背面有郭，穿左右为满文"宝泉"，纪局名。标本：M36：5-2，直径2.51厘米、穿径0.6厘米、郭厚0.12厘米（图五三，16）。标本：M36：5-3，直径2.28厘米、穿径0.58厘米、郭厚0.15厘米（图五三，17）。

B型：5座，M5、M15、M22、M28、M37。平面呈梯形。

M5　位于发掘区东北部,西部被M6打破。南北向,方向为20°。墓口距地表深0.3米,墓底距地表深0.94-0.96米。墓圹南北长2.7米、东西宽2-2.16米、深0.64-0.66米(图六二;彩版二五,1)。

棺木保存一般。东棺长1.86米、宽0.64-0.78米、残高0.11米、厚0.05米。骨架保存较差,头向北,面向东。为成年男性,仰身直肢葬。西棺长1.85米、宽0.64-0.78米、残高0.17米、厚0.06米。骨架保存较差,头向北,面向上。为成年女性,仰身直肢葬。西棺打破东棺。内填花黏土,土质较疏松。随葬品有瓷罐、铜簪、铜钱。

青花瓷罐,1件。M5:6,圆唇、直口微侈,窄平沿,鼓肩,弧腹,下腹弧收,平底内凹。肩部染地留白几何纹,腹部绘盛开牡丹。口径10厘米、腹径20厘米、底径12.2厘米、高18.4厘米(图六三;彩版四一,1)。

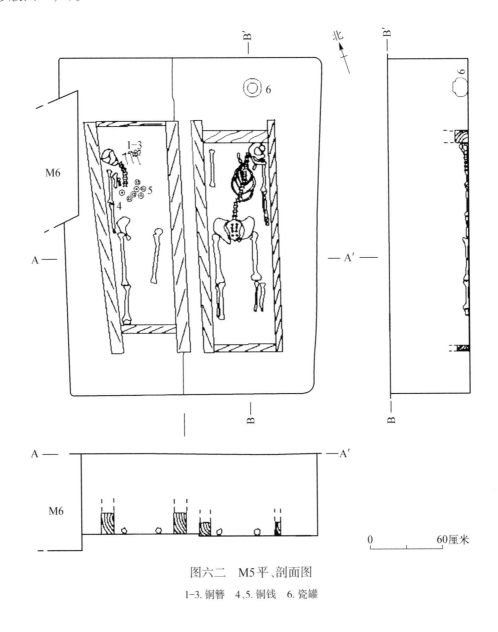

图六二　M5平、剖面图

1-3.铜簪　4、5.铜钱　6.瓷罐

图六三 青花瓷罐（M5：6）

0   4厘米

铜簪,4件。M5:1,首为禅杖形。用铜丝缠绕而成。顶端为葫芦状,宝瓶形式。体细直,为锥体。首长4.2厘米、宽1.3厘米、通长16.2厘米(图六四,2;彩版四〇,3)。M5:2-1,首为葵花形,截面为凸字形。中间为圆形凸起,首上铸"寿"字。底托为花瓣形,上錾刻花蕊形纹。体细直,为锥体。首直径2.8厘米、高0.3厘米、通长12.9厘米(图六四,3;彩版四〇,4)。M5:2-2,首为葵花形,截面为凸字形。中间为圆形凸起,首上铸"福"字,底托为花瓣形,上錾刻花蕊形纹。体细直,为锥体。首直径2.7厘米、高0.3厘米、通长12.9厘米(图六四,4;彩版四〇,5)。M5:3,首为手掌形。大拇指已残缺,食指弯曲。腕部饰一周卷云纹,下为如意云纹。体残长5.3厘米(图六四,7;彩版四〇,6)。

宽永通宝,1枚。M5:5-1,模制,圆形、方穿。正面有郭,铸"宽永通宝"四字,楷书,对读;背面有郭,无字。直径2.3厘米、穿径0.69厘米、郭厚0.09厘米(图六五,10)。

康熙通宝,2枚。均模制、完整,圆形、方穿。正面有郭,铸"康熙通宝"四字,楷书,对读;背面有郭,穿左右为满文"宝泉",纪局名。M5:4-1,直径2.29厘米、穿径0.59厘米、郭厚0.09厘米(图六五,1)。M5:5-2,直径2.57厘米、穿径0.56厘米、郭厚0.06厘米(图六五,11)。

雍正通宝,1枚。M5:5-3,模制、完整,圆形、方穿。正面有郭,铸"雍正通宝"四字,楷书,对读;背面有郭,穿左右为满文"宝源",纪局名。直径2.59厘米、穿径0.51厘米、郭厚0.11厘米(图六五,12)。

乾隆通宝,15枚。均模制、完整,圆形、方穿。正面有郭,铸"乾隆通宝"四字,楷书,对读。标本:M5:4-2,背面有郭,穿左右为满文"宝源",纪局名。直径2.45厘米、穿径0.51厘米、郭厚0.1厘米(图六五,2)。背面有郭,穿左右为满文"宝泉",纪局名。标本:M5:5-4,直径2.4厘米、穿径0.51厘米、郭厚0.11厘米(图六五,13)。

嘉庆通宝,9枚。均模制、完整,圆形、方穿。正面有郭,铸"嘉庆通宝"四字,楷书,对读。标本:M5:4-3,背面有郭,穿左右为满文"宝泉",纪局名。直径2.3厘米、穿径0.59厘米、郭厚0.11厘米(图六五,3)。背面有郭,穿左右为满文"宝源",纪局名。标本:M5:5-5,直径2.89厘米、穿径0.55厘米、郭厚0.11厘米(图六五,14)。

道光通宝,12枚。均模制、完整,圆形、方穿。正面有郭,铸"道光通宝"四字,楷书,对读;背面有郭,穿左右为满文"宝源",纪局名。标本:M5:4-4,直径2.21厘米、穿径0.59厘米、郭厚0.16厘米(图六五,4)。标本:M5:5-6,直径2.11厘米、穿径0.51厘米、郭厚0.11厘米(图六五,15)。

咸丰通宝,1枚。M5:4-5,模制、完整,圆形、方穿。正面有郭,铸"咸丰通宝"四字,楷书,对读;背面有郭,穿左右为满文"宝泉",纪局名。直径2.21厘米、穿径0.55厘米、郭厚0.11厘米(图六五,5)。

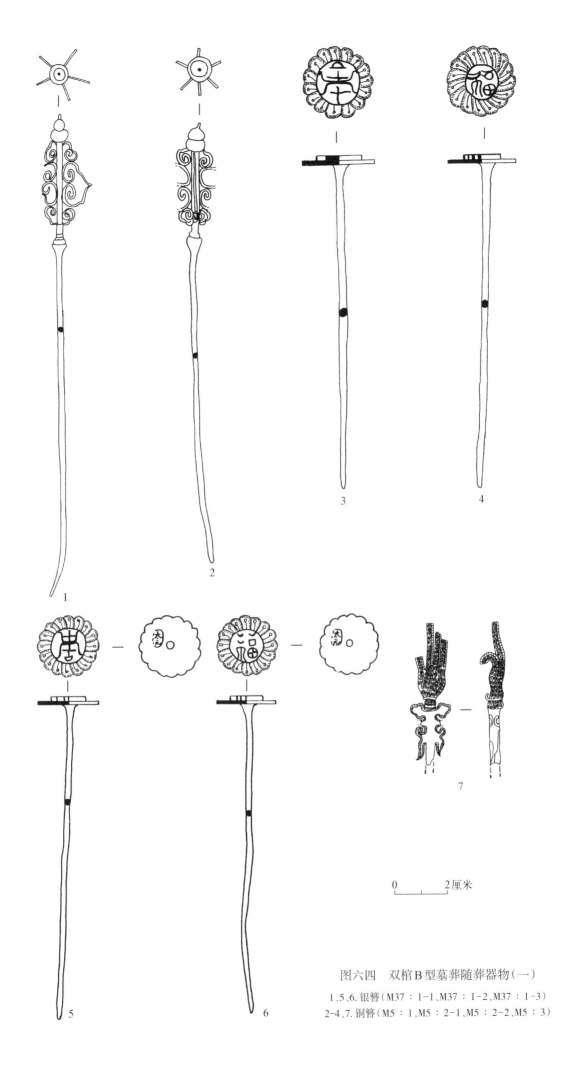

0 —————— 2厘米

图六四　双棺B型墓葬随葬器物（一）

1、5、6. 银簪（M37：1-1、M37：1-2、M37：1-3）

2-4、7. 铜簪（M5：1、M5：2-1、M5：2-2、M5：3）

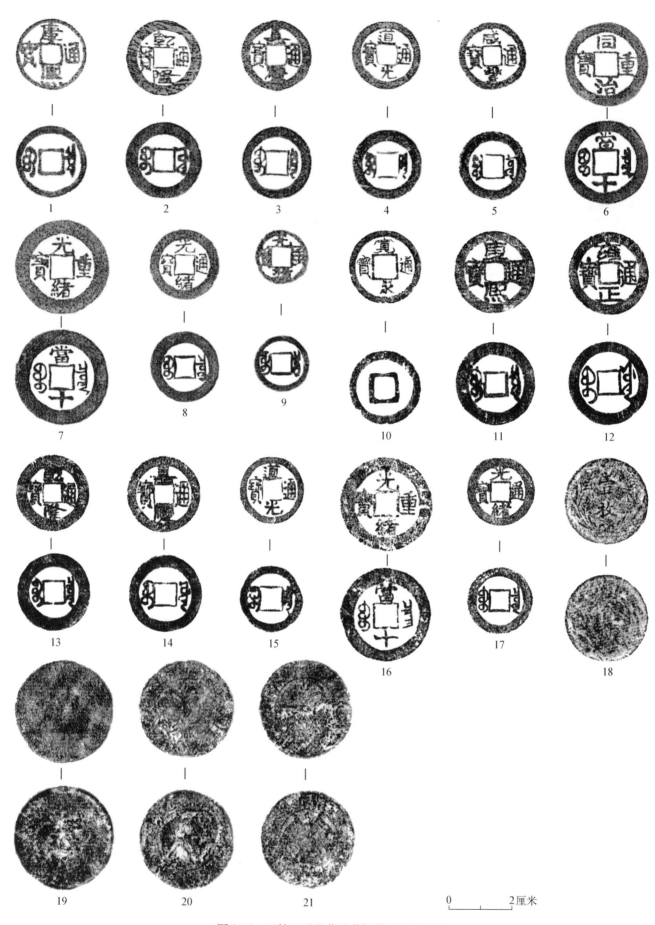

图六五　双棺B型墓葬随葬铜钱、铜板（一）

1、11.康熙通宝（M5：4-1、M5：5-2）　2、13.乾隆通宝（M5：4-2、M5：5-4）　3、14.嘉庆通宝（M5：4-3、M5：5-5）

4、15.道光通宝（M5：4-4、M5：5-6）　5.咸丰通宝（M5：4-5）　6.同治重宝（M5：4-6）　7、16.光绪重宝（M5：4-7、M5：5-7）

8、9、17.光绪通宝（M5：4-8、M5：4-9、M5：5-8）　10.宽永通宝（M5：5-1）　12.雍正通宝（M5：5-3）　18-21.铜板（M22：2-1、

M22：6-1、M22：6-2、M22：6-3）

同治重宝，28枚。均模制、完整、圆形、方穿。正面有郭，铸"同治重宝"四字，楷书，对读；背面有郭，穿左右为满文"宝泉"，纪局名，穿上下为楷书"当十"。标本：M5：4-6，直径2.91厘米、穿径0.59厘米、郭厚0.18厘米（图六五，6）。

光绪重宝，19枚。均模制、完整、圆形、方穿。正面有郭，铸"光绪重宝"四字，楷书，对读；背面有郭，穿左右为满文"宝泉"，纪局名，穿上下为楷书"当十"。标本：M5：4-7，直径3.05厘米、穿径0.55厘米、郭厚0.19厘米（图六五，7）。标本：M5：5-7，直径2.95厘米、穿径0.59厘米、郭厚0.19厘米（图六五，16）。

光绪通宝，29枚。均模制、完整、圆形、方穿。正面有郭，铸"光绪通宝"四字，楷书，对读；背面有郭，穿左右为满文"宝泉"，纪局名。标本：M5：4-8，直径2.26厘米、穿径0.5厘米、郭厚0.11厘米（图六五，8）。标本：M5：4-9，直径1.79厘米、穿径0.55厘米、郭厚0.11厘米（图六五，9）。标本：M5：5-8，直径2.19厘米、穿径0.49厘米、郭厚0.15厘米（图六五，17）。

M15　位于发掘区西北部，南邻M21。南北向，方向为50°。墓口距地表深0.35米，墓底距地表深1.23-1.27米。墓圹南北长2.8米、东西宽1.84-2米、深0.88-0.92米（图六六；彩版二五，2）。

棺木保存一般。西棺长2.1米、宽0.64-0.7米、残高0.2米、厚0.05米。骨架保存较差，头向北，面向东。为老年女性，仰身直肢葬。东棺长1.86米、宽0.58-0.72米、残高0.13米、厚0.04米。骨架保存较差，头向北，面向东。为老年男性，葬式不详。西棺打破东棺。内填花黏土，土质较疏松。随葬品有银扁方、银耳钉、铜烟锅、铜簪、铜钱、铜板。

银扁方，1件。M15：2，首卷曲，体扁平，末端为圆弧状。通体素面。体背面中部錾刻"全義"二字，竖行。首宽1.4厘米、通长7.3厘米（图六七，8；彩版四一，4）。

银耳钉，2件，形制、大小基本相同，呈"S"形。首为圆饼形，上面錾刻圆寿纹，中间横带为2个"X"和3个"-"符号相间隔。体圆锥体，尾尖锐。M15：9-1，通长7.7厘米（图六七，13；彩版四二，1）。M15：9-2，通长7.5厘米（图六七，14；彩版四二，2）。

铜烟锅，1件。M15：4，由锅、杆、嘴三部分组成。杆部剖面呈环形。残长20.6厘米、宽0.9厘米（图六七，11；彩版四一，5）。

铜簪，3件。M15：1-1，首为葵花形，截面为凸字形。中间为圆形凸起，首上铸"寿"字，底托为花瓣形。体呈锥状。首直径2.5厘米、高0.4厘米、通长12厘米（图六七，4；彩版四一，2）。M15：1-2，首为葵花形，截面为凸字形。中间为圆形凸起，首上铸"福"字，底托为花瓣形。体呈锥状。首直径2.5厘米、高0.4厘米、通长12厘米（图六七，5；彩版四一，3）。M15：5，顶呈葫芦状，首呈九连环禅杖形，体呈锥状。通长14.4厘米（图六七，6；彩版四一，6）。

宽永通宝，1枚。M15：8-1，模制、完整、圆形、方穿。正面有郭，铸"宽永通宝"四字，楷书，对读；背上"元"字。直径2.31厘米、穿径0.58厘米、郭厚0.11厘米（图六八，5）。

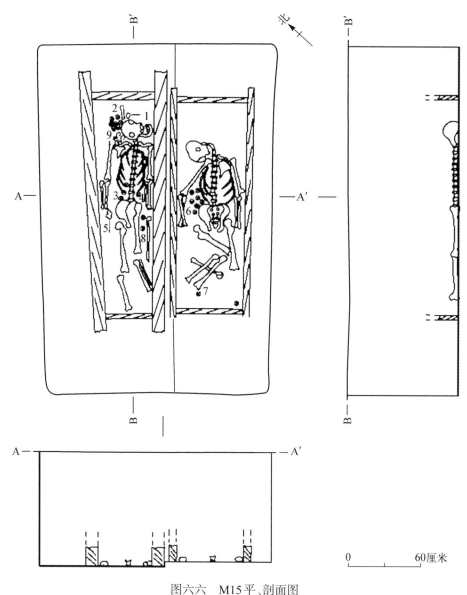

图六六　M15平、剖面图

1、5. 铜簪　2. 银扁方　3、6-8. 铜钱、铜板　4. 铜烟锅　9. 银耳环

　　乾隆通宝，2枚。均模制、完整，圆形、方穿。正面有郭，铸"乾隆通宝"四字，楷书，对读；背面有郭，穿左右为满文"宝泉"，纪局名。M15：6-1，直径2.19厘米、穿径0.42厘米、郭厚0.15厘米（图六八，1）。M15：8-2，直径2.3厘米、穿径0.54厘米、郭厚0.16厘米（图六八，6）。

　　嘉庆通宝，3枚。均模制、完整，圆形、方穿。正面有郭，铸"嘉庆通宝"四字，楷书，对读。M15：6-2，背面有郭，字迹模糊。直径2.39厘米、穿径0.59厘米、郭厚0.11厘米（图六八，2）。M15：8-3，背面有郭，穿左右为满文"宝泉"，纪局名。直径2.35厘米、穿径0.57厘米、郭厚0.15厘米（图六八，7）。M15：8-4，背面有郭，穿左右为满文"宝源"，纪局名。直径2.49厘米、穿径0.49厘米、郭厚0.17厘米（图六八，8）。

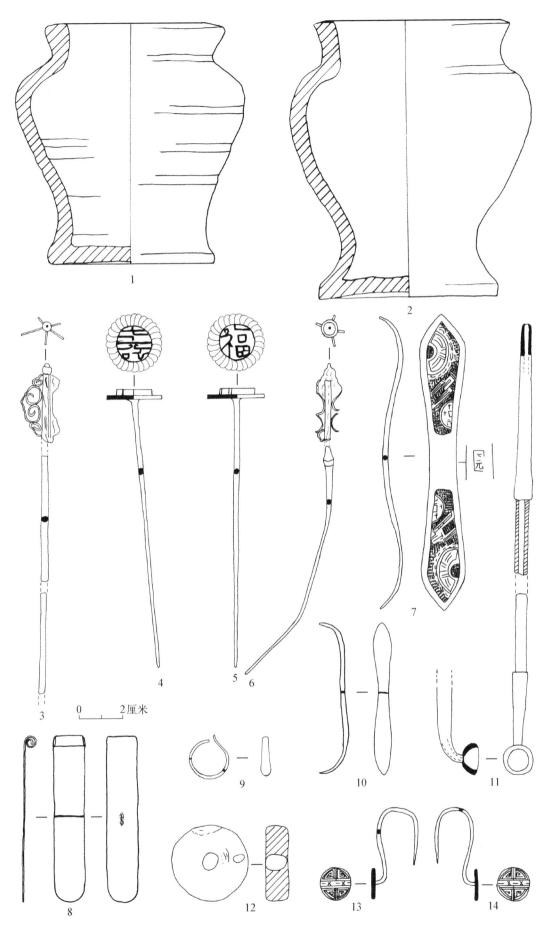

图六七　双棺 B 型墓葬随葬器物(二)

1.陶罐(M22：1)　2.瓷罐(M22：5)　3-6.铜簪(M22：3、M15：1-1、M15：1-2、M15：5)　7、10.银压发(M28：1、M22：4)
8.银扁方(M15：2)　9.银耳环(M22：8)　11.铜烟锅(M15：4)　12.陶纺轮(M22：7)　13、14.银耳钉(M15：9-1、M15：9-2)

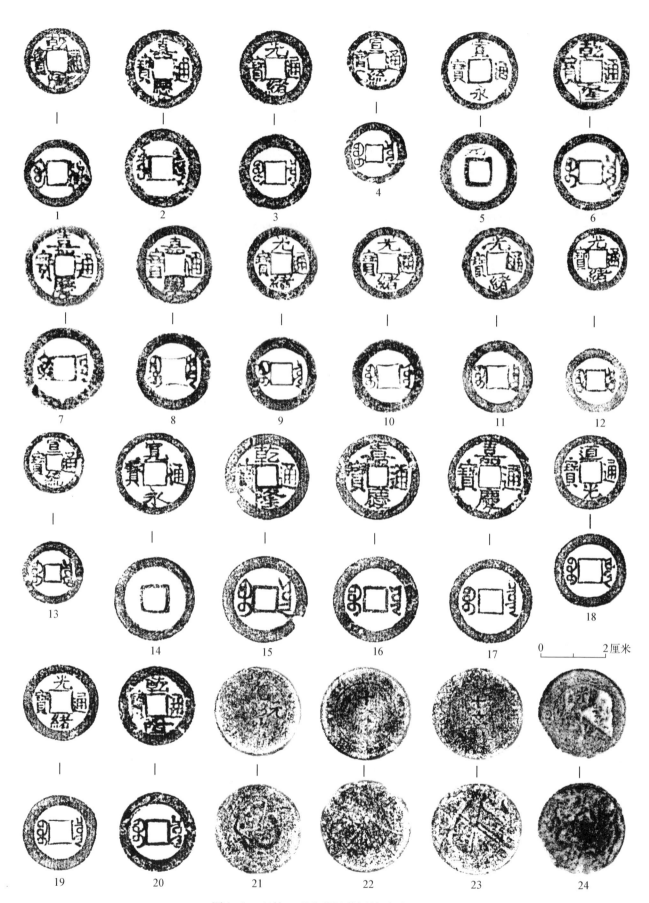

图六八　双棺 B 型墓葬随葬铜钱、铜板（二）

1、6、15、20.乾隆通宝（M15：6-1、M15：8-2、M37：2-2、M37：3-1）　2、7、8、16、17.嘉庆通宝（M15：6-2、M15：8-3、M15：8-4、M37：2-3、M37：2-4）　3、9-12、19.光绪通宝（M15：6-3、M15：8-5、M15：8-6、M28：2-1、M28：2-2、M37：2-6）　4、13.宣统通宝（M15：6-4、M28：2-3）　5、14.宽永通宝（M15：8-1、M37：2-1）　18.道光通宝（M37：2-5）　21-24.铜板（M15：3-1、M15：3-2、M15：3-3、M15：7-1）

光绪通宝，3枚。均模制、完整、圆形、方穿。正面有郭，铸"光绪通宝"四字，楷书，对读；背面有郭，穿左右为满文"宝泉"，纪局名。M15：6-3，直径2.25厘米、穿径0.51厘米、郭厚0.12厘米（图六八，3）。M15：8-5，直径2.2厘米、穿径0.5厘米、郭厚0.15厘米（图六八，9）。M15：8-6，直径2.19厘米、穿径0.49厘米、郭厚0.15厘米（图六八，10）。

宣统通宝，1枚。M15：6-4，模制、完整、圆形、方穿。正面有郭，铸"宣统通宝"四字，楷书，对读；背面有郭，穿左右为满文"宝泉"，纪局名。直径1.89厘米、穿径0.39厘米、郭厚0.14厘米（图六八，4）。

其余13枚，均锈蚀严重，字迹模糊不可辨认。

铜板，17枚。均模制、完整、圆形。标本：M15：3-1，正面铸"光绪元宝"四字，"宝"字迹模糊，楷书，对读；背面纹饰模糊。直径2.75厘米、厚0.16厘米（图六八，21）。正面铸"十文"二字与英文，楷书，对读；背面纹饰模糊。标本：M15：3-2，直径2.81厘米、厚0.12厘米（图六八，22）。标本：M15：3-3，直径2.81厘米、厚0.12厘米（图六八，23）。标本：M15：7-1。正面铸"光绪元宝"，"绪""元"字迹模糊，楷书，对读；背面纹饰模糊。直径2.81厘米、厚0.12厘米（图六八，24）。

其余13枚，均锈蚀严重，字迹模糊不可辨认。

M22 位于发掘区西北部。南北向，方向为45°。墓口距地表深0.35米，墓底距地表深1.05米。墓圹南北长2.5米、东西宽2-2.1米、深0.7米（图六九；彩版二六，1）。

棺木保存一般。西棺长2米、宽0.6-0.74米、残高0.3米、厚0.05米。骨架保存较差，头向北，面向北。为老年女性，葬式不详。东棺长1.9米、宽0.58-0.64米、残高0.1米、厚0.05米。骨架保存较差，头向北，面向东。为老年男性，仰身直肢葬。西棺打破东棺。内填花黏土，土质较疏松。随葬品有陶罐、陶纺轮、瓷罐、银压发、银耳环、铜簪、铜板。

陶罐，1件。M22：1，方圆唇、斜沿、斜领、鼓肩、鼓腹，下腹曲收，胫底部外撇，平底略内凹。泥质灰陶。素面。轮制。口径8厘米、腹径10.3厘米、底径7.5厘米、高10.6厘米（图六七，1；彩版四二，3）。

陶纺轮，1件。M22：7，平面呈圆形，剖面呈中部略鼓的圆角长方形，中部穿孔。泥质灰陶。素面。直径3.4厘米、孔径0.7厘米、厚1厘米（图六七，12；彩版四三，1）。

瓷罐，1件。M22：5，尖唇、平沿、短束颈、鼓腹，下腹曲收，胫底部外撇，平底略内凹。通体施青白色釉，釉面脱落。素面。轮制。口径8.8厘米、腹径10.3厘米、底径8厘米、高12.1厘米（图六七，2；彩版四二，6）。

银压发，1件。M22：4，扁长体，两端为圆弧尖状，束腰。素面。宽0.1厘米、通长6.6厘米（图六七，10；彩版四二，5）。

银耳环，1件。M22：8，呈圆环形，一端尖锐，一端扁平。直径1.85厘米（图六七，9；彩版四三，2）。

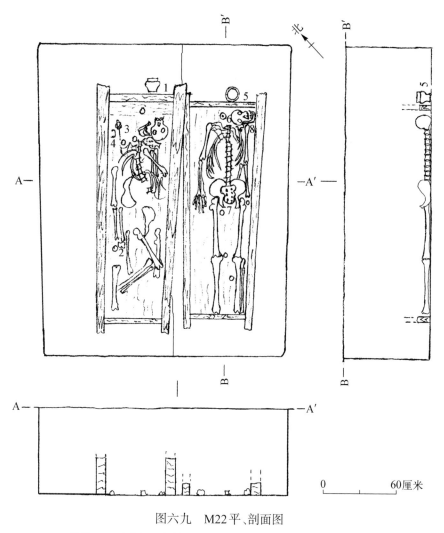

图六九　M22平、剖面图

1.陶罐　2、6.铜板　3.铜簪　4.银压发　5.瓷罐　7.陶纺轮　8.银耳环

　　铜簪,1件。M22:3,首为禅杖形,用铜丝缠绕而成。残存五面,顶端为葫芦宝瓶状。颈部较细,饰凸弦纹。体细直,为锥体。首残宽1.3厘米、残长13.7厘米(图六七,3;彩版四二,4)。

　　铜板,7枚。均模制、完整,圆形。标本:M22:2-1,正面铸"壹枚"二字,楷书,对读,周围有稻谷纹;背面纹饰模糊。直径2.78厘米、厚0.12厘米(图六五,18)。标本:M22:6-1,正面铸"大清铜币","清""铜"字迹模糊,楷书,对读;背面纹饰模糊。直径3.29厘米、厚0.11厘米(图六五,19)。标本:M22:6-2,正面字迹模糊;背面纹饰模糊。直径3.15厘米、厚0.13厘米(图六五,20)。标本:M22:6-3,正面纹饰模糊;背面铸旗帜纹。直径3.12厘米、厚0.11厘米(图六五,21)。

　　其余3枚,均锈蚀严重,字迹模糊不可辨认。

　　M28　位于发掘区西部,南邻M29。东西向,方向为240°。墓口距地表深0.4米,墓底距地表深1.09-1.2米。墓圹东西长2.49米、南北宽1.74-1.9米、深0.69-0.8米(图七〇;彩版二六,2)。

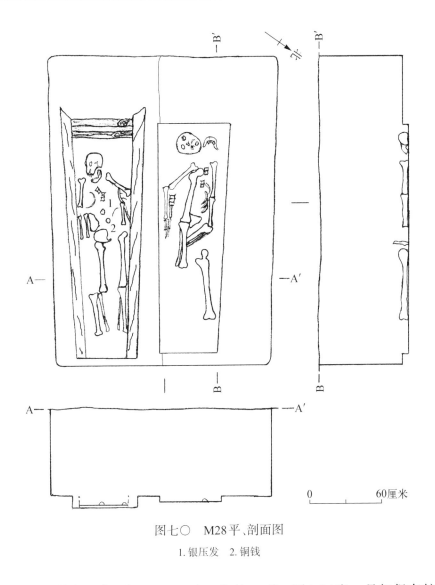

图七〇　M28平、剖面图

1.银压发　2.铜钱

南棺保存一般。棺长2米、宽0.45-0.7米、残高0.1米、厚0.04米。骨架保存较好,头向西,面向南。为老年女性,仰身直肢葬。北棺棺木已朽。棺长1.86米、宽0.5-0.6米、残高0.03米。骨架保存较差,头向南,面向南。为老年男性,仰身直肢葬。北棺打破南棺。内填花黏土,土质较疏松。随葬品有银压发、铜钱。

银压发,1件。M28:1,两端圆尖,中间略束腰,分别有两组相同图案,图案左上角由多条椭圆线条组成,椭圆形图案周边有半周不连接弧线。中间有空首布图案,右下角饰一半铜钱图案,上有"广十六"字样。三组图案中间用小圆环填充,侧视如弓形。背面錾刻"一元"字样,竖行。宽0.6-1厘米、通长8.2厘米(图六七,7;彩版四三,3)。

光绪通宝,2枚。均模制、完整、圆形、方穿。正面有郭,铸"光绪通宝"四字,楷书,对读;背面有郭,穿左右为满文"宝泉",纪局名。M28:2-1,直径1.81厘米、穿径0.48厘米、郭厚0.11厘米(图六八,11)。M28:2-2,直径2.21厘米、穿径0.54厘米、郭厚0.13厘米(图六八,12)。

宣统通宝，1枚。M28∶2-3，模制，圆形、方穿。正面有郭，铸"宣统通宝"四字，楷书，对读；背面有郭，穿左右为满文"宝泉"，纪局名。直径1.9厘米、穿径0.39厘米、郭厚0.1厘米（图六八，13）。

M37　位于发掘区南部，北邻M35。南北向，方向为60°。墓口距地表深0.36米，墓底距地表深1.35-1.5米。墓圹南北长2.91米、东西宽1.66-1.8米、深0.99-1.14米（图七一；彩版二六，3）。

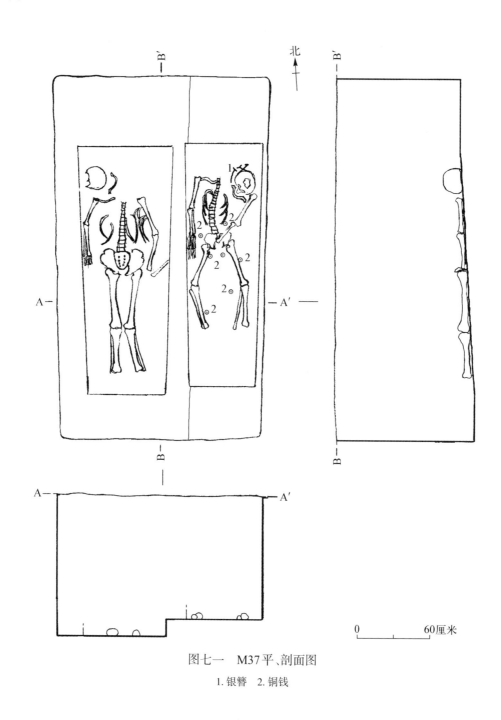

图七一　M37平、剖面图

1. 银簪　2. 铜钱

棺木已朽。西棺长2米、宽0.68-0.8米、残高0.08米。骨架保存较好,头向北,面向西。为老年男性,仰身直肢葬。东棺长1.96米、宽0.55-0.64米、残高0.08米。骨架保存较差,头向北,面向西。为老年女性,仰身直肢葬。东棺打破西棺。内填花黏土,土质较疏松。随葬品有银簪、铜钱。

银簪,3件。M37:1-1,首为禅杖形,用银丝缠绕而成,残存五面。顶端为葫芦宝瓶状。颈部较细,饰三道凸弦纹。体细直,为锥体。通长17.2厘米(图六四,1;彩版四三,4)。首为葵花形,截面为凸字形。中间为一圆形凸起。首上錾刻花蕊形纹。首背面錾刻"太元"二字,竖行。体细直,为锥体。M37:1-2,首上铸"寿"字。首直径2.3厘米、高0.3厘米、通长11.8厘米(图六四,5;彩版四三,5)。M37:1-3,首上铸"福"字。首直径2.2厘米、高0.3厘米、通长11.6厘米(图六四,6;彩版四三,6)。

宽永通宝,1枚。M37:2-1,模制、完整、圆形、方穿。正面有郭,铸"宽永通宝"四字,楷书,对读;背面无字。直径2.44厘米、穿径0.65厘米、郭厚0.08厘米(图六八,14)。

乾隆通宝,22枚。均模制、圆形、方穿。正面有郭,铸"乾隆通宝"四字,楷书,对读;背面有郭,穿左右为满文"宝泉",纪局名。标本:M37:2-2,直径2.58厘米、穿径0.54厘米、郭厚0.11厘米(图六八,15)。标本:M37:3-1,直径2.39厘米、穿径0.53厘米、郭厚0.12厘米(图六八,20)。

嘉庆通宝,5枚。均模制、完整、圆形、方穿。正面有郭,铸"嘉庆通宝"四字,楷书,对读;背面有郭,穿左右为满文"宝泉",纪局名。标本:M37:2-3,直径2.55厘米、穿径0.59厘米、郭厚0.11厘米(图六八,16)。标本:M37:2-4,直径2.55厘米、穿径0.52厘米、郭厚0.11厘米(图六八,17)。

道光通宝,8枚。均模制、圆形、方穿。正面有郭,铸"道光通宝"四字,楷书,对读;背面有郭,穿左右为满文"宝源",纪局名。标本:M37:2-5,直径2.25厘米、穿径0.58厘米、郭厚0.15厘米(图六八,18)。

光绪通宝,19枚。均模制、完整、圆形、方穿。正面有郭,铸"光绪通宝"四字,楷书,对读;背面有郭,穿左右为满文"宝泉",纪局名。标本:M37:2-6,直径2.29厘米、穿径0.59厘米、郭厚0.12厘米(图六八,19)。

其余6枚,均锈蚀严重,字迹模糊不可辨认。

C型:10座,M1-M3、M7、M11、M18、M21、M23、M25、M26。平面呈不规则形。

M1 位于发掘区东北部。南北向,方向为350°。墓口距地表深0.35米,墓底距地表深1.51-1.63米。墓圹南北长2.79-2.91米、东西宽1.8米、深1.16-1.28米(图七二;彩版二七,1)。

棺木已朽。东棺长1.74米、宽0.5-0.64米、残高0.27米。骨架保存较差,头向北,面向南。为成年男性,仰身直肢葬。西棺长1.8米、宽0.68-0.72米、残高0.16米。骨架保存较差,头向北,面向南。为老年女性,仰身直肢葬。西棺打破东棺。内填花黏土,土质疏松。随葬品有瓷罐、铜钱。

瓷罐,1件。M1:2,方唇、敞口,平沿,短直颈,上腹外鼓,下腹弧收,平底内凹。口沿及外壁

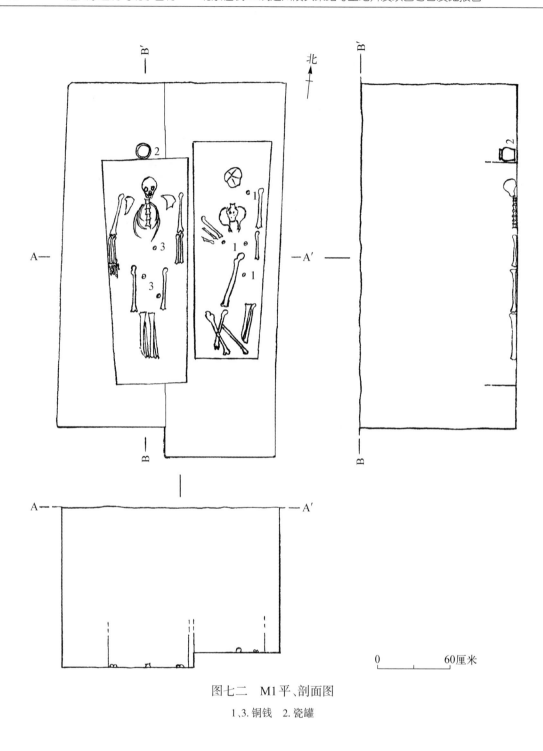

图七二　M1平、剖面图

1、3.铜钱　2.瓷罐

施青白釉,内壁及底部施黄釉。釉面脱落。素面。口径8.7厘米、肩径8厘米、底径8.4厘米、高11.8厘米(图七三,1;彩版四四,1)。

　　嘉庆通宝,2枚。均模制、完整,圆形、方穿。正面有郭,铸"嘉庆通宝"四字,楷书,对读;背面有郭,穿左右为满文"宝泉",纪局名。M1:1-1,直径2.32厘米、穿径0.54厘米、郭厚0.11厘米(图七四,1)。M1:1-2,直径2.25厘米、穿径0.59厘米、郭厚0.1厘米(图七四,2)。

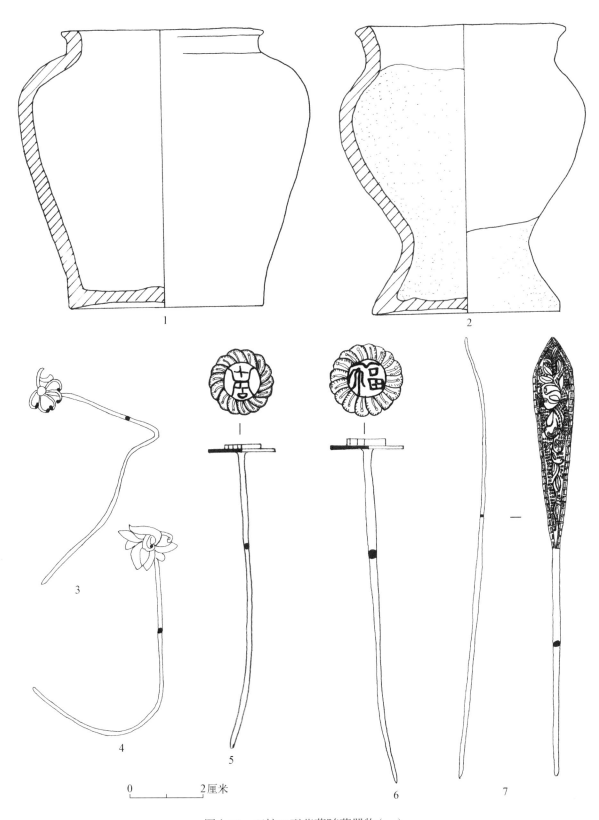

图七三 双棺C型墓葬随葬器物（一）

1、2.瓷罐（M1：2、M2：4） 3-7.银簪（M2：1-1、M2：1-2、M3：4、M3：3、M3：2）

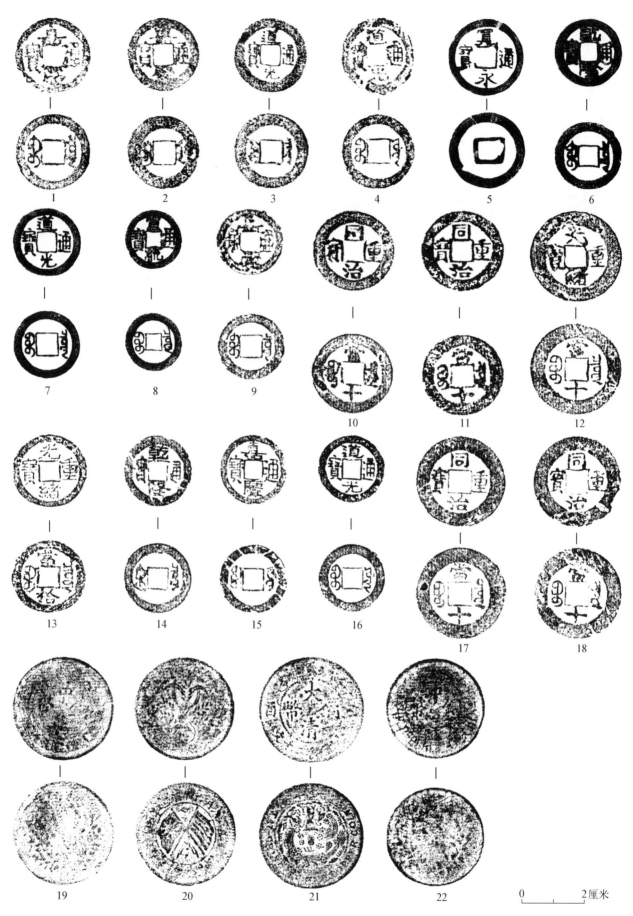

图七四　双棺C型墓葬随葬铜钱、铜板（一）

1、2、9、15.嘉庆通宝（M1∶1-1、M1∶1-2、M3∶1-1、M3∶5-2）　3、4、7、16.道光通宝（M1∶1-3、M1∶1-4、M2∶3-3、M3∶5-3）
5.宽永通宝（M2∶3-1）　6、14.乾隆通宝（M2∶3-2、M3∶5-1）　8.宣统通宝（M2∶3-4）　10、11、17、18.同治重宝（M3∶1-2、
M3∶1-3、M3∶5-4、M3∶5-5）　12、13.光绪重宝（M3∶1-4、M3∶1-5）　19-22.铜板（M2∶2-1、M2∶2-2、M2∶2-3、M2∶2-4）

道光通宝,5枚。均模制、完整、圆形、方穿。正面有郭,铸"道光通宝"四字,楷书,对读。标本:M1:1-3,背面有郭,穿左右为满文"宝泉",纪局名。直径2.34厘米、穿径0.51厘米、郭厚0.15厘米(图七四,3)。背面有郭,穿左右为满文"宝源",纪局名。标本:M1:1-4,直径2.09厘米、穿径0.55厘米、郭厚0.18厘米(图七四,4)。

同治重宝,3枚。均模制、完整、圆形、方穿。正面有郭,铸"同治重宝"四字,楷书,对读;背面有郭,穿左右为满文"宝泉",纪局名,穿上下为楷书"当十"。标本:M1:3-1,直径2.62厘米、穿径0.65厘米、郭厚0.1厘米(图七五,19)。

咸丰重宝,2枚。均模制,圆形、方穿。正面有郭,铸"咸丰重宝"四字,楷书,对读。M1:3-2,背面有郭,穿左右为满文"宝泉",纪局名,穿上下为楷书"当十"。直径2.65厘米、穿径0.7厘米、郭厚0.11厘米(图七五,20)。背面有郭,穿左右为满文"宝泉",纪局名,穿上下为楷书"当五"。M1:3-3,直径2.94厘米、穿径0.61厘米、郭厚0.2厘米(图七五,21)。

M2 位于发掘区东北部,西邻M3。南北向,方向为20°。墓口距地表深0.4米,墓底距地表深0.9米。墓圹南北长2.4-2.7米、东西宽1.8米、深0.5米(图七六;彩版二七,2)。

棺木已朽。东棺长1.9米、宽0.6-0.7米、残高0.11米。骨架保存较差,头向北,面向上。为老年男性,仰身直肢葬。西棺长2.1米、宽0.5-0.58米、残高0.11米。骨架保存较差,头向北,面向上。为老年女性,仰身屈肢葬。东棺打破西棺。内填花黏土,土质较疏松。随葬品有瓷罐、银簪、铜钱、铜板。

瓷罐,1件。M2:4,尖唇、敞口、平沿、短束颈、鼓腹,下腹曲收,底部外撇,平底内凹。米黄色粗胎,青绿色釉,器内口及外壁均施釉,釉色脱落,仅圈足无釉。轮制。素面。口径8厘米、腹径16.5厘米、底径8.2厘米、高12.2厘米(图七三,2;彩版四四,4)。

银簪,2件。首作花瓣状,体细长,呈圆柱形。M2:1-1,首宽2厘米、通长12.5厘米(图七三,3;彩版四四,2)。M2:1-2,首宽1.5厘米、通长12厘米(图七三,4;彩版四四,3)。

宽永通宝,1枚。M2:3-1,模制,圆形、方穿。正面有郭,铸"宽永通宝"四字,楷书,对读;背面有郭,无字。直径2.45厘米、穿径0.65厘米、郭厚0.11厘米(图七四,5)。

乾隆通宝,2枚。均模制、完整、圆形、方穿。正面有郭,铸"乾隆通宝"四字,楷书,对读;背面有郭,穿左右为满文"宝泉",纪局名。标本:M2:3-2,直径2.21厘米、穿径0.51厘米、郭厚0.11厘米(图七四,6)。

道光通宝,12枚。均模制、完整、圆形、方穿。正面有郭,铸"道光通宝"四字,楷书,对读;背面有郭,穿左右为满文"宝泉",纪局名。标本:M2:3-3,直径2.2厘米、穿径0.51厘米、郭厚0.11厘米(图七四,7)。

宣统通宝,1枚。M2:3-4,模制、完整、圆形、方穿。正面有郭,铸"宣统通宝"四字,楷书,对读;背面有郭,穿左右为满文"宝泉",纪局名。直径1.71厘米、穿径0.41厘米、郭厚

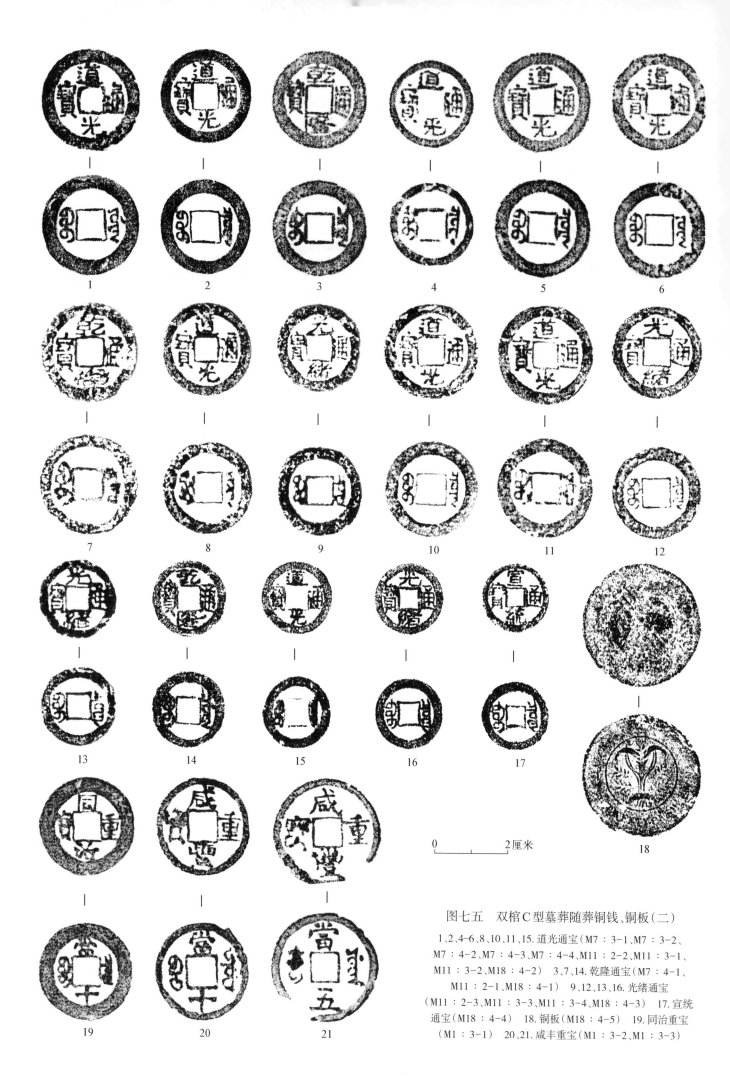

图七五　双棺C型墓葬随葬铜钱、铜板(二)

1、2、4-6、8、10、11、15. 道光通宝(M7：3-1、M7：3-2、M7：4-2、M7：4-3、M7：4-4、M11：2-2、M11：3-1、M11：3-2、M18：4-2)　3、7、14. 乾隆通宝(M7：4-1、M11：2-1、M18：4-1)　9、12、13、16. 光绪通宝(M11：2-3、M11：3-3、M11：3-4、M18：4-3)　17. 宣统通宝(M18：4-4)　18. 铜板(M18：4-5)　19. 同治重宝(M1：3-1)　20、21. 咸丰重宝(M1：3-2、M1：3-3)

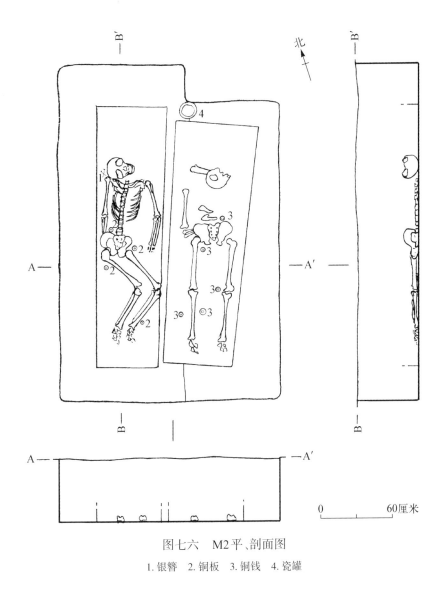

图七六　M2平、剖面图

1.银簪　2.铜板　3.铜钱　4.瓷罐

0.1厘米(图七四,8)。

　　铜板,8枚。均模制、完整、圆形。正面铸"中华铜币"四字,楷书,对读;四周铸有英文。背面铸"双枚"二字和稻谷纹。标本:M2:2-1,直径3.2厘米、厚0.12厘米(图七四,19)。标本:M2:2-4,直径3.12厘米、厚0.15厘米(图七四,22)。标本:M2:2-2,正面铸稻草纹;背面铸"湖南制造"四字和旗帜纹。直径3.2厘米、厚0.15厘米(图七四,20)。标本:M2:2-3,正面铸"大清铜币"四字,楷书,对读;背面铸有龙纹和英文。直径3.35厘米、厚0.16厘米(图七四,21)。

　　M3　位于发掘区东北部,打破M4。南北向,方向为10°。墓口距地表深0.3米,墓底距地表深1.1-1.16米。墓圹南北长2.48-2.6米、东西宽1.38-1.7米、深0.8-0.86米(图七七;参见彩版二〇,1)。

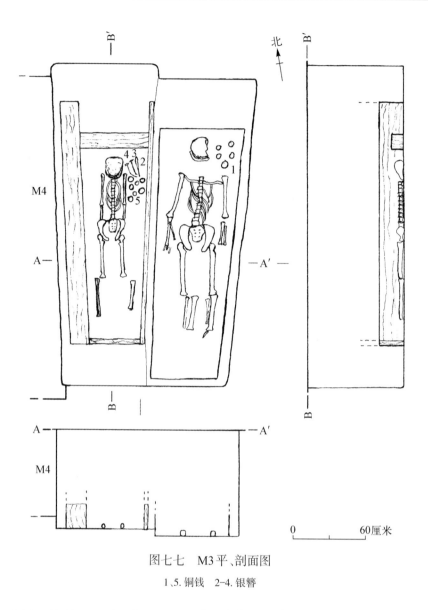

图七七　M3平、剖面图

1、5. 铜钱　2-4. 银簪

　　东棺棺木已朽。棺长2.02米、宽0.56-0.7米、残高0.18米。骨架保存较差,头向北,面向东。为老年男性,仰身直肢葬。西棺保存一般。棺长1.96米、宽0.62-0.78米、残高0.2米、厚0.06米。骨架头向北,面向上。为老年女性,仰身直肢葬。西棺打破东棺。内填花黏土,土质较疏松。随葬品有银簪、铜钱。

　　银簪,3件。M3:2,纯手工制造,整体呈叶片状,体中间铸连枝花叶纹,以篦点纹为地纹,四周为方折云雷纹。首扁平微翘,下端素面锥体,上宽下窄。通长15.5厘米(图七三,7;彩版四四,5)。首为葵花形,截面为凸字形。中间为一圆形凸起。M3:3,首上铸"福"字,旁边錾刻花蕊形纹。首直径2.5厘米、高0.3厘米、通长12厘米(图七三,6;彩版四四,6)。M3:4,首上铸"寿"字,旁边錾刻花蕊形纹。首直径2.5厘米、高0.3厘米、通长11.4厘米(图七三,5;彩版四五,1)。

乾隆通宝，1枚。M3：5-1，模制、完整，圆形、方穿。正面有郭，铸"乾隆通宝"四字，楷书，对读；背面有郭，穿左右为满文"宝泉"，纪局名。直径2.3厘米、穿径0.59厘米、郭厚0.12厘米（图七四，14）。

嘉庆通宝，2枚。均模制、完整，圆形、方穿。正面有郭，铸"嘉庆通宝"四字，楷书，对读。M3：1-1，背面有郭，穿左右为满文"宝泉"，纪局名。直径2.3厘米、穿径0.6厘米、郭厚0.11厘米（图七四，9）。M3：5-2，背面有郭，穿左右为满文"宝源"，纪局名。直径2.29厘米、穿径0.51厘米、郭厚0.11厘米（图七四，15）。

道光通宝，1枚。M3：5-3，模制、完整，圆形、方穿。正面有郭，铸"道光通宝"四字，楷书，对读；背面有郭，穿左右为满文"宝泉"，纪局名。直径2.25厘米、穿径0.5厘米、郭厚0.19厘米（图七四，16）。

同治重宝，4枚。均模制、完整，圆形、方穿。正面有郭，铸"同治重宝"四字，楷书，对读；背面有郭，穿左右为满文"宝泉"，纪局名，穿上下为楷书"当十"。M3：1-2，直径2.7厘米、穿径0.65厘米、郭厚0.1厘米（图七四，10）。M3：1-3，直径2.71厘米、穿径0.59厘米、郭厚0.14厘米（图七四，11）。M3：5-4，直径2.95厘米、穿径0.6厘米、郭厚0.16厘米（图七四，17）。M3：5-5，直径2.99厘米、穿径0.6厘米、郭厚0.16厘米（图七四，18）。

光绪重宝，2枚。均模制、完整，圆形、方穿。正面有郭，铸"光绪重宝"四字，楷书，对读。M3：1-4，背面有郭，穿左右为满文"宝泉"，纪局名，穿上下为楷书"当十"。直径3.1厘米、穿径0.59厘米、郭厚0.2厘米（图七四，12）。M3：1-5，背面有郭，穿左右为满文"宝泉"，纪局名，穿上下为楷书"当拾"。直径2.5厘米、穿径0.51厘米、郭厚0.19厘米（图七四，13）。

其余7枚，均锈蚀严重，字迹模糊不可辨认。

M7 位于发掘区东北部。东西向，方向为4°。墓口距地表深0.3米，墓底距地表深1.14米。墓圹南北长2.26-2.57米、东西宽2.34-2.9米、深0.84米（图七八；彩版二八，1）。

棺木已朽。东棺长2米、宽0.5-0.62米、残高0.13米。骨架保存较差，头向北，面向东。为老年男性，仰身直肢葬。西棺长1.9米、宽0.5-0.62米、残高0.13米。骨架保存较差，头向北，面向西。为老年女性，仰身直肢葬。东棺打破西棺。内填花黏土，土质较疏松。随葬品有铜簪、铜钱。

铜簪，2件。首为葵花形，截面为凸字形。中间为圆形，略有凸起。M7：1，首上铸"福"字。底托斜面，为花瓣形。体呈锥体。首直径2.2厘米、高0.5厘米、残长6.7厘米（图七九，5；彩版四五，2）。M7：2，首上铸"寿"字。底托斜面，为花瓣形。体细直，为锥体。首直径2.2厘米、高0.5厘米、长11.9厘米（图七九，4；彩版四五，3）。

乾隆通宝，5枚。均模制、完整，圆形、方穿。正面有郭，铸"乾隆通宝"四字，楷书，对读；背面有郭，穿左右为满文"宝泉"，纪局名。标本：M7：4-1，直径2.31厘米、穿径0.51厘米、郭

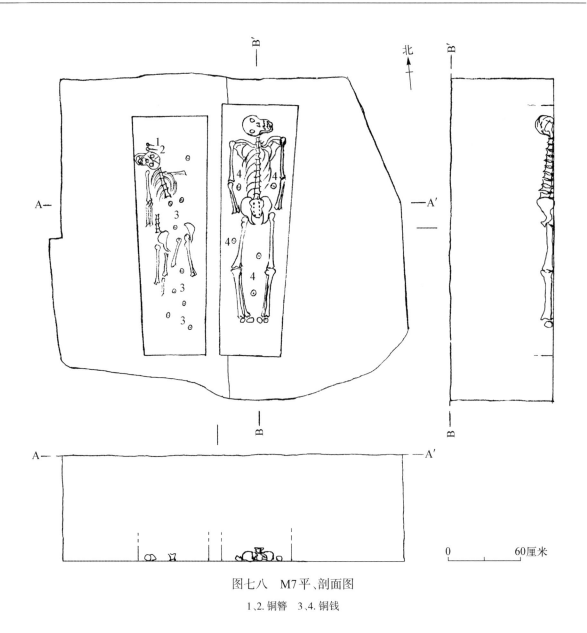

图七八　M7平、剖面图

1、2.铜簪　3、4.铜钱

厚0.13厘米（图七五，3）。

道光通宝，30枚。均模制、完整、圆形、方穿。正面有郭，铸"道光通宝"四字，楷书，对读。标本：M7：3-1，背面有郭，穿左右为满文"宝源"，纪局名。直径2.44厘米、穿径0.52厘米、郭厚0.16厘米（图七五，1）。标本：M7：4-4，直径2.3厘米、穿径0.5厘米、郭厚0.19厘米（图七五，6）。背面有郭，穿左右为满文"宝泉"，纪局名。标本：M7：3-2，直径2.3厘米、穿径0.59厘米、郭厚0.15厘米（图七五，2）。标本：M7：4-2，直径2.06厘米、穿径0.57厘米、郭厚0.14厘米（图七五，4）。标本：M7：4-3，直径2.38厘米、穿径0.55厘米、郭厚0.14厘米（图七五，5）。

M11　位于发掘区西北部，东南邻M12。东西向，方向为15°。墓口距地表深0.4米，墓底距地表深0.9-1.04米。墓圹南北长1.77-2.56米、东西宽1.55-1.72米、深0.5-0.64米（图八〇；

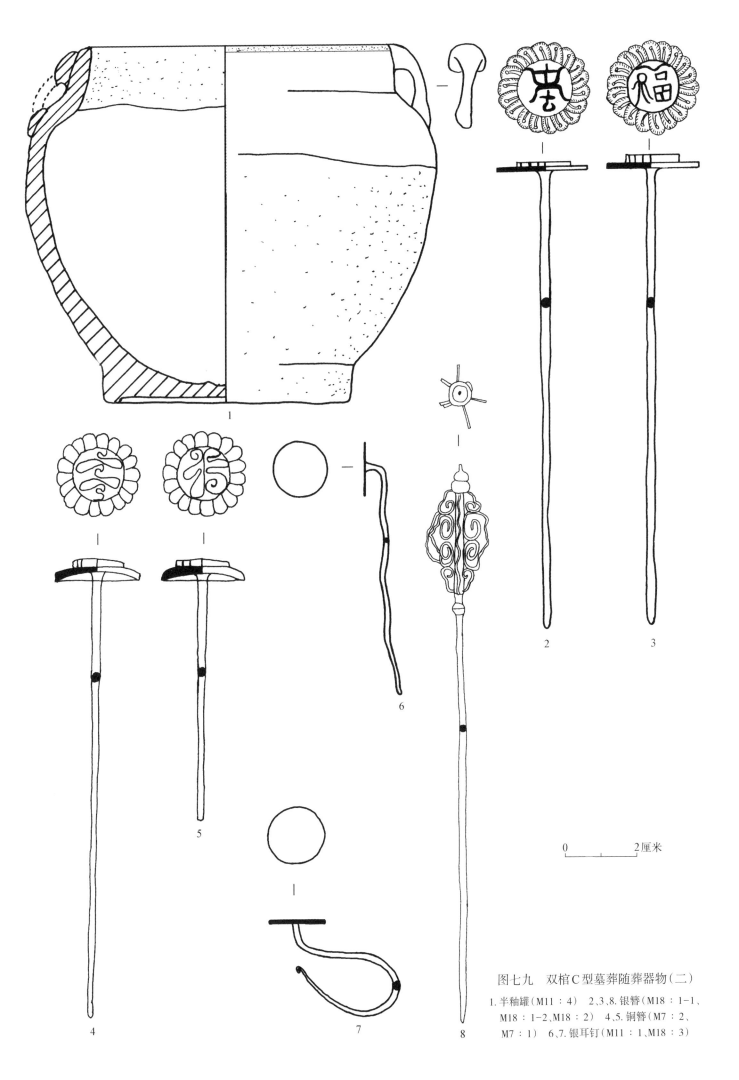

图七九　双棺C型墓葬随葬器物（二）

1.半釉罐（M11：4）　2、3、8.银簪（M18：1-1、M18：1-2、M18：2）　4、5.铜簪（M7：2、M7：1）　6、7.银耳钉（M11：1、M18：3）

彩版二八,2)。

棺木已朽。西棺长2.04米、宽0.65米、残高0.2米。骨架保存较差,头向北,面向下。为老年男性,仰身直肢葬。东棺长1.9米、宽0.5-0.62米、残高0.06米。骨架保存较差,头向北,面向下。为老年女性,仰身直肢葬。东棺打破西棺。内填花黏土,土质较疏松。随葬品有半釉罐、银耳钉、铜钱。

半釉罐,1件。M11:4,圆唇、平沿,直口,短颈,溜肩,鼓腹,矮圈足。肩部有对称象鼻形双系。胎质粗糙,呈黄色。外壁肩部施酱釉。轮制。素面。口径8.2厘米、腹径10.5厘米、底径6.6厘米、高9.3厘米(图七九,1;彩版四五,5)。

银耳钉,1件。M11:1,呈"S"形,一端为圆饼形,素面。一端尖细,卷曲。通长6.7厘米(图七九,6;彩版四五,4)。

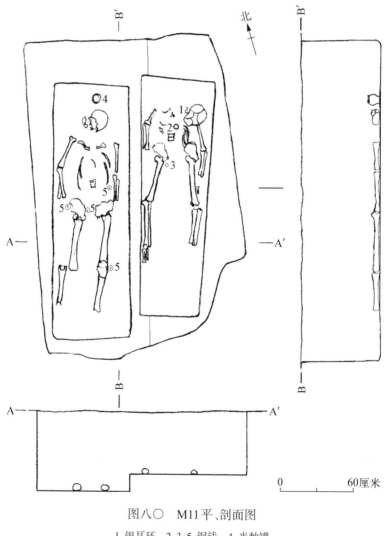

图八○　M11平、剖面图

1.银耳环　2、3、5.铜钱　4.半釉罐

乾隆通宝,1枚。M11:2-1,模制,圆形、方穿。正面有郭,铸"乾隆通宝"四字,楷书,对读;背面有郭,穿左右为满文"宝泉",纪局名。直径2.42厘米、穿径0.61厘米、郭厚0.11厘米(图七五,7)。

道光通宝,9枚。均模制、完整,圆形、方穿。正面有郭,铸"道光通宝"四字,楷书,对读。背面有郭,穿左右为满文"宝源",纪局名。标本:M11:2-2,直径2.29厘米、穿径0.51厘米、郭厚0.17厘米(图七五,8)。标本:M11:3-2,直径2.36厘米、穿径0.55厘米、郭厚0.12厘米(图七五,11)。背面有郭,穿左右为满文"宝泉",纪局名。标本:M11:3-1,直径2.3厘米、穿径0.52厘米、郭厚0.16厘米(图七五,10)。

光绪通宝,6枚。均模制、完整,圆形、方穿。正面有郭,铸"光绪通宝"四字,楷书,对读;背面有郭,穿左右为满文"宝泉",纪局名。标本:M11:2-3,直径2.19厘米、穿径0.5厘米、郭厚0.15厘米(图七五,9)。标本:M11:3-3,直径2.21厘米、穿径0.55厘米、郭厚0.15厘米(图七五,12)。标本:M11:3-4,直径1.9厘米、穿径0.49厘米、郭厚0.11厘米(图七五,13)。

M18　位于发掘区北部,东南邻M20。南北向,方向为40°。墓口距地表深0.4米,墓底距地表深1.8米。墓圹南北长2.5-2.6米、东西宽2米、深1.4米(图八一;彩版二九,1)。

棺木已朽。东棺长1.9米、宽0.7-0.8米、残高0.13米。骨架保存较差,头向东北,面向东。为老年男性,侧身屈肢葬。西棺长1.9米、宽0.5-0.6米、残高0.13米。骨架保存较差,头向东北,面向不详。为老年女性,仰身直肢葬。西棺打破东棺。内填花黏土,土质较疏松。随葬品有银簪、银耳钉、铜钱、铜板。

银簪,3件。M18:1-1,首为葵花形,截面为凸字形。中间为圆形凸起,首上铸"寿"字,底托为花瓣形,上錾刻花蕊形纹。体细直,为锥体。首直径2.5厘米、高0.3厘米、通长12.5厘米(图七九,2;彩版四五,6)。M18:1-2,首为葵花形,截面为凸字形。中间为圆形凸起,首上铸"福"字,底托为花瓣形,上面錾刻花蕊形纹。体细直,为锥体。首直径2.5厘米、高0.4厘米、通长12.7厘米(图七九,3;彩版四六,1)。M18:2,首为禅杖形,用银丝缠绕而成,顶端为葫芦状宝瓶形饰。体细直,为锥体。通长15.5厘米(图七九,8;彩版四六,2)。

银耳钉,1件。M18:3,呈"S"形,一端为圆饼形,素面。一端尖细,卷曲。通长7厘米(图七九,7;彩版四六,3)。

乾隆通宝,2枚。均模制、完整,圆形、方穿。正面有郭,铸"乾隆通宝"四字,楷书,对读;背面有郭,穿左右为满文"宝泉",纪局名。标本:M18:4-1,直径2.03厘米、穿径0.57厘米、郭厚0.09厘米(图七五,14)。

道光通宝,1枚。M18:4-2,模制、完整,圆形、方穿。正面有郭,铸"道光通宝"四字,楷书,对读;背面有郭,穿左右为满文"宝泉",纪局名。直径1.99厘米、穿径0.53厘米、郭厚0.18厘米(图七五,15)。

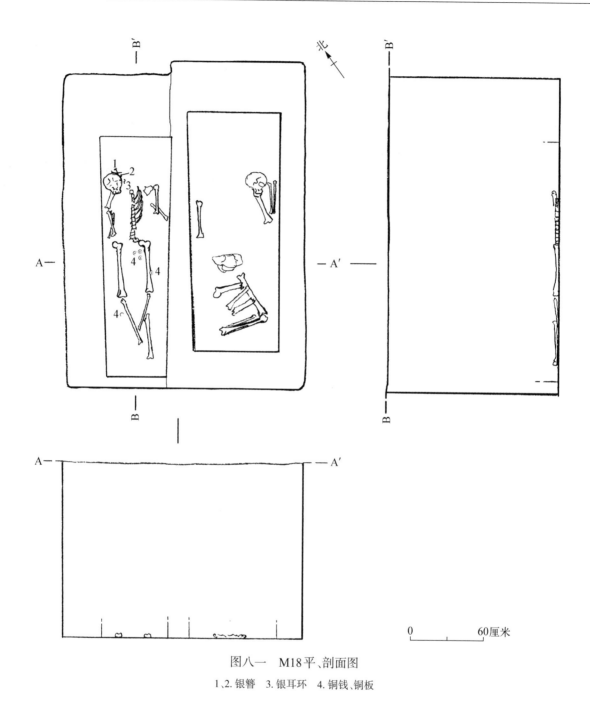

图八一　M18平、剖面图
1、2.银簪　3.银耳环　4.铜钱、铜板

光绪通宝, 6枚。均模制、完整, 圆形、方穿。正面有郭, 铸"光绪通宝"四字, 楷书, 对读; 背面有郭, 穿左右为满文"宝泉", 纪局名。标本: M18：4-3, 直径1.88厘米、穿径0.42厘米、郭厚0.1厘米(图七五, 16)。

宣统通宝, 8枚。均模制、完整, 圆形、方穿。正面有郭, 铸"宣统通宝"四字, 楷书, 对读; 背面有郭, 穿左右为满文"宝泉", 纪局名。标本: M18：4-4, 直径1.82厘米、穿径0.39厘米、郭厚0.1厘米(图七五, 17)。

铜板,6枚。均模制、完整、圆形。正面纹饰模糊;背面铸有稻谷纹。标本:M18:4-5,直径3.25厘米、厚0.16厘米(图七五,18)。

M21　位于发掘区北部,北邻M15。南北向,方向为40°。墓口距地表深0.35米,墓底距地表深0.95-1.2米。墓圹南北长2.4-2.46米、东西宽1.6-1.8米、深0.6-0.85米(图八二;彩版二九,2)。

西棺已朽。棺长1.78米、宽0.54-0.6米、残高0.1米。骨架保存较差,头向北,面向上。为老年男性,仰身直肢葬。东棺保存一般。棺长2.1米、宽0.6-0.74米、残高0.54米、厚0.05米。骨架保存较差,头向北,面向上。为老年女性,仰身直肢葬。西棺打破东棺。内填花黏土,土质较疏松。随葬品有瓷罐、瓷碗、银耳钉、铜簪、铜钱、铜板。

瓷罐,1件。M21:1,尖唇、侈口、斜沿、短束颈、阔肩、鼓腹,下腹曲收,胫底部外撇,平底。口沿及腹部施青白色釉,釉面脱落。下腹及内壁施黄色釉。素面。轮制。口径9.4厘米、腹径10.4厘米、底径8厘米、高13.4厘米(图八三,1;彩版四六,4)。

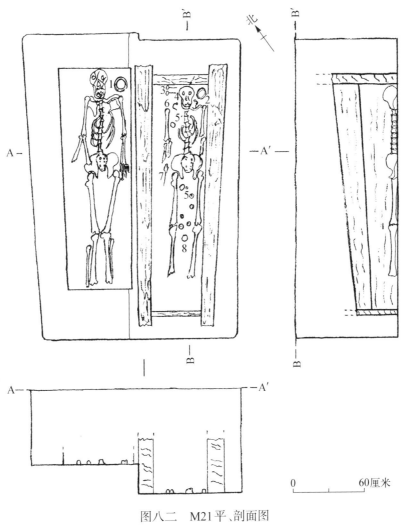

图八二　M21平、剖面图

1.瓷罐　2.瓷碗　3、4、7.铜簪　5、8.铜钱、铜板　6.银耳环

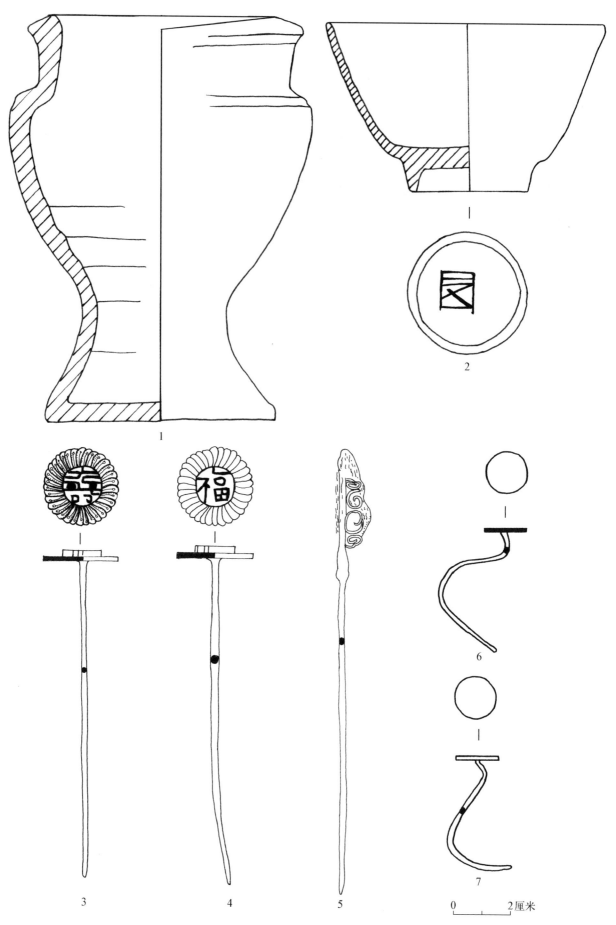

图八三　M21随葬器物

1. 瓷罐（M21：1）　2. 瓷碗（M21：2）　3-5. 铜簪（M21：3、M21：4、M21：7）　6、7. 银耳钉（M21：6-1、M21：6-2）

瓷碗，1件。M21：2，圆唇、侈口、斜直壁、矮圈足。内、外壁施青色釉。底部有款，为青花方框图记款。口径9.3厘米、底径3.9厘米、高5.5厘米、壁厚0.1厘米（图八三，2；彩版四六，5）。

银耳钉，2件。形制、大小基本相同。呈"S"形，一端为圆饼形，一端尖细。M21：6-1，通长6.2厘米（图八三，6；彩版四七，3）。M21：6-2。通长6.2厘米（图八三，7；彩版四七，4）。

铜簪，3件。M21：3，首为葵花形，截面为凸字形。中间为一圆形凸起，上面铸有"寿"字纹，底托为花瓣形，上面錾刻花蕊形纹。体细直，为锥体。首直径2.6厘米、高0.3厘米、通长11厘米（图八三，3；彩版四六，6）。M21：4，首为葵花形，截面为凸字形。中间为圆形凸起，上面铸有"福"字，底托为花瓣形。体细直，为锥体。首直径2.6厘米、高0.3厘米、通长11.4厘米（图八三，4；彩版四七，1）。M21：7，顶呈葫芦状，首呈九连环禅杖形，体呈锥状。首残宽0.7厘米、通长14.4厘米（图八三，5；彩版四七，2）。

熙宁元宝，1枚。M21：5-1，模制，圆形、方穿。正面有郭，铸"熙宁元宝"四字，篆书，旋读。背面有郭，无字。直径2.35厘米、穿径0.58厘米、郭厚0.12厘米（图八四，1）。

乾隆通宝，1枚。M21：5-2，模制、完整，圆形、方穿。正面有郭，铸"乾隆通宝"四字，楷书，对读；背面有郭，穿左右为满文"宝泉"，纪局名。直径2.31厘米、穿径0.57厘米、郭厚0.18厘米（图八四，2）。

嘉庆通宝，1枚。M21：5-3，模制、完整，圆形、方穿。正面有郭，铸"嘉庆通宝"四字，楷书，对读；背面有郭，穿左右为满文"宝泉"，纪局名。直径2.42厘米、穿径0.58厘米、郭厚0.12厘米（图八四，3）。

道光通宝，1枚。M21：5-4，模制、完整，圆形、方穿。正面有郭，铸"道光通宝"四字，楷书，对读；背面有郭，穿左右为满文"宝源"，纪局名。直径2.28厘米、穿径0.59厘米、郭厚0.15厘米（图八四，4）。

咸丰通宝，1枚。M21：5-5，模制、完整，圆形、方穿。正面有郭，铸"咸丰通宝"四字，楷书，对读；背面有郭，穿左右为满文"宝泉"，纪局名。直径2.15厘米、穿径0.5厘米、郭厚0.19厘米（图八四，5）。

光绪通宝，1枚。M21：5-6，模制、完整，圆形、方穿。正面有郭，铸"光绪通宝"四字，楷书，对读；背面有郭，穿左右为满文"宝泉"，纪局名。直径2.3厘米、穿径0.48厘米、郭厚0.12厘米（图八四，6）。

宣统通宝，1枚。M21：5-7，模制、完整，圆形、方穿。正面有郭，铸"宣统通宝"四字，楷书，对读；背面有郭，穿左右为满文"宝泉"，纪局名。直径1.9厘米、穿径0.35厘米、郭厚0.11厘米（图八四，7）。

铜板，9枚。均模制、完整，圆形。标本：M21：8-1，正面铸"壹枚"二字，楷书，对读；背面铸旗帜纹。直径2.82厘米、厚0.12厘米（图八四，20）。标本：M21：8-2，正面铸"大清铜币"四字，楷书，对读；背面铸有龙纹和英文。直径3.34厘米、厚0.16厘米（图八四，21）。

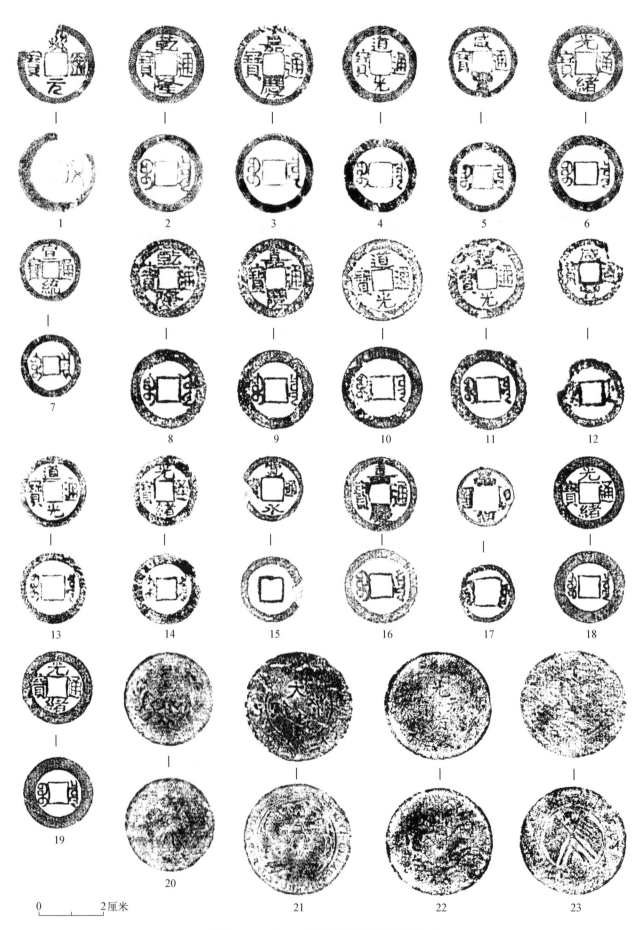

图八四　双棺C型墓葬随葬铜钱、铜板（三）

1. 熙宁元宝（M21：5-1）　2、8. 乾隆通宝（M21：5-2、M23：7-1）　3、9、16. 嘉庆通宝（M21：5-3、M23：7-2、M26：3-2）　4、10、11、13. 道光通宝（M21：5-4、M23：7-3、M23：7-4、M26：1-1）　5、12. 咸丰通宝（M21：5-5、M23：7-5）　6、14、18、19. 光绪通宝（M21：5-6、M26：1-2、M26：3-4、M26：3-5）　7. 宣统通宝（M21：5-7）　15. 宽永通宝（M26：3-1）　17. 万历通宝（M26：3-3）　20-23. 铜板（M21：8-1、M21：8-2、M23：4-1、M23：4-2）

M23 位于发掘区西北部,打破M24。东西向,方向为50°。墓口距地表深0.4米,墓底距地表深1.6米。墓圹东西长2.43-2.6米、南北宽1.4-1.9米、深1.2米(图八五;参见彩版一九,1)。

棺木已朽。东棺长1.9米、宽0.5-0.6米、残高0.11米。骨架保存较差,头向东北,面向上。为老年女性,仰身直肢葬。西棺长1.8米、宽0.6-0.8米、残高0.12米。骨架保存较差,头向东北,面向北。为老年男性,侧身屈肢葬。东棺打破西棺。内填花黏土,土质较疏松。随葬品有瓷罐、银耳钉、银簪、铜钱、铜板。

瓷罐,1件。M23:1,圆唇、敞口、短颈、鼓腹、平底内凹。胎质较粗,施酱釉。素面。口径9.9厘米、腹径11.2厘米、底径6.9厘米、高10.15厘米(图八六,1;彩版四七,5)。

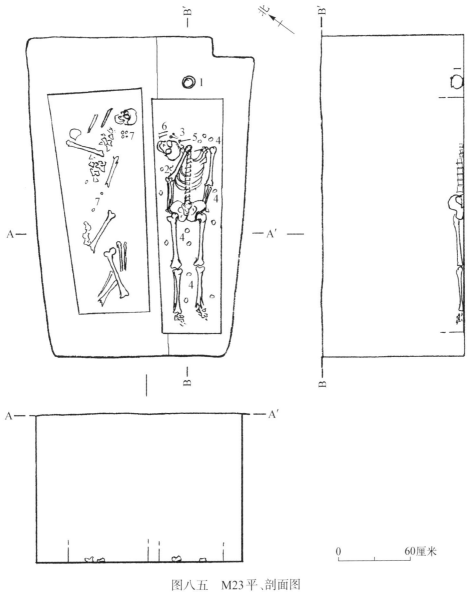

图八五　M23平、剖面图

1.瓷罐　2.银耳环　3、5、6.银簪　4、7.铜钱、铜板

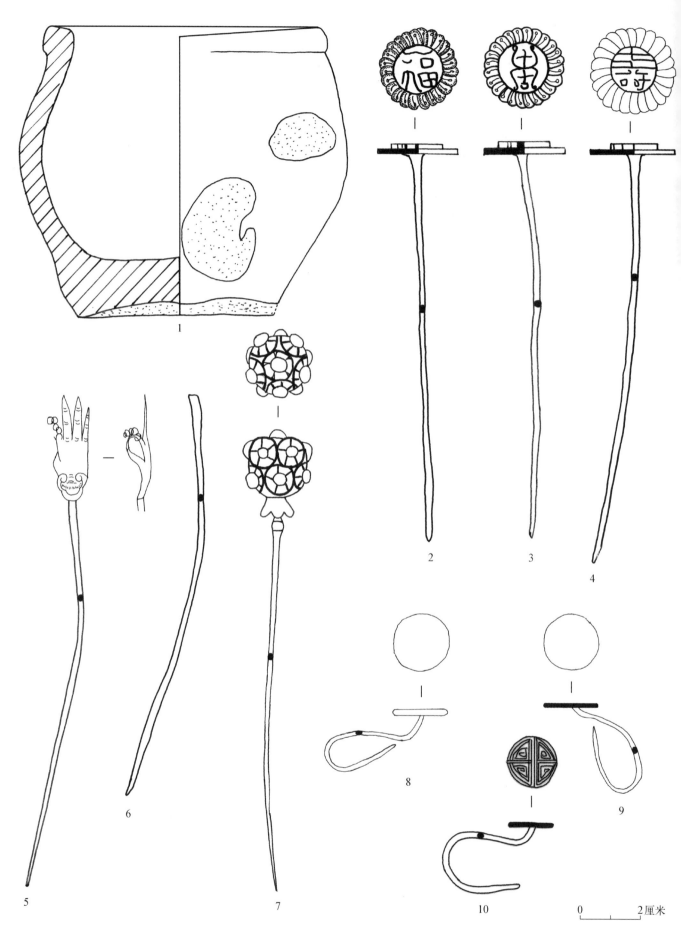

图八六　双棺C型墓葬随葬器物（三）

1. 瓷罐（M23∶1）　2-4、6、7. 银簪（M23∶3-1、M23∶3-2、M23∶6-1、M23∶6-2、M23∶5）　5. 铜簪（M26∶2）

8-10. 银耳钉（M23∶2-1、M23∶2-2、M25∶2）

银耳钉,2件。形制、大小基本相同。呈"S"形,一端为圆饼形,一端尖细。素面。M23：2-1,通长7厘米(图八六,8；彩版四七,6)。M23：2-2,通长7.1厘米(图八六,9；彩版四八,1)。

银簪,5件。M23：3-1,首为葵花形,截面为凸字形。中间为一圆形凸起,上面铸有"福"字,上面錾刻花蕊形纹。体细直,为锥体。首直径2.6厘米、高0.3厘米、通长12.7厘米(图八六,2；彩版四八,2)。M23：3-2,首为葵花形,截面为凸字形。中间为一圆形凸起,上面铸有"寿"字。底托为花瓣形。体细直,为锥体。首直径2.7厘米、高0.4厘米、通长12.6厘米(图八六,3；彩版四八,3)。M23：5,首是垒丝缠绕成的小圆组成的镂空圆球,各小球中间镶有一个凸出的圆球,下有花瓣形托。体呈圆锥体,长15.1厘米(图八六,7；彩版四八,4)。M23：6-1,首为葵花形,截面为凸字形。中间为一圆形凸起,上面铸有"寿"字。底托为花瓣形。体细直,为锥体。首直径2.6厘米、高0.3厘米、通长12.7厘米(图八六,4；彩版四八,5)。M23：6-2,首残,体圆锥体。残长13厘米(图八六,6；彩版四八,6)。

乾隆通宝,1枚。M23：7-1,模制、完整、圆形、方穿。正面有郭,铸"乾隆通宝"四字,楷书,对读；背面有郭,穿左右为满文"宝源",纪局名。直径2.34厘米、穿径0.55厘米、郭厚0.12厘米(图八四,8)。

嘉庆通宝,1枚。M23：7-2,模制、完整、圆形、方穿。正面有郭,铸"嘉庆通宝"四字,楷书,对读；背面有郭,穿左右为满文"宝泉",纪局名。直径2.37厘米、穿径0.58厘米、郭厚0.11厘米(图八四,9)。

道光通宝,2枚。均模制、完整、圆形、方穿。正面有郭,铸"道光通宝"四字,楷书,对读；背面有郭,穿左右为满文"宝源",纪局名。M23：7-3,直径2.49厘米、穿径0.55厘米、郭厚0.15厘米(图八四,10)。M23：7-4,直径2.35厘米、穿径0.58厘米、郭厚0.15厘米(图八四,11)。

咸丰通宝,1枚。M23：7-5,模制、圆形、方穿。正面有郭,铸"咸丰通宝"四字,楷书,对读；背面有郭,穿左右为满文"宝浙",纪局名。直径2厘米、穿径0.55厘米、郭厚0.12厘米(图八四,12)。

其余2枚,均锈蚀严重,字迹模糊不可辨认。

铜板,2枚。模制、完整、圆形。M23：4-1,正面字迹模糊；背面铸"光绪元宝"四字,楷书,对读。直径3.23厘米、厚0.18厘米(图八四,22)。正面字迹模糊；背面铸旗帜纹。标本：M23：4-2,直径3.21厘米、厚0.15厘米(图八四,23)。

M25 位于发掘区西北部,西邻M26、南邻M23。东西向,方向为60°。墓口距地表深0.4米,墓底距地表深1.7米。墓圹东西长2.4米、南北宽1.7米、深1.3米(图八七；彩版三〇,1)。

东棺保存一般。棺长2.1米、宽0.7-0.8米、残高0.07米、厚0.04米。骨架保存较差,头向东北,面向南。为老年男性,仰身直肢葬。西棺长1.9米、宽0.5-0.6米、残高0.05米。骨架保存较差,头向东北,面向上。为老年女性,仰身直肢葬。东棺打破西棺。内填花黏土,土质较疏松。随葬品有银耳钉、铜钱。

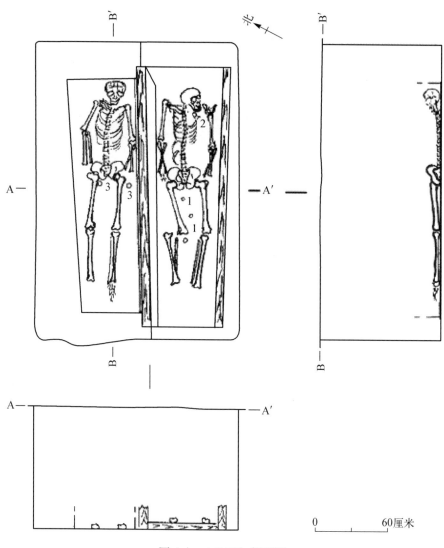

图八七　M25平、剖面图

1、3.铜钱　2.银耳钉

　　银耳钉，1件。M25∶2，呈"S"形，一端为团兽纹，一端尖细。通长6.7厘米（图八六，10；彩版四九，1）。

　　祥符通宝，1枚。M25∶3-1，模制、完整、圆形、方穿。正面有郭，铸"祥符通宝"四字，楷书，旋读。背面有郭，无字。直径2.51厘米、穿径0.6厘米、郭厚0.11厘米（图八八，5）。

　　元祐通宝，1枚。M25∶3-2，模制、完整、圆形、方穿。正面有郭，铸"元祐通宝"四字，篆书，对读；背面有郭，无字。直径2.45厘米、穿径0.61厘米、郭厚0.15厘米（图八八，6）。

　　乾隆通宝，5枚。均模制、完整、圆形、方穿。正面有郭，铸"乾隆通宝"四字，楷书，对读。标本∶M25∶3-3，背面有郭，穿左右为满文"宝泉"，纪局名。直径2.39厘米、穿径0.55厘米、郭厚0.11厘米（图八八，7）。背面有郭，穿左右为满文"宝源"，纪局名。标本∶M25∶3-4，直径

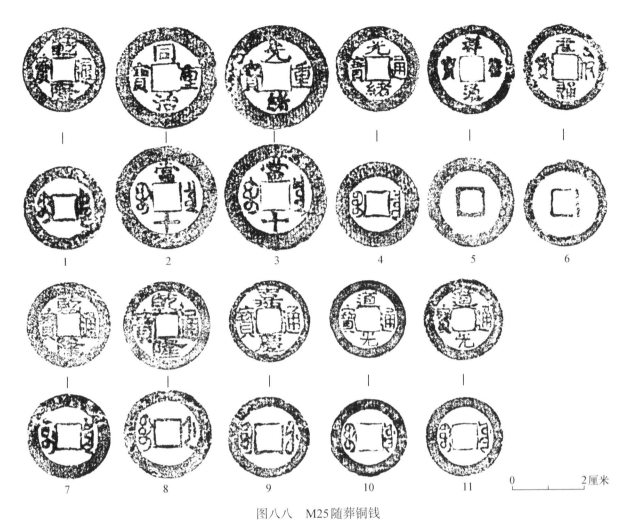

图八八　M25随葬铜钱

1、7、8. 乾隆通宝（M25：1-1，M25：3-3，M25：3-4）　2. 同治重宝（M25：1-2）　3. 光绪重宝（M25：1-4）　4. 光绪通宝
（M25：1-3）　5. 祥符通宝（M25：3-1）　6. 元符通宝（M25：3-2）　9. 嘉庆通宝（M25：3-5）　10、11. 道光通宝
（M25：3-6，M25：3-7）

2.48厘米、穿径0.55厘米、郭厚0.12厘米（图八八，8）。标本：M25：1-1，直径2.29厘米、穿径
0.58厘米、郭厚0.13厘米（图八八，1）。

　　嘉庆通宝，1枚。M25：3-5，模制、完整，圆形、方穿。正面有郭，铸"嘉庆通宝"四字，楷
书，对读；背面有郭，穿左右为满文"宝苏"，纪局名。直径2.28厘米、穿径0.61厘米、郭厚0.11
厘米（图八八，9）。

　　道光通宝，3枚。均模制、完整，圆形、方穿。正面有郭，铸"道光通宝"四字，楷书，对读；背面
有郭，穿左右为满文"宝源"，纪局名。标本：M25：3-6，直径2.31厘米、穿径0.65厘米、郭厚0.12
厘米（图八八，10）。标本：M25：3-7，直径2.21厘米、穿径0.6厘米、郭厚0.15厘米（图八八，11）。

　　同治重宝，1枚。M25：1-2，模制、完整，圆形、方穿。正面有郭，铸"同治重宝"四字，楷
书，对读；背面有郭，穿左右为满文"宝泉"，纪局名，穿上下为楷书"当十"。直径2.86厘米、穿

径0.65厘米、郭厚0.18厘米（图八八，2）。

光绪通宝，5枚。均模制、完整，圆形、方穿。正面有郭，铸"光绪通宝"四字，楷书，对读；背面有郭，穿左右为满文"宝泉"，纪局名。标本：M25：1-3，直径2.36厘米、穿径0.52厘米、郭厚0.11厘米（图八八，4）。

光绪重宝，2枚。均模制、完整，圆形、方穿。正面有郭，铸"光绪重宝"四字，楷书，对读；背面有郭，穿左右为满文"宝泉"，纪局名，穿上下为楷书"当十"。标本：M25：1-4，直径2.91厘米、穿径0.62厘米、郭厚0.19厘米（图八八，3）。

M26　位于发掘区西北部，东邻M25、南邻M24。南北向，方向为55°。墓口距地表深0.35米，墓底距地表深1.25-1.29米。墓圹南北长2.38-2.44米、东西宽1.66-1.74米、深0.9-0.94米（图八九；彩版三○，2）。

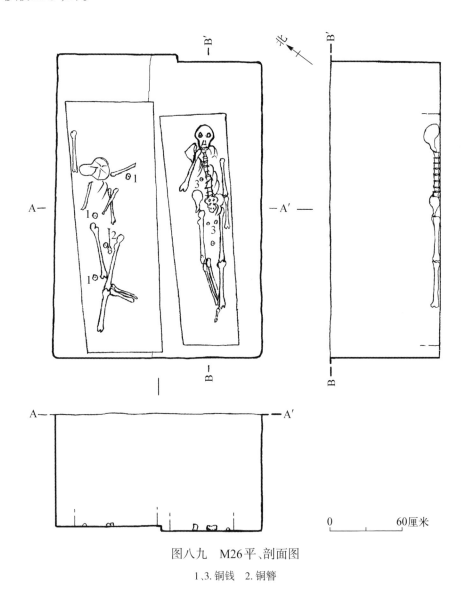

图八九　M26平、剖面图

1、3. 铜钱　2. 铜簪

棺木已朽。西棺长2.02米、宽0.62-0.74米、残高0.12米。骨架保存较差,头向北,面向西。为成年女性,葬式不详。东棺长1.86米、宽0.46-0.54米、残高0.1米。骨架保存较差,头向北,面向上。为成年男性,仰身直肢葬。西棺打破东棺。内填花黏土,土质较疏松。随葬品有铜簪、铜钱。

铜簪,1件。M26:2,首呈手掌形,略内弯。大拇指与食指相交,食指上套五个小圆环。手腕部饰如意云纹状。体细直,为锥体。首直径1.1厘米、通长15.5厘米(图八六,5;彩版四九,2)。

宽永通宝,1枚。M26:3-1,模制,圆形、方穿。正面有郭,铸"宽永通宝"四字,楷书,对读;背面有郭,无字。直径2.05厘米、穿径0.59厘米、郭厚0.06厘米(图八四,15)。

万历通宝,1枚。模制、完整,圆形、方穿。正面有郭,铸"万历通宝"四字,楷书,对读。M26:3-3,背面有郭,穿左右为满文"宝源"。直径1.82厘米、穿径0.77厘米、郭厚0.11厘米(图八四,17)。

嘉庆通宝,1枚。模制、完整,圆形、方穿。正面有郭,铸"嘉庆通宝"四字,楷书,对读。M26:3-2,背面有郭,穿左右为满文"宝泉",纪局名。直径2.32厘米、穿径0.59厘米、郭厚0.11厘米(图八四,16)。

道光通宝,3枚。均模制、完整,圆形、方穿。正面有郭,铸"道光通宝"四字,楷书,对读;背面有郭,穿左右为满文"宝泉",纪局名。标本:M26:1-1,直径2.25厘米、穿径0.51厘米、郭厚0.15厘米(图八四,13)。

光绪通宝,21枚。均模制、完整,圆形、方穿。正面有郭,铸"光绪通宝"四字,楷书,对读;背面有郭,穿左右为满文"宝泉",纪局名。标本:M26:1-2,直径2.26厘米、穿径0.51厘米、郭厚0.12厘米(图八四,14)。标本:M26:3-5,直径2.25厘米、穿径0.49厘米、郭厚0.12厘米(图八四,19)。背面有郭,穿左右为满文"宝福",纪局名。标本:M26:3-4,直径2.29厘米、穿径0.52厘米、郭厚0.18厘米(图八四,18)。

其余3枚,均锈蚀严重,字迹模糊不可辨认。

3. 三棺墓:1座,M17。

M17　位于发掘区北部,西邻M20、南邻M16。平面呈不规则形。南北向,方向为45°。墓口距地表深0.4米,墓底距地表深1.4米。墓圹南北长2.52-2.8米、东西宽2米、深1米(图九〇;彩版三一,1、2)。

棺木已朽。西棺长1.8米、宽0.5-0.6米、残高0.06米。骨架保存较差,头向东北,面向上。为老年女性,仰身直肢葬。中棺长0.9米、宽0.4米、残高0.06米。骨架保存较差,头向不详,面向南。为老年女性,葬式不详。东棺长2.1米、宽0.5-0.6米、残高0.06米。骨架保存较差,头向东北,面向上。为老年男性,仰身直肢葬。中棺打破东棺,西棺打破中棺。内填花黏土,土质较疏松。随葬品有瓷瓶、瓷罐、银耳环、铜钱。

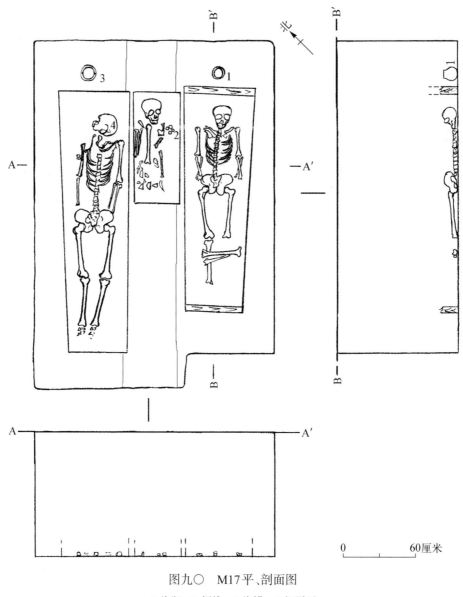

图九〇　M17平、剖面图

1.瓷瓶　2.铜钱　3.瓷罐　4.银耳环

　　瓷瓶，1件。M17：1，圆唇、敞口，长颈，圆鼓腹，矮圈足。素面。釉色白中泛青。口径7厘米、腹径7.5厘米、底径4.6厘米、高9.3厘米（图九一，1；彩版四九，3）。

　　瓷罐，1件。M17：3，平沿、敛口，短颈，溜肩，鼓腹，矮圈足略外撇。肩部有对称桥形双系。胎质粗糙。外壁肩部施黄褐色釉。素面。口径8.3厘米、腹径10.5厘米、底径6.4厘米、高9.3厘米（图九一，2；彩版四九，4）。

　　银耳环，1件。M17：4，呈圆环形，一端尖锐，一端为圆形。直径1.6厘米（图九一，6；彩版四九，5）。

　　乾隆通宝，1枚。M17：2-1，模制、完整，圆形、方穿。正面有郭，铸"乾隆通宝"四字，楷

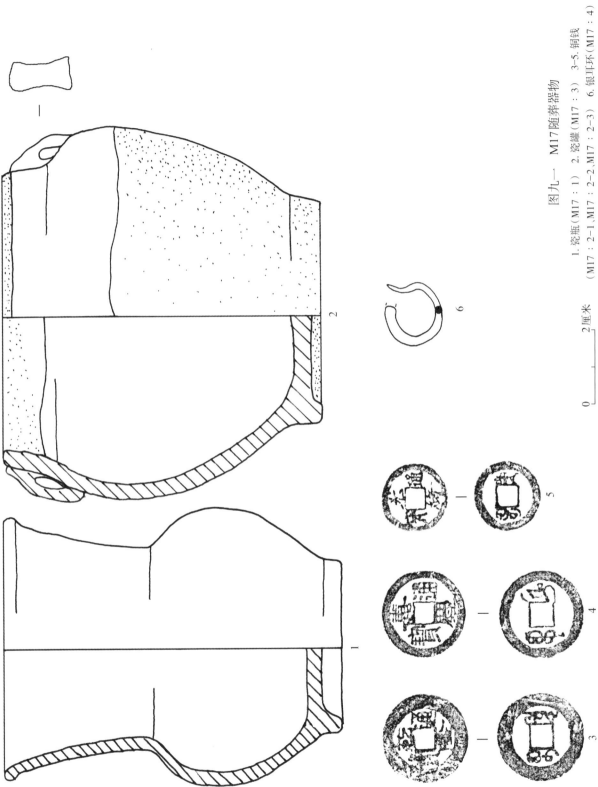

图九一　M17随葬器物

1. 瓷瓶（M17：1）　2. 瓷罐（M17：3）　3—5. 铜钱
（M17：2-1、M17：2-2、M17：2-3）　6. 银耳环（M17：4）

书, 对读; 背面有郭, 穿左右为满文"宝泉", 纪局名。直径2.47厘米、穿径0.51厘米、郭厚0.11厘米 (图九一, 3)。

　　嘉庆通宝, 1枚。M17: 2-2, 模制、完整、圆形、方穿。正面有郭, 铸"嘉庆通宝"四字, 楷书, 对读; 背面有郭, 穿左右为满文"宝直", 纪局名。直径2.48厘米、穿径0.55厘米、郭厚0.15厘米 (图九一, 4)。

　　光绪通宝, 1枚。M17: 2-3, 模制, 圆形、方穿。正面有郭, 铸"光绪通宝"四字, 楷书, 对读; 背面有郭, 穿左右为满文"宝源", 纪局名。直径1.95厘米、穿径0.52厘米、郭厚0.09厘米 (图九一, 5)。

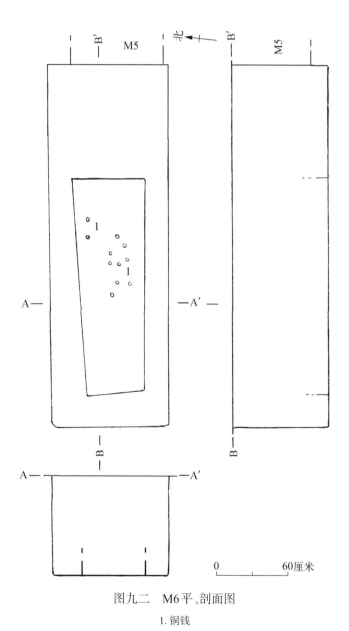

图九二　M6平、剖面图

1. 铜钱

　　4. 迁葬墓: 4座, M6、M12、M13、M31。分为三型。

　　A型: 2座, M6、M12。平面呈长方形。

　　M6　位于发掘区东北部, 打破M5。东西向, 方向为85°。墓口距地表深0.3米, 墓底距地表深1.1米。墓圹东西长2.9米、南北宽0.98-1米、深0.8米 (图九二; 彩版三二, 1)。

　　棺木已朽。棺长1.74米、宽0.48-0.6米、残高0.12米。内填花黏土, 土质较疏松。随葬品有铜钱。

　　道光通宝, 11枚。均模制、完整, 圆形、方穿。正面有郭, 铸"道光通宝"四字, 楷书, 对读; 背面有郭, 穿左右为满文"宝泉", 纪局名。标本: M6: 1-1, 直径2.28厘米、穿径0.59厘米、郭厚0.16厘米 (图九三, 1)。

　　M12　位于发掘区西北部, 西北邻M11。南北向, 方向为348°。墓口距地表深0.4米, 墓底距地表深1.1-1.19米。墓圹南北长2.2米、东西宽1.1米、深0.7-0.79米 (图九四; 彩版三二, 2)。

　　棺木已朽。棺长1.85米、宽0.65-0.8米、残高0.02米。内填花黏土, 土质

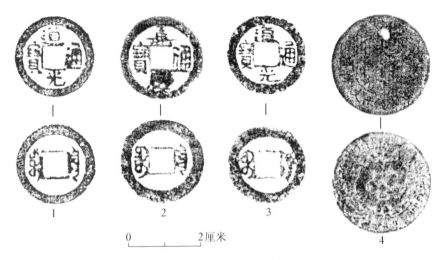

图九三　搬迁墓葬随葬铜钱、铜板

1、3.道光通宝（M6：1-1、M13：1-2）　2.嘉庆通宝（M13：1-1）　4.铜板（M13：2）

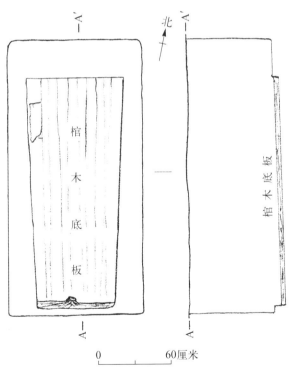

图九四　M12平、剖面图

较疏松。未发现随葬品。

B型：1座，M31。平面呈梯形。

M31　位于发掘区西南部。南北向，方向为340°。墓口距地表深0.4米，墓底距地表深1.08米。墓圹南北长2.6米、东西宽1.3-1.5米、深0.68米（图九五；彩版三三，1）。

棺木保存一般。棺长1.9米、宽0.6-0.7米、高0.28米、厚0.04米。内填花黏土，土质较疏松。未发现随葬品。

C型：1座，M13。平面呈不规则形。

M13　位于发掘区北部，M18的北部。南北向，方向为350°。墓口距地表深0.3米，墓底距地表深1.52-1.6米。墓圹南北长3.35米、东西宽1.38米、深1.22-1.3米（图九六；彩版三三，2）。

棺长2米、宽0.44-0.6米、残高0.6米。内填花黏土，土质较硬。随葬品有铜钱、铜板。

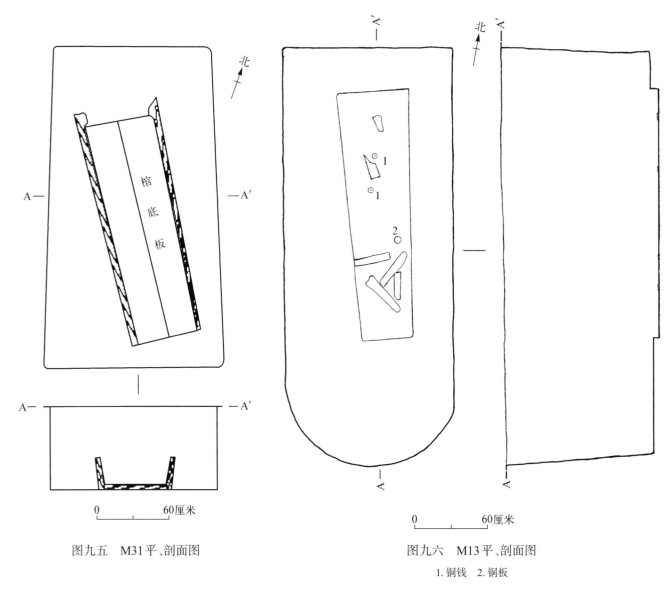

图九五　M31平、剖面图

图九六　M13平、剖面图

1.铜钱　2.铜板

嘉庆通宝,1枚。M13:1-1,模制、完整、圆形、方穿。正面有郭,铸"嘉庆通宝"四字,楷书,对读;背面有郭,穿左右为满文"宝泉",纪局名。直径2.39厘米、穿径0.55厘米、郭厚0.17厘米(图九三,2)。

道光通宝,1枚。M13:1-2,模制、完整、圆形、方穿。正面有郭,铸"道光通宝"四字,楷书,对读;背面有郭,穿左右为满文"宝源",纪局名。直径2.2厘米、穿径0.6厘米、郭厚0.11厘米(图九三,3)。

铜板,1枚。M13:2,模制、完整、圆形。正面铸"大清铜币"四字,楷书,对读;背面铸有龙纹。直径2.82厘米、厚0.15厘米(图九三,4)。

5. 砖室墓:1座,M38。

M38 位于发掘区南部。打破生土层。平面呈不规则形。东西向,方向为170°。墓口距地表深0.36米,墓底距地表深0.64米。墓圹南北长1.95米、东西宽0.8米、残高0.28米(图九七;彩版三三,3)。

墓顶拱券式,上部已被破坏。墓壁只残存下部3-4层青色素面砖。用砖规格为0.36×0.17×0.06米。平砌,泥浆做垫层。底部采用青砖平铺做底层,未见棺痕。内置人骨架1具,头向南,面向下。墓主人年龄、性别均不详,仰身直肢葬。未发现随葬品。

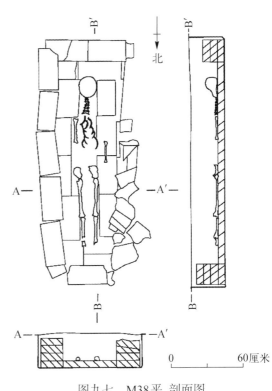

图九七 M38平、剖面图

四、小 结

墓葬以双棺墓为主,有22座,占墓葬总数的57.9%;单棺墓10座,占26.3%;三棺墓1座,占2.6%;迁葬墓4座,占10.5%;砖室墓1座,占2.6%。

墓葬头向以北为主,有17座,占44.7%;东北向的8座,占21%;南向的3座,占7.8%;西北向的2座,占5.3%;西南向的2座,占5.3%;西向的1座,占2.6%;东向的1座,占2.6%;头向不详的4座,占10.5%。

墓葬中,骨架多数保存较差。葬式可分为仰身直肢葬与侧身屈肢葬,以前者为主。从墓葬的形制、出土器物,特别是随葬铜钱看,墓葬的时代应为清代中晚期。M2内出土"宣统通宝",

年代下限已至近代。

　　墓葬中出有相当数量的"宽永通宝"。"宽永通宝"是日本历史上铸造时期长、版别多,同时也是流传到中国数量最多的日本古钱。它始铸于日本天皇宽永三年(1626年),自1636年开始大量铸造,前后流通长达240余年,相当于中国的明代晚期至清代早期,后因德川幕府灭亡而废止。宽永通宝在长期的中日贸易及交往中不断流入我国,通州田家府村曾有出土[①],表明北京特别是北京南部地区是该货币的重要流入市场之一。

---

① 北京市文物研究所:《通州田家府村——通州文化旅游区 A8、E1、F6 地块考古发掘报告》,上海古籍出版社,2020年。

附表三　B2地块墓葬登记表

（单位：米）

墓号	方向	墓口（长×宽×深）	墓底（长×宽×深）	深度	棺数	葬式	人骨保存情况	头向及面向	性别及年龄	随葬品（件）	备注
M1	350°	(2.79–2.91)×1.8×0.35	(2.79–2.91)×1.8×(1.51–1.63)	1.16–1.28	双棺	仰身直肢葬	较差	皆头向北，面向南	东棺 成年男性；西棺老年女性	瓷罐1、铜钱12	
M2	20°	(2.4–2.7)×1.8×0.4	(2.4–2.7)×1.8×0.9	0.5	双棺	东棺仰身直肢葬；西棺仰身屈肢葬	较差	皆头向北，面向上	东棺 老年男性；西棺老年女性	银簪2、瓷罐1、铜钱16、铜板8	
M3	10°	(2.48–2.6)×(1.38–1.7)×0.3	(2.48–2.6)×(1.38–1.7)×(1.1–1.16)	0.8–0.86	双棺	仰身直肢葬	东棺较差；西棺一般	东棺头向北，面向东；西棺头向北，面向上	东棺 老年男性；西棺老年女性	银簪3、铜钱17	打破M4
M4	0°	2.64×(1.13–1.27)×0.3	2.64×(1.13–1.27)×1	0.7	单棺	仰身直肢葬	较差	头向北，面向东	老年女性	铜簪2、铜钱50	被M3打破
M5	20°	2.7×(2–2.16)×0.3	2.7×(2–2.16)×(0.94–0.96)	0.64–0.66	双棺	仰身直肢葬	较差	东棺头向北，面向东，西棺头向北，面向上	东棺 成年男性；西棺成年女性	银簪1、铜钱117	被M6打破
M6	85°	2.9×(0.98–1)×0.3	2.9×(0.98–1)×1.1	0.8	单棺	不详	无	不详	不详	铜钱11	迁葬墓；打破M5
M7	4°	(2.26–2.57)×(2.34–2.9)×0.3	(2.26–2.57)×(2.34–2.9)×1.14	0.84	双棺	仰身直肢葬	较差	东棺头向北，面向东；西棺头向西，面向西	东棺 老年男性；西棺老年女性	瓷罐1、铜簪4、铜钱35	
M8	320°	2.78×(0.9–0.93)×0.4	2.78×(0.9–0.93)×1.2	0.8	单棺	不详	较差	头向西北	不详	铜钱45、铜板1	打破M9
M9	320°	3×1.76×0.4	3×1.76×1.2	0.8	单棺	仰身直肢葬	较差	头向西北，面向上	老年女性	铜簪2、银扁方1、铜钱35	被M8打破

续　表

墓号	方向	墓口（长×宽×深）	墓底（长×宽×深）	深度	棺数	葬式	人骨保存情况	头向及面向	性别及年龄	随葬品（件）	备注
M10	30°	2.44×(0.91-1)×0.35	2.44×(0.91-1)×0.99	0.64	单棺	仰身直肢葬	较好	头向北,面向上	老年男性	无	
M11	15°	(1.77-2.56)×(1.55-1.72)×0.4	(1.77-2.56)×(1.55-1.72)×(0.9-1.04)	0.5-0.64	双棺	仰身直肢葬	较差	皆头向北,面向下	西棺老年男性;东棺老年女性	银耳钉1,半釉罐1,铜钱16	
M12	348°	2.2×1.1×0.4	2.2×1.1×(1.1-1.19)	0.7-0.79	单棺	不详	无	不详	不详	无	迁葬墓
M13	350°	3.35×1.38×0.3	3.35×1.38×(1.52-1.6)	1.22-1.3	单棺	不详	无	不详	不详	铜钱2,铜板1	迁葬墓
M14	30°	2.4×1.9×0.4	2.4×1.9×1.6	1.2	双棺	仰身直肢葬	较差	皆头向东北,面向上	东棺老年男性;西棺老年女性	银簪3,银压发1,铜钱1,铜板1	
M15	50°	2.8×(1.84-2)×0.35	2.8×(1.84-2)×(1.23-1.27)	0.88-0.92	双棺	西棺仰身直肢葬;东棺不详	较差	皆头向北,面向东	东棺老年男性;西棺老年女性	铜簪3,银耳钉2,铜扁方1,铜烟锅1,铜钱23,铜板17	
M16	50°	2.8×1.7×0.3	2.8×1.7×1.1	0.8	双棺	仰身直肢葬	较差	皆头向北,面向上	东棺老年男性;西棺老年女性	瓷罐1,瓷碗1,铜板2	
M17	45°	(2.52-2.8)×2×0.4	(2.52-2.8)×2×1.4	1	三棺	西、东棺仰身直肢葬;中棺不详	较差	东棺头向东北,面向上;中棺头向不详,面向南;西棺头向东北,面向上	东棺老年男性;中棺中年老年女性;西棺老年女性	瓷瓶1,瓷罐1,银耳环1,铜钱3	

续　表

墓号	方向	墓口（长×宽×深）	墓底（长×宽×深）	深度	棺数	葬式	人骨保存情况	头向及面向	性别及年龄	随葬品（件）	备注
M18	40°	(2.5-2.6)×2×0.4	(2.5-2.6)×2×1.8	1.4	双棺	东棺侧身直肢葬；西棺仰身直肢葬	较差	东棺头向东北，面向东；西棺头向东北，面向不详	东棺老年男性；西棺老年女性	银簪3、铜耳钉1、铜钱17、铜板6	
M19	40°	2.3×0.92×0.4	2.3×0.92×1.1	0.7	单棺	仰身直肢葬	较差	头向东北，面向北	老年男性	无	打破M20
M20	65°	2.6×1.2×0.4	2.6×1.2×1.8	1.4	单棺	仰身直肢葬	较好	头向东，面向南	老年女性	瓷罐1、铜压发1、铜板2	被M19打破
M21	40°	(2.4-2.46)×(1.6-1.8)×0.35	(2.4-2.46)×(1.6-1.8)×(0.95-1.2)	0.6-0.85	双棺	仰身直肢葬	较差	皆头向北，面向上	西棺老年男性；东棺老年女性	铜簪3、瓷碗1、瓷发1、银耳环2、铜钉9	
M22	45°	2.5×(2-2.1)×0.35	2.5×(2-2.1)×1.05	0.7	双棺	西棺不详；东棺仰身侧身直肢葬	较差	西棺头向北，面向北；东棺头向东，面向东	西棺老年女性；东棺老年男性	陶罐1、陶纺轮1、瓷罐1、铜压发1、铜簪7	
M23	50°	(2.43-2.6)×(1.4-1.9)×0.4	(2.43-2.6)×(1.4-1.9)×1.6	1.2	双棺	东棺仰身直肢葬；西棺侧身屈肢葬	较差	东棺头向东北，面向上；西棺头向北，面向北	东棺老年女性；西棺老年男性	银簪5、银耳钉2、瓷罐1、铜板8	打破M24
M24	45°	2.64×1.6×0.4	2.64×1.6×1.6	1.2	单棺	侧身屈肢葬	较差	头向东北	老年男性	铜钱32、铜板3	被M23打破

续表

墓号	方向	墓口（长×宽×深）	墓底（长×宽×深）	深度	棺数	葬式	人骨保存情况	头向及面向	性别及年龄	随葬品（件）	备注
M25	60°	2.4×1.7×0.4	2.4×1.7×1.7	1.3	双棺	仰身直肢葬	较差	东棺头向东北，面向南；西棺头向东北，面向上	东棺老年男性；西棺老年女性	银耳钉1、铜钱19	
M26	55°	(2.38-2.44)×(1.66-1.74)×0.35	(2.38-2.44)×(1.66-1.74)×(1.25-1.29)	0.9-0.94	双棺	西棺不详；东棺仰身直肢葬	较差	西棺头向北，面向西；东棺头向北，面向上	西棺成年女性；东棺成年男性	铜簪1、铜钱30	
M27	30°	2.46×1.02×0.3	2.46×1.02×1.1	0.8	单棺	不详	较差	头向北，面向东	老年女性	瓷罐1、银钗1、银匾方1	
M28	240°	2.49×(1.74-1.9)×0.4	2.49×(1.74-1.9)×(1.09-1.2)	0.69-0.8	双棺	仰身直肢葬	南棺较好；北棺较差	南棺头向西，面向南；北棺头向南，面向南	南棺老年女性；北棺老年男性	银压发1、铜钱3	
M29	235°	2.5×1.7×0.4	2.5×1.7×(1.14-1.2)	0.74-0.8	双棺	仰身直肢葬	南棺较差；北棺较好	皆头向西南，面向下	南棺老年女性；北棺老年男性	银簪1、银压发1、铜钱69、铜板9	
M30	230°	2.6×1.8×0.4	2.6×1.8×1.6	1.2	双棺	仰身直肢葬	较差	东棺头向南，面向上；西棺头向北	东棺老年女性；西棺老年男性	银耳环2、铜钱93	
M31	340°	2.6×(1.3-1.5)×0.4	2.6×(1.3-1.5)×1.08	0.68	单棺	不详	无	不详	不详	无	迁葬墓
M32	210°	2.6×1.7×0.4	2.6×1.7×1.6	1.2	双棺	东棺仰身直肢葬；西棺仰身屈肢葬	东棺较差；西棺较好	东棺头向南，面向上；西棺头向南，面向东	东棺老年女性；西棺老年男性	银耳钉2、铜簪1、铜钱38	

续表

墓号	方向	墓口 （长×宽×深）	墓底 （长×宽×深）	深度	棺数	葬式	人骨保存情况	头向及面向	性别及年龄	随葬品（件）	备注
M33	230°	2.6×1.3×0.4	2.6×1.3×1.6	1.2	单棺	侧身直肢葬	较好	头向西南，面向南	老年男性	铜烟锅1，铜簪1，铜钱5	
M34	20°	2.4×(1.24-1.3)×0.3	2.4×(1.24-1.3)×1.36	1.06	单棺	仰身直肢葬	较差	头向北，面向下	老年男性	铜簪2，铜钱2	
M35	50°	2.8×2×0.4	2.8×2×(1.62-1.81)	1.22-1.41	双棺	东棺侧身屈肢葬；西棺不详	较差	东棺头向东北，面向东；西棺头向东北，面向不详	东棺老年男性；西棺老年女性	铜簪3，铜钱19	
M36	20°	2.8×1.9×0.4	2.8×1.9×1.6	1.2	双棺	仰身直肢葬	较差	东棺头向下；西棺头向北，面向南	东棺老年男性；西棺老年女性	铜簪2，银簪1，银耳钉1，铜钱61	
M37	60°	2.91×(1.66-1.8)×0.36	2.91×(1.66-1.8)×(1.35-1.5)	0.99-1.14	双棺	仰身直肢葬	西棺较好；东棺较差	皆头向北，面向西	西棺老年男性；东棺老年女性	银簪3，铜钱61	
M38	170°	1.95×0.8×0.36	1.95×0.8×0.64	0.28	单棺	仰身直肢葬	较差	头向南，面向下	不详	无	砖室墓

附表四　B2地块出土铜钱统计表　　　　　　（单位：厘米）

单位	编号	种　类	直径	穿径	郭厚/厚	备　注
M1	1-1	嘉庆通宝	2.32	0.54	0.11	穿左右为满文"宝泉"
	1-2	嘉庆通宝	2.25	0.59	0.1	穿左右为满文"宝泉"
	1-3	道光通宝	2.34	0.51	0.15	穿左右为满文"宝泉"
	1-4	道光通宝	2.09	0.55	0.18	穿左右为满文"宝源"
	3-1	同治重宝	2.62	0.65	0.1	穿左右为满文"宝泉"，穿上下为楷书"当十"
	3-2	咸丰重宝	2.65	0.7	0.11	穿左右为满文"宝泉"，穿上下为楷书"当十"
	3-3	咸丰重宝	2.94	0.61	0.2	穿左右为满文"宝泉"，穿上下为楷书"当五"
M2	2-1	铜板	3.2		0.12	中华铜币
	2-2	铜板	3.2		0.15	湖南制造
	2-3	铜板	3.35		0.16	大清铜币
	2-4	铜板	3.12		0.15	中华铜币
	3-1	宽永通宝	2.45	0.65	0.11	
	3-2	乾隆通宝	2.21	0.51	0.11	穿左右为满文"宝泉"
	3-3	道光通宝	2.2	0.51	0.11	穿左右为满文"宝泉"
	3-4	宣统通宝	1.71	0.41	0.1	穿左右为满文"宝泉"
M3	1-1	嘉庆通宝	2.3	0.6	0.11	穿左右为满文"宝泉"
	1-2	同治重宝	2.7	0.65	0.1	穿左右为满文"宝泉"，穿上下为楷书"当十"
	1-3	同治重宝	2.71	0.59	0.14	穿左右为满文"宝泉"，穿上下为楷书"当十"
	1-4	光绪重宝	3.1	0.59	0.2	穿左右为满文"宝泉"，穿上下为楷书"当十"
	1-5	光绪重宝	2.5	0.51	0.19	穿左右为满文"宝泉"，穿上下为楷书"当拾"
	5-1	乾隆通宝	2.3	0.59	0.12	穿左右为满文"宝泉"
	5-2	嘉庆通宝	2.29	0.51	0.11	穿左右为满文"宝源"
	5-3	道光通宝	2.25	0.5	0.19	穿左右为满文"宝泉"

单位	编号	种　类	直径	穿径	郭厚/厚	备　注
M3	5-4	同治重宝	2.95	0.6	0.16	穿左右为满文"宝泉"，穿上下为楷书"当十"
	5-5	同治重宝	2.99	0.6	0.16	穿左右为满文"宝泉"，穿上下为楷书"当十"
M4	3-1	乾隆通宝	2.51	0.51	0.11	穿左右为满文"宝泉"
	3-2	嘉庆通宝	2.51	0.5	0.11	穿左右为满文"宝源"
	3-3	道光通宝	2.32	0.49	0.12	穿左右为满文"宝源"
	3-4	同治重宝	2.41	0.61	0.11	穿左右为满文"宝泉"，穿上下为楷书"当十"
	3-5	光绪重宝	3.01	0.51	0.21	穿左右为满文"宝泉"，穿上下为楷书"当十"
	3-6	光绪通宝	2.21	0.51	0.11	穿左右为满文"宝泉"
M5	4-1	康熙通宝	2.29	0.59	0.09	穿左右为满文"宝泉"
	4-2	乾隆通宝	2.45	0.51	0.1	穿左右为满文"宝源"
	4-3	嘉庆通宝	2.3	0.59	0.11	穿左右为满文"宝泉"
	4-4	道光通宝	2.21	0.59	0.16	穿左右为满文"宝源"
	4-5	咸丰通宝	2.21	0.55	0.11	穿左右为满文"宝泉"
	4-6	同治重宝	2.91	0.59	0.18	穿左右为满文"宝泉"，穿上下为楷书"当十"
	4-7	光绪重宝	3.05	0.55	0.19	穿左右为满文"宝泉"，穿上下为楷书"当十"
	4-8	光绪通宝	2.26	0.5	0.11	穿左右为满文"宝泉"
	4-9	光绪通宝	1.79	0.55	0.11	穿左右为满文"宝泉"
	5-1	宽永通宝	2.3	0.69	0.09	
	5-2	康熙通宝	2.57	0.56	0.06	穿左右为满文"宝泉"
	5-3	雍正通宝	2.59	0.51	0.11	穿左右为满文"宝源"
	5-4	乾隆通宝	2.4	0.51	0.11	穿左右为满文"宝泉"
	5-5	嘉庆通宝	2.89	0.55	0.11	穿左右为满文"宝源"
	5-6	道光通宝	2.11	0.51	0.11	穿左右为满文"宝源"
	5-7	光绪重宝	2.95	0.59	0.19	穿左右为满文"宝泉"，穿上下为楷书"当十"

续 表

单位	编号	种 类	直径	穿径	郭厚/厚	备 注
M5	5-8	光绪通宝	2.19	0.49	0.15	穿左右为满文"宝泉"
M6	1-1	道光通宝	2.28	0.59	0.16	穿左右为满文"宝泉"
M7	3-1	道光通宝	2.44	0.52	0.16	穿左右为满文"宝源"
	3-2	道光通宝	2.3	0.59	0.15	穿左右为满文"宝泉"
	4-1	乾隆通宝	2.31	0.51	0.13	穿左右为满文"宝泉"
	4-2	道光通宝	2.06	0.57	0.14	穿左右为满文"宝泉"
	4-3	道光通宝	2.38	0.55	0.14	穿左右为满文"宝泉"
	4-4	道光通宝	2.3	0.5	0.19	穿左右为满文"宝源"
M8	1-1	乾隆通宝	2.25	0.55	0.1	穿左右为满文"宝源"
	1-2	乾隆通宝	2.15	0.48	0.18	穿左右为满文"宝泉"
	1-3	嘉庆通宝	2.52	0.5	0.12	穿左右为满文"宝泉"
	1-4	嘉庆通宝	2.2	0.52	0.15	穿左右为满文"宝直"
	1-5	道光通宝	2.18	0.58	0.12	穿左右为满文"宝源"
	1-6	道光通宝	2.28	0.55	0.15	穿左右为满文"宝泉"
	1-7	咸丰通宝	2.18	0.5	0.15	穿左右为满文"宝泉"
	1-8	光绪通宝	2.25	0.5	0.15	穿左右为满文"宝泉"
	2	铜板	2.31		0.11	大清铜币
M9	4-1	乾隆通宝	2.02	0.55	0.13	穿左右为满文"宝泉"
	4-2	乾隆通宝	2.3	0.55	0.11	穿左右为满文"宝源"
	4-3	乾隆通宝	2.5	0.57	0.11	穿左右为满文"宝源"
	4-4	嘉庆通宝	2.31	0.59	0.11	穿左右为满文"宝泉"
	4-5	道光通宝	2.22	0.57	0.15	穿左右为满文"宝泉"
	4-6	咸丰通宝	2.21	0.6	0.12	穿左右为满文"宝泉"
	4-7	同治重宝	2.55	0.65	0.11	穿左右为满文"宝泉"，穿上下为楷书"当十"
	4-8	同治重宝	2.61	0.64	0.11	穿左右为满文"宝泉"，穿上下为楷书"当十"
	4-9	光绪重宝	2.81	0.59	0.18	穿左右为满文"宝源"，穿上下为楷书"当拾"

单位	编号	种　类	直径	穿径	郭厚/厚	备　注
M9	4-10	光绪通宝	2.26	0.51	0.12	穿左右为满文"宝泉"，穿上下为楷书"当十"
	4-11	光绪通宝	2.23	0.58	0.11	穿左右为满文"宝泉"，穿上下为楷书"当十"
M11	2-1	乾隆通宝	2.42	0.61	0.11	穿左右为满文"宝泉"
	2-2	道光通宝	2.29	0.51	0.17	穿左右为满文"宝源"
	2-3	光绪通宝	2.19	0.5	0.15	穿左右为满文"宝泉"
	3-1	道光通宝	2.3	0.52	0.16	穿左右为满文"宝泉"
	3-2	道光通宝	2.36	0.55	0.12	穿左右为满文"宝源"
	3-3	光绪通宝	2.21	0.55	0.15	穿左右为满文"宝泉"
	3-4	光绪通宝	1.9	0.49	0.11	穿左右为满文"宝泉"
M13	1-1	嘉庆通宝	2.39	0.55	0.17	穿左右为满文"宝泉"
	1-2	道光通宝	2.2	0.6	0.11	穿左右为满文"宝源"
	2	铜板	2.82		0.15	大清铜币
M14	4	光绪通宝	1.78	0.38	0.11	穿左右为满文"宝泉"
	5	铜板	3.21		0.15	
M15	3-1	铜板	2.75		0.16	光绪元宝
	3-2	铜板	2.81		0.12	十文
	3-3	铜板	2.81		0.12	十文
	6-1	乾隆通宝	2.19	0.42	0.15	穿左右为满文"宝泉"
	6-2	嘉庆通宝	2.39	0.59	0.11	
	6-3	光绪通宝	2.25	0.51	0.12	穿左右为满文"宝泉"
	6-4	宣统通宝	1.89	0.39	0.14	穿左右为满文"宝泉"
	7-1	铜板	2.81		0.12	光绪元宝
	8-1	宽永通宝	2.31	0.58	0.11	背上"元"字
	8-2	乾隆通宝	2.3	0.54	0.16	穿左右为满文"宝泉"
	8-3	嘉庆通宝	2.35	0.57	0.15	穿左右为满文"宝泉"
	8-4	嘉庆通宝	2.49	0.49	0.17	穿左右为满文"宝源"
	8-5	光绪通宝	2.2	0.5	0.15	穿左右为满文"宝泉"

单位	编号	种　类	直径	穿径	郭厚/厚	备　注
M15	8-6	光绪通宝	2.19	0.49	0.15	穿左右为满文"宝泉"
M16	2-1	铜板	3.29		0.11	大清铜币
	2-2	铜板	3.21		0.12	大清铜币
M17	2-1	乾隆通宝	2.47	0.51	0.11	穿左右为满文"宝泉"
	2-2	嘉庆通宝	2.48	0.55	0.15	穿左右为满文"宝直"
	2-3	光绪通宝	1.95	0.52	0.09	穿左右为满文"宝源"
M18	4-1	乾隆通宝	2.03	0.57	0.09	穿左右为满文"宝泉"
	4-2	道光通宝	1.99	0.53	0.18	穿左右为满文"宝泉"
	4-3	光绪通宝	1.88	0.42	0.1	穿左右为满文"宝泉"
	4-4	宣统通宝	1.82	0.39	0.1	穿左右为满文"宝泉"
	4-5	铜板	3.25		0.16	
M20	2-1	铜板	3.29		0.12	大清铜币
	2-2	铜板	3.3		0.12	大清铜币
M21	5-1	熙宁元宝	2.35	0.58	0.12	
	5-2	乾隆通宝	2.31	0.57	0.18	穿左右为满文"宝泉"
	5-3	嘉庆通宝	2.42	0.58	0.12	穿左右为满文"宝泉"
	5-4	道光通宝	2.28	0.59	0.15	穿左右为满文"宝源"
	5-5	咸丰通宝	2.15	0.5	0.19	穿左右为满文"宝泉"
	5-6	光绪通宝	2.3	0.48	0.12	穿左右为满文"宝泉"
	5-7	宣统通宝	1.9	0.35	0.11	穿左右为满文"宝泉"
	8-1	铜板	2.82		0.12	壹枚
	8-2	铜板	3.34		0.16	大清铜币
M22	2-1	铜板	2.78		0.12	壹枚
	6-1	铜板	3.29		0.11	大清铜币
	6-2	铜板	3.15		0.13	
	6-3	铜板	3.12		0.11	
M23	4-1	铜板	3.23		0.18	光绪元宝
	4-2	铜板	3.21		0.15	

单位	编号	种　类	直径	穿径	郭厚/厚	备　注
M23	7-1	乾隆通宝	2.34	0.55	0.12	穿左右为满文"宝源"
	7-2	嘉庆通宝	2.37	0.58	0.11	穿左右为满文"宝泉"
	7-3	道光通宝	2.49	0.55	0.15	穿左右为满文"宝源"
	7-4	道光通宝	2.35	0.58	0.15	穿左右为满文"宝源"
	7-5	咸丰通宝	2	0.55	0.12	穿左右为满文"宝浙"
M24	1-1	乾隆通宝	2.31	0.49	0.12	穿左右为满文"宝源"
	1-2	嘉庆通宝	2.2	0.58	0.15	穿左右为满文"宝泉"
	1-3	道光通宝	2.48	0.53	0.13	穿左右为满文"宝泉"
	1-4	道光通宝	2.27	0.54	0.15	穿左右为满文"宝泉"
	1-5	咸丰通宝	2.15	0.56	0.13	穿左右为满文"宝源"
	1-6	光绪通宝	2.28	0.47	0.12	穿左右为满文"宝泉"
	2-1	铜板	2.78		0.12	光绪元宝
M25	1-1	乾隆通宝	2.29	0.58	0.13	穿左右为满文"宝源"
	1-2	同治重宝	2.86	0.65	0.18	穿左右为满文"宝泉"，穿上下为楷书"当十"
	1-3	光绪通宝	2.36	0.52	0.11	穿左右为满文"宝泉"
	1-4	光绪重宝	2.91	0.62	0.19	穿左右为满文"宝泉"，穿上下为楷书"当十"
	3-1	祥符通宝	2.51	0.6	0.11	
	3-2	元祐通宝	2.45	0.61	0.15	
	3-3	乾隆通宝	2.39	0.55	0.11	穿左右为满文"宝泉"
	3-4	乾隆通宝	2.48	0.55	0.12	穿左右为满文"宝源"
	3-5	嘉庆通宝	2.28	0.61	0.11	穿左右为满文"宝苏"
	3-6	道光通宝	2.31	0.65	0.12	穿左右为满文"宝源"
	3-7	道光通宝	2.21	0.6	0.15	穿左右为满文"宝源"
M26	1-1	道光通宝	2.25	0.51	0.15	穿左右为满文"宝泉"
	1-2	光绪通宝	2.26	0.51	0.12	穿左右为满文"宝泉"
	3-1	宽永通宝	2.05	0.59	0.06	
	3-2	嘉庆通宝	2.32	0.59	0.11	穿左右为满文"宝泉"

单位	编号	种　类	直径	穿径	郭厚/厚	备　注
M26	3-3	万历通宝	1.82	0.77	0.11	穿左右为满文"宝源"
	3-4	光绪通宝	2.29	0.52	0.18	穿左右为满文"宝福"
	3-5	光绪通宝	2.25	0.49	0.12	穿左右为满文"宝泉"
M28	2-1	光绪通宝	1.81	0.48	0.11	穿左右为满文"宝泉"
	2-2	光绪通宝	2.21	0.54	0.13	穿左右为满文"宝泉"
	2-3	宣统通宝	1.9	0.39	0.1	穿左右为满文"宝泉"
M29	1-1	乾隆通宝	2.43	0.52	0.11	穿左右为满文"宝泉"
	1-2	嘉庆通宝	2.39	0.52	0.11	穿左右为满文"宝泉"
	1-3	咸丰重宝	3.19	0.7	0.21	穿左右为满文"宝泉"，穿上下为楷书"当十"
	1-4	光绪通宝	1.85	0.48	0.11	穿左右为满文"宝泉"
	1-5	宣统通宝	1.91	0.38	0.11	穿左右为满文"宝泉"
	1-6	铜板	3.32		0.16	大清铜币
	2-1	道光通宝	2.14	0.57	0.15	穿左右为满文"宝源"
	2-2	咸丰通宝	1.99	0.48	0.11	穿左右为满文"宝泉"
	2-3	光绪通宝	1.9	0.37	0.14	穿左右为满文"宝泉"
	2-4	光绪通宝	2.26	0.51	0.13	穿左右为满文"宝泉"
	2-5	宣统通宝	1.9	0.39	0.1	穿左右为满文"宝泉"
M30	1-1	乾隆通宝	2.38	0.52	0.11	穿左右为满文"宝泉"
	1-2	乾隆通宝	2.2	0.52	0.12	穿左右为满文"宝泉"
	1-3	嘉庆通宝	2.51	0.51	0.13	穿左右为满文"宝源"
	1-4	道光通宝	2.19	0.54	0.16	穿左右为满文"宝泉"
	1-5	道光通宝	2.36	0.53	0.15	穿左右为满文"宝泉"
	1-6	咸丰通宝	2.29	0.5	0.17	穿左右为满文"宝源"
	1-7	咸丰通宝	2.6	0.49	0.11	穿左右为满文"宝泉"
	1-8	光绪通宝	2.32	0.42	0.11	穿左右为满文"宝直"
	1-9	光绪通宝	2.2	0.52	0.14	穿左右为满文"宝源"
	3-1	康熙通宝	2.72	0.68	0.11	穿左右为满文"宝泉"
	3-2	乾隆通宝	2.21	0.58	0.18	穿左右为满文"宝泉"

单位	编号	种　类	直径	穿径	郭厚/厚	备　注
M30	3-3	乾隆通宝	2.59	0.51	0.11	穿左右为满文"宝泉"
	3-4	嘉庆通宝	2.51	0.51	0.15	穿左右为满文"宝源"
	3-5	嘉庆通宝	2.35	0.55	0.13	穿左右为满文"宝泉"
	3-6	道光通宝	2.29	0.57	0.19	穿左右为满文"宝源"
	3-7	道光通宝	2.41	0.59	0.15	穿左右为满文"宝源"
	3-8	光绪通宝	2.24	0.51	0.18	穿左右为满文"宝泉"
M32	3-1	乾隆通宝	2.29	0.49	0.17	穿左右为满文"宝泉"
	3-2	嘉庆通宝	2.41	0.58	0.14	穿左右为满文"宝泉"
	3-3	道光通宝	2.29	0.59	0.16	穿左右为满文"宝泉"
	4-1	乾隆通宝	2.34	0.57	0.14	穿左右为满文"宝源"
	4-2	乾隆通宝	2.48	0.56	0.12	穿左右为满文"宝泉"
	4-3	道光通宝	2.27	0.58	0.17	穿左右为满文"宝源"
M33	1-1	乾隆通宝	2.29	0.51	0.15	穿左右为满文"宝泉"
	1-2	同治重宝	2.27	0.65	0.11	穿左右为满文"宝泉"，穿上下为楷书"当十"
M34	1-1	乾隆通宝	2.5	0.58	0.15	穿左右为满文"宝源"
M35	1-1	康熙通宝	2.42	0.51	0.11	穿左右为满文"宝泉"
	1-2	乾隆通宝	2.32	0.52	0.12	穿左右为满文"宝泉"
	1-3	乾隆通宝	2.32	0.5	0.17	穿左右为满文"宝源"
M36	5-1	嘉庆通宝	2.4	0.51	0.15	穿左右为满文"宝泉"
	5-2	道光通宝	2.51	0.6	0.12	穿左右为满文"宝泉"
	5-3	道光通宝	2.28	0.58	0.15	穿左右为满文"宝泉"
M37	2-1	宽永通宝	2.44	0.65	0.08	
	2-2	乾隆通宝	2.58	0.54	0.11	穿左右为满文"宝泉"
	2-3	嘉庆通宝	2.55	0.59	0.11	穿左右为满文"宝泉"
	2-4	嘉庆通宝	2.55	0.52	0.11	穿左右为满文"宝泉"
	2-5	道光通宝	2.25	0.58	0.15	穿左右为满文"宝源"
	2-6	光绪通宝	2.29	0.59	0.12	穿左右为满文"宝泉"
	3-1	乾隆通宝	2.39	0.53	0.12	穿左右为满文"宝泉"

D1地块考古发掘报告

一、概　　况

　　D1地块东邻口小路、南邻潞西路、西邻东小路、北邻京津高速公路(图九八),于2012年6月进行勘探。平面近长方形,总面积约262 800平方米。地表现状为房屋基址、路面、树林。

　　原北京市文物研究所于2012年7月13日至7月30日对该地块范围内的古代墓葬和窑址进

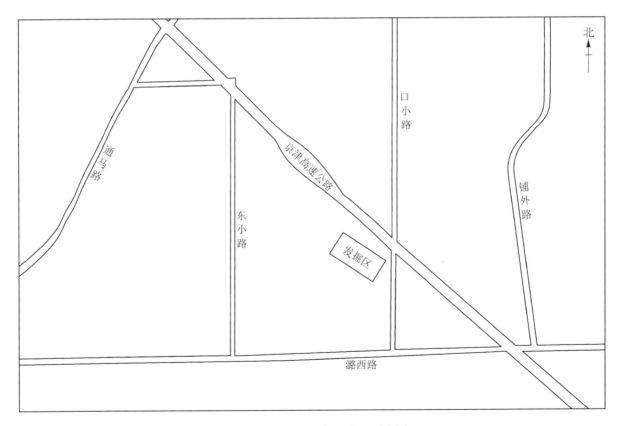

图九八　D1地块发掘区位置示意图

行了考古发掘（彩版五〇，1）。共发掘唐代窑址1座、清代墓葬6座（图九九；彩版五〇，2）。发掘面积共计300平方米，出土各类文物17件（不计铜钱）。

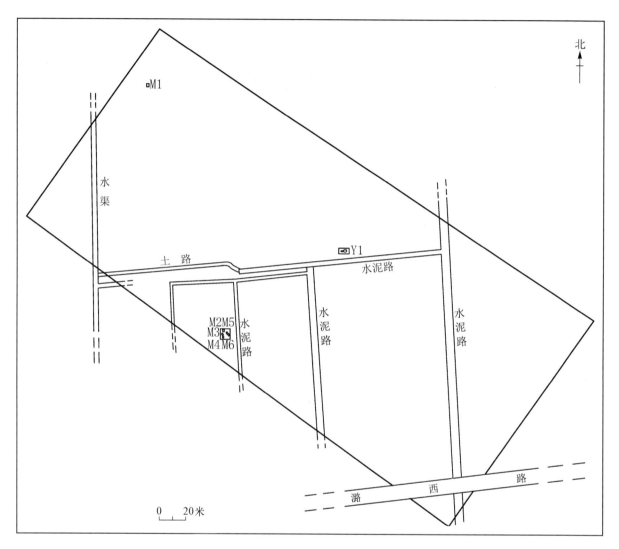

图九九　D1地块总平面图

二、地　　层

该区域内的地层堆积自上而下分为三层。

第①层：深0–0.3米，为表土层。

第②层：深0.3–0.6米，厚0.1–0.2米，为灰褐色黏土层。

第③层：深0.6–3.1米，厚0.4–1.5米，为黄褐色黏土层。

以下为生土层。

三、遗迹及遗物

（一）唐代窑址

Y1　位于发掘区东北部。开口于③层下。东西向，方向为75°。窑口距地表深0.35米。平面近似"甲"字形，由西向东依次由操作间、火道、火膛、窑床、烟道五部分组成（图一〇〇；彩版五一，1）。

操作间平面呈长方形。东西长2米、南北宽1-1.1米。西端设台阶一级，高0.32米、宽0.4米。底部不平坦，距上口深0.8米。内填花黏土，土质疏松，含红烧土块、青灰砖块、瓦片等。

火道位于操作间东部，与火膛相连接。长0.36米、宽0.28米、残高0.95米。紧邻火膛的火道为残砖所砌，火道两壁砌砖高0.3米。上覆0.34×0.16×0.06米的青砖。

火膛位于火道东侧，四壁均为青灰硬壁。南北长2.26米、东西宽0.62米，底部距上口深1.14米。内填花黏土，土质较疏松，含青灰砖块、瓦片、红烧土块等，底部残留较多的炭灰。

窑床位于火膛东侧，平面呈长方形，底与四壁均为青灰硬壁。东西长3.2米、南北宽2.4米、残高0.32米。窑床挡墙为弧形。内填花黏土，土质较疏松，含青灰砖块、瓦片、红烧土块等。

窑床东部设两个烟道，北为烟道1，南为烟道2（彩版五一，2）。东部为出烟孔，长1米、宽0.35米、深0.8米。烟道1、2南北两壁均用残立砖作边，上部用残砖作盖。烟道1高0.24米、宽0.18米、进深0.26米。烟道2高0.2米、宽0.17米、进深0.26米。

（二）清代墓葬

均为竖穴土坑墓（附表五），皆开口于①层下。分为两种形制。

1. 单棺墓：2座，M4、M6。皆为南北向。

M4　位于发掘区的南部，北邻M3。方向为345°。平面呈梯形。墓口距地表深0.5米，墓底距地表深1.5米。墓圹南北长2.66米、东西宽1-1.2米、深1米（图一〇一；彩版五二，1）。

棺木保存一般。棺长1.98米、宽0.6-0.68米、残高0.16米、厚0.05米。骨架保存较差，头向北，面向下。墓主人为老年男性，仰身直肢葬。内填花黏土，土质较疏松。随葬品有铜钱。

乾隆通宝，1枚。M4：1-1，模制、完整、圆形、方穿。正面有郭，铸"乾隆通宝"四字，楷书，对读；背面有郭，穿左右为满文"宝泉"，纪局名。直径2.41厘米、穿径0.52厘米、郭厚0.11厘米（图一〇二，1）。

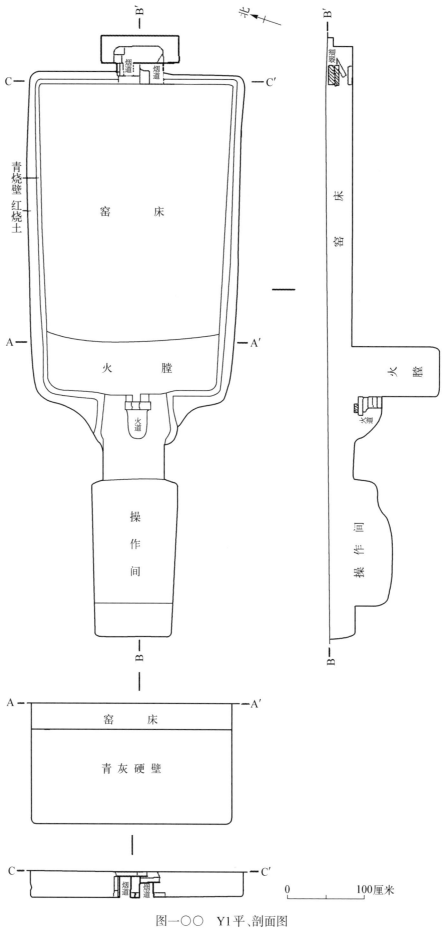

图一〇〇　Y1平、剖面图

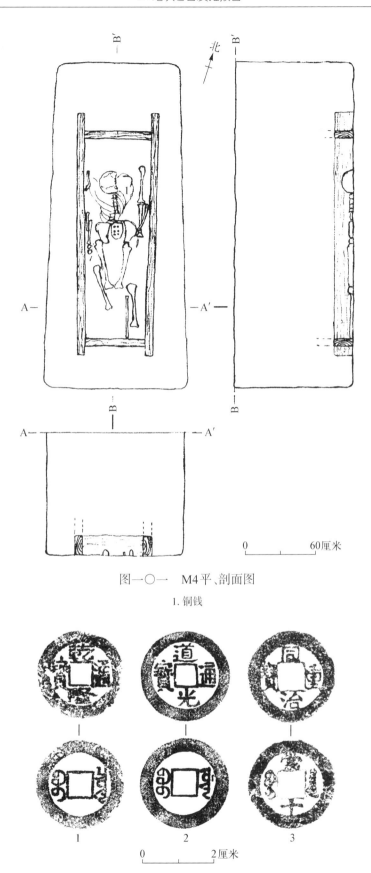

图一〇一　M4平、剖面图

1. 铜钱

图一〇二　M4随葬铜钱

1.乾隆通宝(M4:1-1)　2.道光通宝(M4:1-2)　3.同治重宝(M4:1-3)

道光通宝，1枚。M4：1-2，模制、完整，圆形、方穿。正面有郭，铸"道光通宝"四字，楷书，对读；背面有郭，穿左右为满文"宝源"，纪局名。直径2.96厘米、穿径0.5厘米、郭厚0.14厘米（图一〇二，2）。

同治重宝，2枚。均模制、完整，圆形、方穿。正面有郭，铸"同治重宝"四字，楷书，对读；背面有郭，穿左右为满文"宝泉"，纪局名，穿上下为楷书"当十"。标本：M4：1-3，直径2.5厘米、穿径0.71厘米、郭厚0.14厘米（图一〇二，3）。

M6　位于发掘区的南部，西北邻M5。方向为340°。平面呈长方形。墓口距地表深0.5米，墓底距地表深1.5米。墓圹南北长2.6米、东西宽1-1.04米、深1米（图一〇三；彩版五二，2）。

棺木已朽。棺长1.9米、宽0.52-0.6米、残高0.1米。骨架保存较差，头向北，面向上。墓主人为老年男性，仰身直肢葬。内填花黏土，土质较疏松。未发现随葬品。

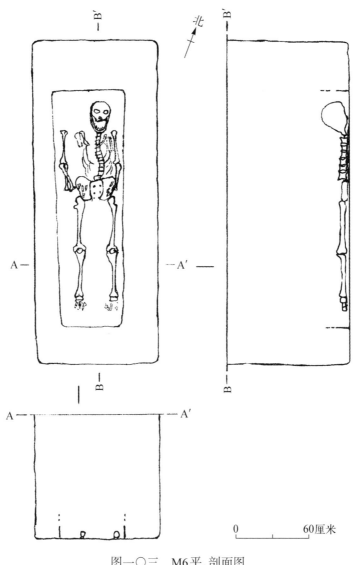

图一〇三　M6平、剖面图

2. 双棺墓：4座，M1、M2、M3、M5。均为南北向。分为两型。

A型：1座，M3。平面呈梯形。

M3 位于发掘区西部，北邻M2、南邻M4。南北向，方向为335°。墓口距地表深0.5米，墓底距地表深1.41米。墓圹南北长2.7米、东西宽1.5-2米、深0.91米（图一〇四；彩版五三，1）。

棺木保存一般。东棺长2.08米、宽0.58-0.7米、残高0.41米、厚0.06米。骨架保存较完整，头向北，面向下。为老年男性，仰身直肢葬。西棺长1.96米、宽0.5-0.68米、残高0.41米、厚0.05米。骨架保存较完整，头向北，面向东。为老年女性，仰身直肢葬。东棺打破西棺。内填花黏土，土质较疏松。随葬品有银耳环、银耳钉、银簪、银压发、铜簪、铜钱。

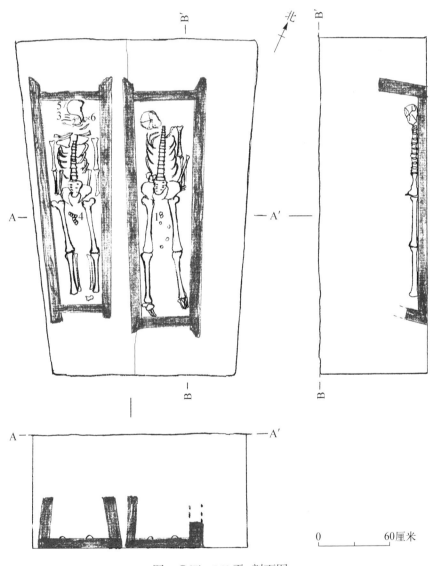

图一〇四 M3平、剖面图

1、4.铜钱 2.银耳环 3.银簪、铜簪 5.银压发 6.银耳钉银耳环，2件。大小、形制基本相同。圆环形。展开后，中间为凸起的如意结图案，一侧为长方形，上面錾刻"八仙"所持各种物件，另一端为锥体。直径1.5厘米。M3：2-1，通长5厘米（图一〇五，7；彩版五六，2）。M3：2-2，通长4.9厘米（图一〇五，8；彩版五六，3）。

银耳钉，2件。形制相同，大小不一。呈"S"形，一端为圆饼形，上刻圆形"福"字纹，一端尖细。M3：6-1，圆饼直径1.7厘米、通长4厘米（图一〇五，9；彩版五五，6左）。M3：6-2，圆饼直径1.75厘米、通长3.9厘米（图一〇五，10；彩版五五，6右）。

银簪，4件。首为圆形，素面。体细直，为圆柱体。M3：3-1，首直径2.4厘米、通长12厘米（图一〇五，1；彩版五五，1）。M3：3-2，首直径2.75厘米、通长12.1厘米（图一〇五，3；彩版五五，2）。M3：3-3，末端弯曲。首直径2.45厘米、通长12厘米（图一〇五，2；彩版五五，3）。M3：3-4，首为禅杖形，由银丝缠绕而成，分为六面，顶端为葫芦状。体细长，为锥体。通长15.9厘米（图一〇五，6；彩版五五，4）。

银压发，1件。M3：5，体扁平，两端收尖成柳叶状，中部束腰，侧面似"弓"形。宽0.55-1.1厘米、通长8.3厘米（图一〇五，5；彩版五六，1）。

铜簪，1件。M3：3-5，首为倒三角形，纹饰模糊。体细直，为圆锥体。通长7.7厘米（图一〇五，4；彩版五五，5）。

宽永通宝，3枚。均模制、完整、圆形、方穿。正面有郭，铸"宽永通宝"四字，楷书，对读；背面有郭，无字。标本：M3：8-1，直径2.47厘米、穿径0.53厘米、郭厚0.12厘米（图一〇六，1）。

崇祯通宝，1枚。M3：8-2，模制、完整、圆形、方穿。正面有郭，铸"崇祯通宝"四字，楷书，对读；背面有郭，无字。直径2.61厘米、穿径0.55厘米、郭厚0.13厘米（图一〇六，2）。

康熙通宝，3枚。均模制、完整、圆形、方穿。正面有郭，铸"康熙通宝"四字，楷书，对读；背面有郭，穿左右为满文"宝泉"，纪局名。标本：M3：8-3，直径2.32厘米、穿径0.52厘米、郭厚0.12厘米（图一〇六，3）。

雍正通宝，1枚。M3：8-4，模制、完整、圆形、方穿。正面有郭，铸"雍正通宝"四字，楷书，对读；背面有郭，穿左右为满文"宝泉"，纪局名。直径2.59厘米、穿径0.58厘米、郭厚0.12厘米（图一〇六，4）。

乾隆通宝，27枚。均模制、完整、圆形、方穿。正面有郭，铸"乾隆通宝"四字，楷书，对读。标本：M3：1-1，背面有郭，穿左右为满文"宝源"，纪局名。直径2.29厘米、穿径0.55厘米、郭厚0.12厘米（图一〇七，1）。背面有郭，穿左右为满文"宝苏"，纪局名。标本：M3：1-2，直径2.51厘米、穿径0.54厘米、郭厚0.11厘米（图一〇七，2）。背面有郭，穿左右为满文"宝泉"，纪局名。标本：M3：4-1，直径2.25厘米、穿径0.58厘米、郭厚0.13厘米（图一〇七，9）。标本：M3：4-2，直径2.51厘米、穿径0.49厘米、郭厚0.12厘米（图一〇七，10）。标本：M3：9-1，直径2.51厘米、

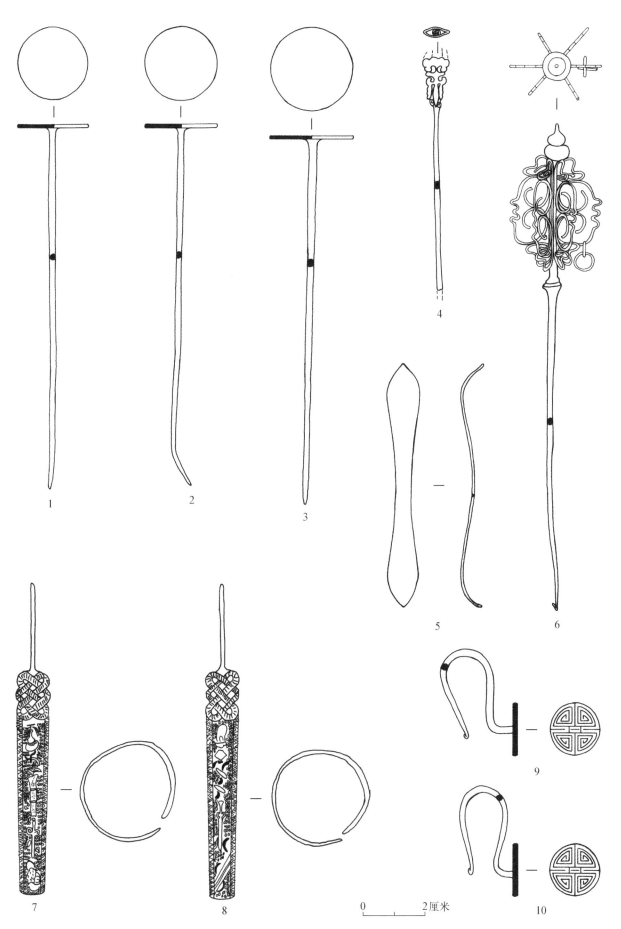

图一〇五　M3随葬器物

1-3、6.银簪（M3：3-1、M3：3-3、M3：3-2、M3：3-4）　4.铜簪（M3：3-5）　5.银压发（M3：5）

7、8.银耳环（M3：2-1、M3：2-2）　9、10.银耳钉（M3：6-1、M3：6-2）

0　　　　　2厘米

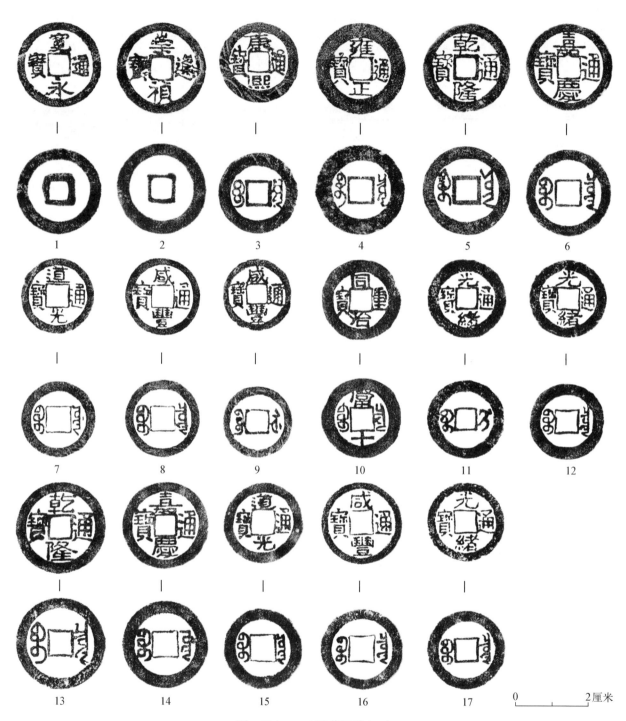

图一〇六　M3随葬铜钱（一）

1.宽永通宝（M3：8-1）　2.崇祯通宝（M3：8-2）　3.康熙通宝（M3：8-3）　4.雍正通宝（M3：8-4）　5、13.乾隆通宝（M3：8-5，M3：9-1）　6、14.嘉庆通宝（M3：8-6，M3：9-2）　7、15.道光通宝（M3：8-7，M3：9-3）　8、9、16.咸丰通宝（M3：8-8，M3：8-9，M3：9-4）　10.同治重宝（M3：8-10）　11、12、17.光绪通宝（M3：8-11、M3：8-12、M3：9-5）

0 _____ 2厘米

图一〇七　M3随葬铜钱（二）

1、2、9、10. 乾隆通宝（M3：1-1、M3：1-2、
M3：4-1、M3：4-2）　3、11、16. 嘉庆通
宝（M3：1-3、M3：4-3、M3：7-1）　4、5、
12、13、17. 道光通宝（M3：1-4、M3：1-5、
M3：4-4、M3：4-5、M3：7-2）　6、7、
14、18. 光绪通宝（M3：1-6、M3：1-7、
M3：4-6、M3：7-3）　8、15. 宣统通宝
（M3：1-8、M3：4-7）

穿径0.51厘米、郭厚0.12厘米(图一〇六,13)。标本:M3:8-5,直径2.52厘米、穿径0.58厘米、郭厚0.09厘米(图一〇六,5)。

嘉庆通宝,9枚。均模制、完整,圆形、方穿。正面有郭,铸"嘉庆通宝"四字,楷书,对读;背面有郭,穿左右为满文"宝泉",纪局名。标本:M3:1-3,直径2.41厘米、穿径0.54厘米、郭厚0.12厘米(图一〇七,3)。标本:M3:4-3,直径2.51厘米、穿径0.61厘米、郭厚0.15厘米(图一〇七,11)。标本:M3:7-1,直径2.29厘米、穿径0.51厘米、郭厚0.14厘米(图一〇七,16)。标本:M3:8-6,直径2.49厘米、穿径0.59厘米、郭厚0.11厘米(图一〇六,6)。背面有郭,穿左右为满文"宝源",纪局名。标本:M3:9-2,直径2.42厘米、穿径0.51厘米、郭厚0.13厘米(图一〇六,14)。

道光通宝,27枚。均模制、完整,圆形、方穿。正面有郭,铸"道光通宝"四字,楷书,对读;背面有郭,穿左右为满文"宝泉",纪局名。标本:M3:1-4,直径2.37厘米、穿径0.51厘米、郭厚0.18厘米(图一〇七,4)。标本:M3:1-5,直径2.15厘米、穿径0.57厘米、郭厚0.17厘米(图一〇七,5)。标本:M3:4-4,直径2.51厘米、穿径0.51厘米、郭厚0.12厘米(图一〇七,12)。标本:M3:4-5,直径2.25厘米、穿径0.55厘米、郭厚0.15厘米(图一〇七,13)。标本:M3:7-2,直径2.45厘米、穿径0.52厘米、郭厚0.17厘米(图一〇七,17)。背面有郭,穿左右为满文"宝源",纪局名。标本:M3:9-3,直径2.29厘米、穿径0.55厘米、郭厚0.18厘米(图一〇六,15)。标本:M3:8-7,直径2.21厘米、穿径0.55厘米、郭厚0.15厘米(图一〇六,7)。

咸丰通宝,9枚。均模制、完整,圆形、方穿。正面有郭,铸"咸丰通宝"四字,楷书,对读;背面有郭,穿左右为满文"宝泉",纪局名。标本:M3:9-4,直径2.35厘米、穿径0.54厘米、郭厚0.15厘米(图一〇六,16)。标本:M3:8-8,直径2.25厘米、穿径0.52厘米、郭厚0.17厘米(图一〇六,8)。背面有郭,穿左右为满文"宝苏",纪局名。标本:M3:8-9,直径2.08厘米、穿径0.51厘米、郭厚0.12厘米(图一〇六,9)。

同治重宝,2枚。均模制、完整,圆形、方穿。正面有郭,铸"同治重宝"四字,楷书,对读;背面有郭,穿左右为满文"宝泉",纪局名,穿上下为楷书"当十"。标本:M3:8-10,直径2.29厘米、穿径0.51厘米、郭厚0.09厘米(图一〇六,10)。

光绪通宝,27枚。均模制、完整,圆形、方穿。正面有郭,铸"光绪通宝"四字,楷书,对读;背面有郭,穿左右为满文"宝泉",纪局名。标本:M3:1-6,直径1.89厘米、穿径0.45厘米、郭厚0.11厘米(图一〇七,6)。标本:M3:1-7,直径1.84厘米、穿径0.49厘米、郭厚0.11厘米(图一〇七,7)。标本:M3:4-6,直径1.9厘米、穿径0.4厘米、郭厚0.11厘米(图一〇七,14)。标本:M3:7-3,直径2.22厘米、穿径0.51厘米、郭厚0.13厘米(图一〇七,18)。标本:M3:9-5,直径2.18厘米、穿径0.49厘米、郭厚0.17厘米(图一〇六,17)。标本:M3:8-11,直径2.19厘米、穿径0.52厘米、郭厚0.12厘米(图一〇六,11)。背面有郭,穿左右为满文"宝吉",纪局名。

标本：M3∶8-12，直径2.29厘米、穿径0.41厘米、郭厚0.13厘米（图一○六，12）。

　　宣统通宝，2枚。均模制、完整，圆形、方穿。正面有郭，铸"宣统通宝"四字，楷书，对读；背面有郭，穿左右为满文"宝泉"，纪局名。M3∶1-8，直径1.89厘米、穿径0.38厘米、郭厚0.11厘米（图一○七，8）。M3∶4-7，直径1.89厘米、穿径0.38厘米、郭厚0.1厘米（图一○七，15）。

　　其余75枚，均锈蚀严重，字迹不可辨认。

　　B型：3座，M1、M2、M5。平面呈不规则形。

　　M1　位于发掘区东北部。方向为360°。墓口距地表深0.4米，墓底距地表深1.2-1.6米。墓圹南北长2.2米、东西宽1.5-1.6米、深0.8-1.2米（图一○八；彩版五三，2）。

　　棺木已朽。西棺长1.9米、宽0.46-0.58米、残高0.1米。骨架保存较完整，头向北，面向西。为老年男性，仰身直肢葬。东棺长1.8米、宽0.53米、残高0.1米。骨架保存较好，头向

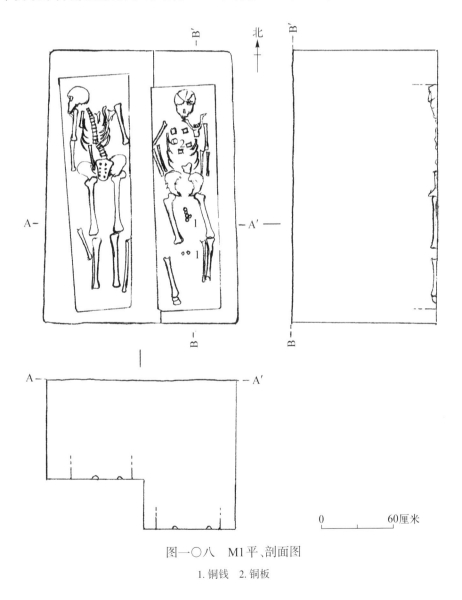

图一○八　M1平、剖面图

1.铜钱　2.铜板

北，面向上。为老年女性，仰身直肢葬。东棺打破西棺。内填花黏土，土质较疏松。随葬品有铜钱、铜板。

乾隆通宝，28枚。均模制、完整，圆形、方穿。正面有郭，铸"乾隆通宝"四字，楷书，对读。标本：M1：1-1，背面有郭，穿左右为满文"宝泉"，纪局名。直径2.27厘米、穿径0.55厘米、郭厚0.15厘米（图一〇九，1）。背面有郭，穿左右为满文"宝源"，纪局名。标本：M1：2-1，直径2.31厘米、穿径0.58厘米、郭厚0.15厘米（图一〇九，6）。

嘉庆通宝，4枚。均模制、完整，圆形、方穿。正面有郭，铸"嘉庆通宝"四字，楷书，对读。标本：M1：1-2，背面有郭，穿左右为满文"宝直"，纪局名。直径2.31厘米、穿径0.52厘米、郭厚0.11厘米（图一〇九，2）。背面有郭，穿左右为满文"宝源"，纪局名。标本：M1：2-2，直径2.32厘米、穿径0.51厘米、郭厚0.17厘米（图一〇九，7）。

道光通宝，3枚。均模制、完整，圆形、方穿。正面有郭，铸"道光通宝"四字，楷书，对读；背面有郭，穿左右为满文"宝泉"，纪局名。标本：M1：1-3，直径2.26厘米、穿径0.51厘米、郭厚0.12厘米（图一〇九，3）。

光绪重宝，8枚。均模制、完整，圆形、方穿。正面有郭，铸"光绪重宝"四字，楷书，对读；背面有郭，穿左右为满文"宝源"，纪局名，穿上下为楷书"当拾"。标本：M1：1-4，直径2.45厘米、穿径0.59厘米、郭厚0.15厘米（图一〇九，4）。

光绪通宝，4枚。均模制、完整，圆形、方穿。正面有郭，铸"光绪通宝"四字，楷书，对读；背面有郭，穿左右为满文"宝泉"，纪局名。标本：M1：1-5，直径2.34厘米、穿径0.51厘米、郭厚0.12厘米（图一〇九，5）。

其余11枚，均锈蚀严重，字迹不可辨。

铜板，2枚。均模制、完整，圆形。正、背面纹饰均模糊。标本：M1：1-6，直径2.78厘米、厚0.12厘米（图一〇九，17）。

M2　位于发掘区南部，西南邻M3、东邻M5。方向为5°。墓口距地表深0.5米，墓底距地表深1.44-1.46米。墓圹南北长2.6-2.7米、东西宽1.72-1.82米、深0.94-0.96米（图一一〇；彩版五四，1）。

棺木保存一般。东棺长2米、宽0.64-0.74米、残高0.16米、厚0.05米。骨架保存较差，头向北，面向南。为老年男性，仰身直肢葬。西棺长1.92米、宽0.56-0.74米、残高0.14米、厚0.05米。骨架保存较差，头向北，面向上。为老年女性，仰身直肢葬。东棺打破西棺。内填花黏土，土质较疏松。随葬品有铜簪、铜钱。

铜簪，3件。首为圆形，截面为"凸"字形，中部为圆形凸起，首上铸"福"字，底托为花瓣形。体细直，为圆柱体。M2：3，首直径1.1-2.3厘米、高0.15厘米、通长12.5厘米（图一一一，1；彩版五六，4）。M2：4，首上铸"寿"字。首直径1.2-2.4厘米、高0.16厘米、通长12.5厘米

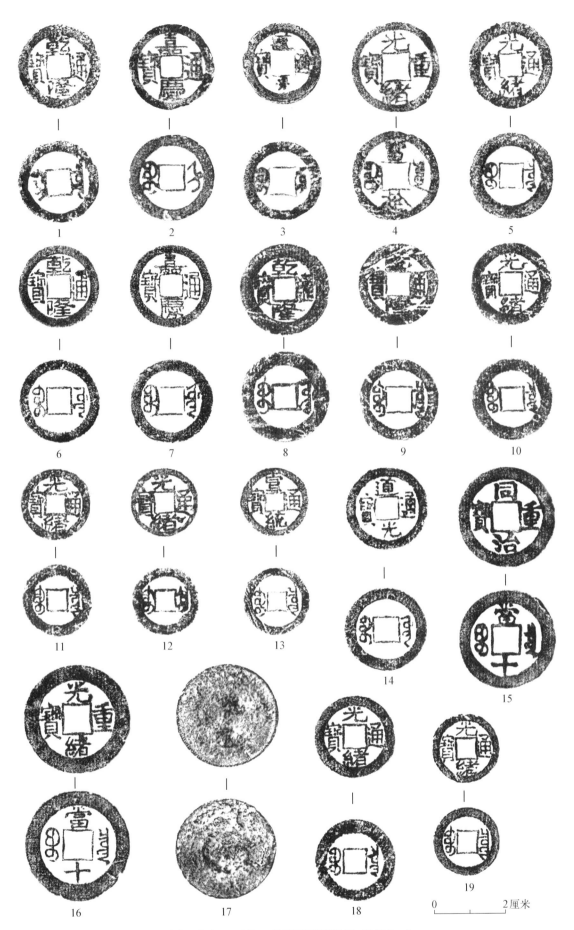

图一〇九　双棺 B 型墓葬随葬铜钱、铜板（一）

1、6、8、9.乾隆通宝（M1：1-1、M1：2-1、M2：1-1、M2：1-2）　2、7.嘉庆通宝（M1：1-2、M1：2-2）　3、14.道光通宝（M1：1-3、M2：2-1）　4、16.光绪重宝（M1：1-4、M2：2-3）　5、10-12、18、19.光绪通宝（M1：1-5、M2：1-3、M2：1-4、M2：1-5、M2：2-4、M2：2-5）　13.宣统通宝（M2：1-6）　15.同治重宝（M2：2-2）　17.铜板（M1：1-6）

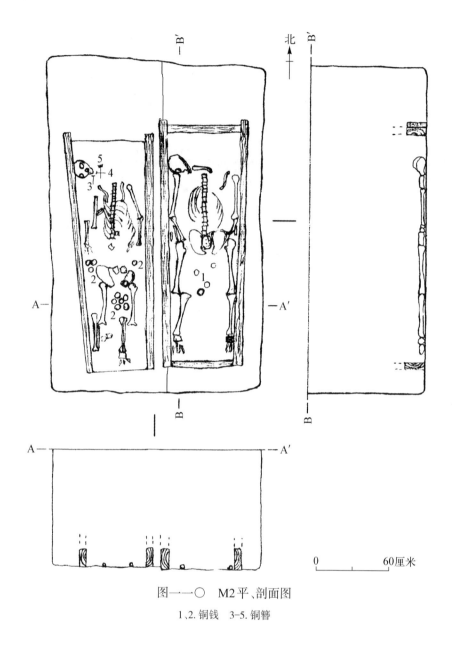

图一一〇　M2平、剖面图

1、2.铜钱　3-5.铜簪

（图一一一，2；彩版五六，5）。M2：5，首为五瓣桃花状，中部镶嵌物已残，底托为花瓣形；背面也錾刻镂空花瓣形纹饰，每片花瓣中间有一凸起小圆球。体细长，为圆锥体。首直径2.9厘米、通长12.2厘米（图一一一，3；彩版五六，6）。

乾隆通宝，7枚。均模制、完整、圆形、方穿。正面有郭，铸"乾隆通宝"四字，楷书，对读。背面有郭，穿左右为满文"宝源"，纪局名。标本：M2：1-1，直径2.5厘米、穿径0.53厘米、郭厚0.11厘米（图一〇九，8）。标本：M2：7-1，直径2.27厘米、穿径0.59厘米、郭厚0.12厘米（图一一二，5）。背面有郭，穿左右为满文"宝泉"，纪局名。标本：M2：1-2，直径2.25厘米、穿径0.57厘米、郭厚0.14厘米（图一〇九，9）。

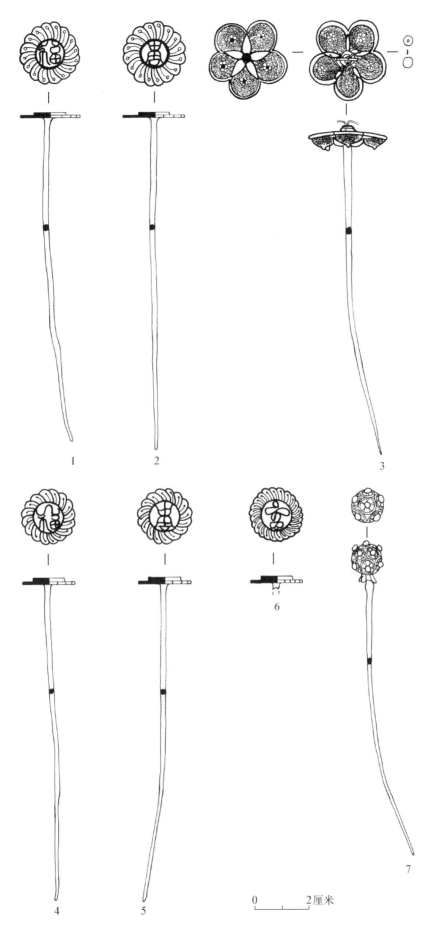

图一一一　双棺 B 型墓葬随葬器物

1-3、7. 铜簪（M2：3、M2：4、M2：5、M5：2-4）　4-6. 银簪（M5：2-1、M5：2-2、M5：2-3）

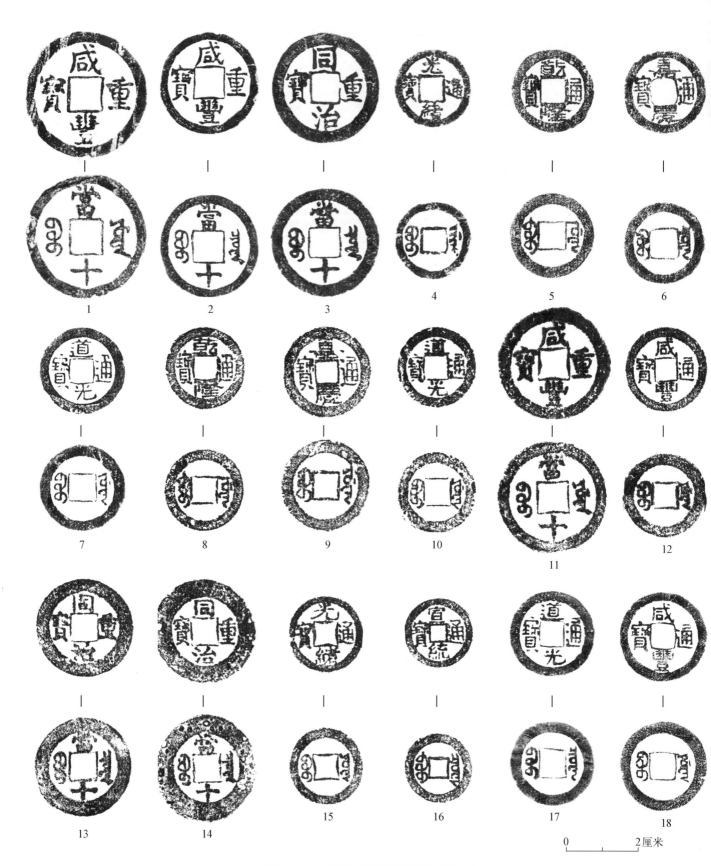

图一一二　双棺B型墓葬随葬铜钱(二)

1、2、11.咸丰重宝(M2：6-1、M2：6-2、M5：1-4)　3、13、14.同治重宝(M2：6-3、M5：1-6、M5：1-7)　4、15.光绪通
宝(M2：6-4、M5：1-8)　5、8.乾隆通宝(M2：7-1、M5：1-1)　6、9.嘉庆通宝(M2：7-2、M5：1-2)　7、10、17.道光通宝
(M2：7-3、M5：1-3、M5：3-1)　12、18.咸丰通宝(M5：1-5、M5：3-2)　16.宣统通宝(M5：1-9)

嘉庆通宝，3枚。均模制、完整、圆形、方穿。正面有郭，铸"嘉庆通宝"四字，楷书，对读；背面有郭，穿左右为满文"宝泉"，纪局名。标本：M2：7-2，直径2.25厘米、穿径0.65厘米、郭厚0.12厘米（图一一二，6）。

道光通宝，27枚。均模制、完整，圆形、方穿。正面有郭，铸"道光通宝"四字，楷书，对读；背面有郭，穿左右为满文"宝源"，纪局名。标本：M2：2-1，直径2.29厘米、穿径0.55厘米、郭厚0.18厘米（图一〇九，14）。标本：M2：7-3，直径2.31厘米、穿径0.59厘米、郭厚0.16厘米（图一一二，7）。

咸丰重宝，3枚。均模制、完整，圆形、方穿。正面有郭，铸"咸丰重宝"四字，楷书，对读。标本：M2：6-1，背面有郭，穿左右为满文"宝源"，纪局名，穿上下为楷书"当十"。直径3.34厘米、穿径0.69厘米、郭厚0.2厘米（图一一二，1）。背面有郭，穿左右为满文"宝泉"，纪局名，穿上下为楷书"当十"。标本：M2：6-2，直径2.75厘米、穿径0.71厘米、郭厚0.19厘米（图一一二，2）。

同治重宝，4枚。均模制、完整，圆形、方穿。正面有郭，铸"同治重宝"四字，楷书，对读；背面有郭，穿左右为满文"宝泉"，纪局名，穿上下为楷书"当十"。标本：M2：2-2，直径2.7厘米、穿径0.59厘米、郭厚0.11厘米（图一〇九，15）。标本：M2：6-3，直径2.99厘米、穿径0.69厘米、郭厚0.21厘米（图一一二，3）。

光绪通宝，10枚。均模制、完整，圆形、方穿。正面有郭，铸"光绪通宝"四字，楷书，对读；背面有郭，穿左右为满文"宝泉"，纪局名。标本：M2：1-3，直径2.29厘米、穿径0.52厘米、郭厚0.12厘米（图一〇九，10）。标本：M2：1-4，直径1.98厘米、穿径0.42厘米、郭厚0.12厘米（图一〇九，11）。标本：M2：1-5，直径1.87厘米、穿径0.45厘米、郭厚0.1厘米（图一〇九，12）。标本：M2：2-4，直径2.21厘米、穿径0.48厘米、郭厚0.12厘米（图一〇九，18）。标本：M2：2-5，直径1.88厘米、穿径0.45厘米、郭厚0.11厘米（图一〇九，19）。背面有郭，穿左右为满文"宝源"，纪局名。标本：M2：6-4，直径2.09厘米、穿径0.51厘米、郭厚0.1厘米（图一一二，4）。

光绪重宝，1枚。模制，圆形、方穿。M2：2-3，穿左右为满文"宝泉"，纪局名，穿上下为楷书"当十"。直径2.94厘米、穿径0.61厘米、郭厚0.2厘米（图一〇九，16）。

宣统通宝，5枚。均模制、完整，圆形、方穿。正面有郭，铸"宣统通宝"四字，楷书，对读；背面有郭，穿左右为满文"宝泉"，纪局名。标本：M2：1-6，直径1.86厘米、穿径0.39厘米、郭厚0.1厘米（图一〇九，13）。

M5　位于发掘区南部，西邻M2、东南邻M6。方向为340°。墓口距地表深0.5米，墓底距地表深1.6-1.68米。墓圹南北长2.8米、东西宽2-2.3米、深1.1-1.18米（图一一三；彩版五四，2）。

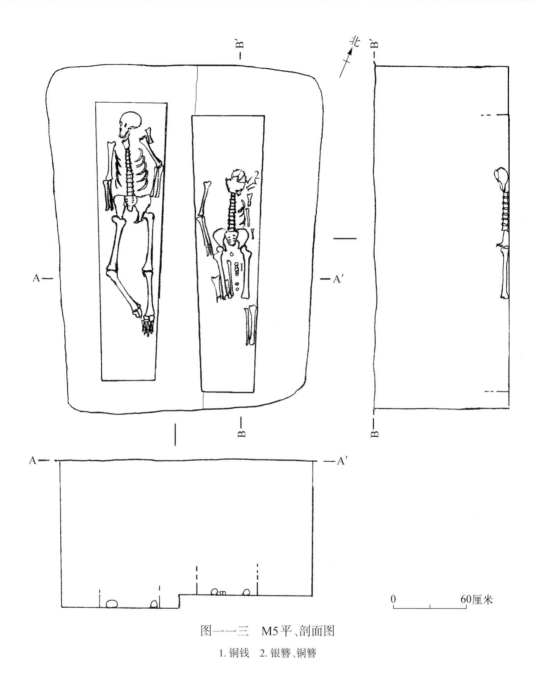

图一一三　M5平、剖面图
1. 铜钱　2. 银簪、铜簪

　　棺木已朽。西棺长2.23米、宽0.45-0.6米、残高0.1米。骨架保存较完整,头向北,面向西。为老年男性,仰身直肢葬。东棺长2.22米、宽0.45-0.6米、残高0.1米。骨架保存较完整,头向北,面向下。为老年女性,仰身直肢葬。东棺打破西棺。内填花黏土,土质较疏松。随葬品有银簪、铜簪、铜钱。

　　银簪,3件。首为圆形,截面为"凸"字形,中部为圆形凸起。M5:2-1,首上铸"福"字,底托为花瓣形。体细直,为圆柱体。首直径2.1-1.3厘米、高0.17厘米、通长12.1厘米(图一一一,4;彩版五七,1)。M5:2-2,首上铸"寿"字,底托为花瓣形。体细直,为圆柱体。首直径2.1-

1.2厘米、高0.17厘米、通长12厘米(图一一一,5;彩版五七,2)。M5:2-3,首上铸花卉一朵,底托为花瓣形。体残。首直径2.1-1.2厘米、高0.17厘米、残长0.5厘米(图一一一,6;彩版五七,3)。

铜簪,1件。M5:2-4,首为圆球形镂空面,内饰花瓣纹和凸起小圆球。底托为倒莲花形。体细直,为锥体。首直径1.6厘米、通长11.9厘米(图一一一,7;彩版五七,4)。

乾隆通宝,5枚。均模制、完整,圆形、方穿。正面有郭,铸"乾隆通宝"四字,楷书,对读;背面有郭,穿左右为满文"宝源",纪局名。标本:M5:1-1,直径2.21厘米、穿径0.53厘米、郭厚0.12厘米(图一一二,8)。

嘉庆通宝,4枚。均模制、完整,圆形、方穿。正面有郭,铸"嘉庆通宝"四字,楷书,对读;背面有郭,穿左右为满文"宝源",纪局名。标本:M5:1-2,直径2.48厘米、穿径0.53厘米、郭厚0.11厘米(图一一二,9)。

道光通宝,3枚。均模制、完整,圆形、方穿。正面有郭,铸"道光通宝"四字,楷书,对读。标本:M5:1-3,背面有郭,穿左右为满文"宝源",纪局名。直径2.2厘米、穿径0.6厘米、郭厚0.14厘米(图一一二,10)。背面有郭,穿左右为满文"宝泉",纪局名。标本:M5:3-1,直径2.31厘米、穿径0.61厘米、郭厚0.17厘米(图一一二,17)。

咸丰重宝,1枚。M5:1-4,模制、完整,圆形、方穿。正面有郭,铸"咸丰重宝"四字,楷书,对读;背面有郭,穿左右为满文"宝源",纪局名,穿上下为楷书"当十"。直径3.05厘米、穿径0.67厘米、郭厚0.2厘米(图一一二,11)。

咸丰通宝,3枚。均模制、完整,圆形、方穿。正面有郭,铸"咸丰通宝"四字,楷书,对读;背面有郭,穿左右为满文"宝源",纪局名。标本:M5:1-5,直径2.3厘米、穿径0.51厘米、郭厚0.12厘米(图一一二,12)。标本:M5:3-2,直径2.39厘米、穿径0.61厘米、郭厚0.14厘米(图一一二,18)。

同治重宝,5枚。均模制、完整,圆形、方穿。正面有郭,铸"同治重宝"四字,楷书,对读;背面有郭,穿左右为满文"宝泉",纪局名,穿上下为楷书"当十"。标本:M5:1-6,直径2.71厘米、穿径0.66厘米、郭厚0.11厘米(图一一二,13)。标本:M5:1-7,直径2.9厘米、穿径0.58厘米、郭厚0.18厘米(图一一二,14)。

光绪通宝,14枚。均模制、完整,圆形、方穿。正面有郭,铸"光绪通宝"四字,楷书,对读;背面有郭,穿左右为满文"宝源",纪局名。标本:M5:1-8,直径2.1厘米、穿径0.42厘米、郭厚0.11厘米(图一一二,15)。

宣统通宝,1枚。M5:1-9,模制、完整,圆形、方穿。正面有郭,铸"宣统通宝"四字,楷书,对读;背面有郭,穿左右为满文"宝泉",纪局名。直径1.9厘米、穿径0.31厘米、郭厚0.11厘米(图一一二,16)。

其余25枚,均锈蚀严重,字迹不可辨。

四、小　　结

墓葬以双棺墓为主,有4座,占墓葬总数的66.7%;单棺墓2座,占墓葬总数的33.3%。

这批墓葬的人骨,3座保存较差,3座保存较完整。葬式均为仰身直肢葬。从墓葬的形制、出土器物,特别是随葬铜钱看,这6座墓葬的时代应为清代中晚期。以M2、M5内出土的"宣统通宝"为例,年代下限已至近代。

（单位：米）

附表五　D1地块墓葬登记表

墓号	方向	墓口 （长 × 宽 × 深）	墓底 （长 × 宽 × 深）	深度	棺数	葬式	人骨保 存情况	头向及面向	性别及年龄	随葬品 （件）	备注
M1	360°	2.2 × (1.5−1.6) × 0.4	2.2 × (1.5−1.6) × (1.2−1.6)	0.8−1.2	双棺	仰身直肢葬	较完整	东棺头向北，面向上；西棺头向北，面向西	东棺老年女性；西棺老年男性	铜钱58，铜板2	
M2	5°	(2.6−2.7) × (1.72−1.82) × 0.5	(2.6−2.7) × (1.72−1.82) × (1.44−1.46)	0.94− 0.96	双棺	仰身直肢葬	较差	东棺头向北，面向南；西棺头向北，面向上	东棺老年男性；西棺老年女性	铜簪3，铜钱60	
M3	335°	2.7 × (1.5−2) × 0.5	2.7 × (1.5−2) × 1.41	0.91	双棺	仰身直肢葬	较完整	东棺头向北，面向北；西棺头向北，面向东	东棺老年男性；西棺老年女性	银耳钉2，银耳环2，铜簪4，银1，铜压发1，铜钱186	
M4	345°	2.66 × (1−1.2) × 0.5	2.66 × (1−1.2) × 1.5	1	单棺	仰身直肢葬	较差	头向北，面向下	老年男性	铜钱4	
M5	340°	2.8 × (2−2.3) × 0.5	2.8 × (2−2.3) × (1.6−1.68)	1.1− 1.18	双棺	仰身直肢葬	较完整	东棺头向北，面向下；西棺头向北，面向西	东棺老年女性；西棺老年男性	银簪3，铜簪1，铜钱61	
M6	340°	2.6 × (1−1.04) × 0.5	2.6 × (1−1.04) × 1.5	1	单棺	仰身直肢葬	较差	头向北，面向上	老年男性	无	

附表六　D1地块出土铜钱统计表
（单位：厘米）

单位	编号	种　类	直径	穿径	郭厚/厚	备　注
M1	1-1	乾隆通宝	2.27	0.55	0.15	穿左右为满文"宝泉"
	1-2	嘉庆通宝	2.31	0.52	0.11	穿左右为满文"宝直"
	1-3	道光通宝	2.26	0.51	0.12	穿左右为满文"宝泉"
	1-4	光绪重宝	2.45	0.59	0.15	穿左右为满文"宝源"，穿上下为楷书"当拾"
	1-5	光绪通宝	2.34	0.51	0.12	穿左右为满文"宝泉"
	1-6	铜板	2.78		0.12	
	2-1	乾隆通宝	2.31	0.58	0.15	穿左右为满文"宝源"
	2-2	嘉庆通宝	2.32	0.51	0.17	穿左右为满文"宝源"
M2	1-1	乾隆通宝	2.5	0.53	0.11	穿左右为满文"宝源"
	1-2	乾隆通宝	2.25	0.57	0.14	穿左右为满文"宝泉"
	1-3	光绪通宝	2.29	0.52	0.12	穿左右为满文"宝泉"
	1-4	光绪通宝	1.98	0.42	0.12	穿左右为满文"宝泉"
	1-5	光绪通宝	1.87	0.45	0.1	穿左右为满文"宝泉"
	1-6	宣统通宝	1.86	0.39	0.11	穿左右为满文"宝泉"
	2-1	道光通宝	2.29	0.55	0.18	穿左右为满文"宝源"
	2-2	同治重宝	2.7	0.59	0.11	穿左右为满文"宝泉"，穿上下为楷书"当十"
	2-3	光绪重宝	2.94	0.61	0.2	穿左右为满文"宝泉"，穿上下为楷书"当十"
	2-4	光绪通宝	2.21	0.48	0.12	穿左右为满文"宝泉"
	2-5	光绪通宝	1.88	0.45	0.11	穿左右为满文"宝泉"
	6-1	咸丰重宝	3.34	0.69	0.2	穿左右为满文"宝源"，穿上下为楷书"当十"
	6-2	咸丰重宝	2.75	0.71	0.19	穿左右为满文"宝泉"，穿上下为楷书"当十"
	6-3	同治重宝	2.99	0.69	0.21	穿左右为满文"宝泉"，穿上下为楷书"当十"
	6-4	光绪通宝	2.09	0.51	0.1	穿左右为满文"宝源"

续　表

单位	编号	种　类	直径	穿径	郭厚/厚	备　注
M2	7-1	乾隆通宝	2.27	0.59	0.12	穿左右为满文"宝源"
	7-2	嘉庆通宝	2.25	0.65	0.12	穿左右为满文"宝泉"
	7-3	道光通宝	2.31	0.59	0.16	穿左右为满文"宝源"
M3	1-1	乾隆通宝	2.29	0.55	0.12	穿左右为满文"宝源"
	1-2	乾隆通宝	2.51	0.54	0.11	穿左右为满文"宝苏"
	1-3	嘉庆通宝	2.41	0.54	0.12	穿左右为满文"宝泉"
	1-4	道光通宝	2.37	0.51	0.18	穿左右为满文"宝泉"
	1-5	道光通宝	2.15	0.57	0.17	穿左右为满文"宝泉"
	1-6	光绪通宝	1.89	0.45	0.11	穿左右为满文"宝泉"
	1-7	光绪通宝	1.84	0.49	0.11	穿左右为满文"宝泉"
	1-8	宣统通宝	1.89	0.38	0.11	穿左右为满文"宝泉"
	4-1	乾隆通宝	2.25	0.58	0.13	穿左右为满文"宝泉"
	4-2	乾隆通宝	2.51	0.49	0.12	穿左右为满文"宝泉"
	4-3	嘉庆通宝	2.51	0.61	0.15	穿左右为满文"宝泉"
	4-4	道光通宝	2.51	0.51	0.12	穿左右为满文"宝泉"
	4-5	道光通宝	2.25	0.55	0.15	穿左右为满文"宝泉"
	4-6	光绪通宝	1.9	0.4	0.11	穿左右为满文"宝泉"
	4-7	宣统通宝	1.89	0.38	0.1	穿左右为满文"宝泉"
	7-1	嘉庆通宝	2.29	0.51	0.14	穿左右为满文"宝泉"
	7-2	道光通宝	2.45	0.52	0.17	穿左右为满文"宝泉"
	7-3	光绪通宝	2.22	0.51	0.17	穿左右为满文"宝泉"
	8-1	宽永通宝	2.41	0.53	0.12	
	8-2	崇祯通宝	2.61	0.55	0.13	
	8-3	康熙通宝	2.32	0.52	0.12	穿左右为满文"宝泉"
	8-4	雍正通宝	2.59	0.58	0.12	穿左右为满文"宝泉"
	8-5	乾隆通宝	2.52	0.58	0.09	穿左右为满文"宝泉"
	8-6	嘉庆通宝	2.49	0.59	0.11	穿左右为满文"宝泉"
	8-7	道光通宝	2.21	0.55	0.15	穿左右为满文"宝源"

续　表

单位	编号	种　类	直径	穿径	郭厚/厚	备　注
M3	8-8	咸丰通宝	2.25	0.52	0.17	穿左右为满文"宝泉"
	8-9	咸丰通宝	2.08	0.51	0.12	穿左右为满文"宝苏"
	8-10	同治重宝	2.29	0.51	0.09	穿左右为满文"宝泉"，穿上下为楷书"当十"
	8-11	光绪通宝	2.19	0.52	0.12	穿左右为满文"宝泉"
	8-12	光绪通宝	2.29	0.41	0.13	穿左右为满文"宝吉"
	9-1	乾隆通宝	2.51	0.51	0.12	穿左右为满文"宝泉"
	9-2	嘉庆通宝	2.41	0.51	0.13	穿左右为满文"宝源"
	9-3	道光通宝	2.29	0.55	0.18	穿左右为满文"宝源"
	9-4	咸丰通宝	2.35	0.54	0.15	穿左右为满文"宝泉"
	9-5	光绪通宝	2.18	0.49	0.17	穿左右为满文"宝泉"
M4	1-1	乾隆通宝	2.41	0.52	0.11	穿左右为满文"宝泉"
	1-2	道光通宝	2.96	0.5	0.14	穿左右为满文"宝源"
	1-3	同治重宝	2.5	0.71	0.14	穿左右为满文"宝泉"，穿上下为楷书"当十"
M5	1-1	乾隆通宝	2.21	0.53	0.13	穿左右为满文"宝源"
	1-2	嘉庆通宝	2.48	0.53	0.11	穿左右为满文"宝源"
	1-3	道光通宝	2.2	0.6	0.14	穿左右为满文"宝源"
	1-4	咸丰重宝	3.05	0.67	0.2	穿左右为满文"宝源"，穿上下为楷书"当十"
	1-5	咸丰通宝	2.3	0.51	0.12	穿左右为满文"宝源"
	1-6	同治重宝	2.71	0.66	0.11	穿左右为满文"宝泉"，穿上下为楷书"当十"
	1-7	同治重宝	2.9	0.58	0.18	穿左右为满文"宝泉"，穿上下为楷书"当十"
	1-8	光绪通宝	2.1	0.42	0.11	穿左右为满文"宝源"
	1-9	宣统通宝	1.9	0.31	0.11	穿左右为满文"宝泉"
	3-1	道光通宝	2.31	0.61	0.17	穿左右为满文"宝泉"
	3-2	咸丰通宝	2.39	0.61	0.14	穿左右为满文"宝源"

E3-1地块考古发掘报告

一、概　　况

E3-1地块位于通州区次渠南（图一一四），西邻经海九路，于2016年5月进行勘探。中心区域GPS坐标为：北纬39°47′26.19″，东经116°35′02.47″。该区域平面呈不规则形，总面积为

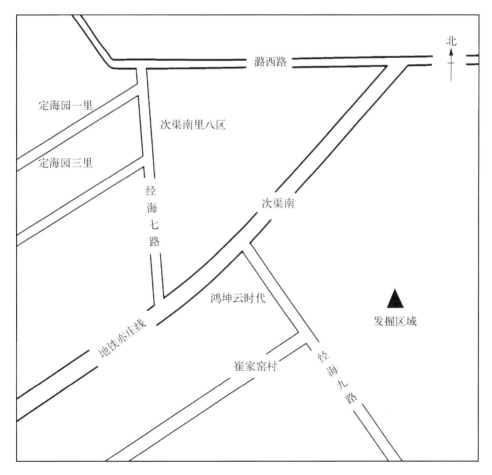

图一一四　E3-1地块发掘区域位置示意图

241 309平方米。区域内地势较为平坦,地表现状为房屋基址、路面、树林、现代建筑垃圾与回填渣土(彩版五八,1)。

2016年10月12日至2016年10月20日,对勘探出的15座古代墓葬(彩版五八,2;彩版五九,1)进行了考古发掘(图一一五;彩版五九,2;附表七),发掘面积125平方米,出土各类文物36件(不计铜钱)。考古发掘证照为考执字(2016)第(711)号。

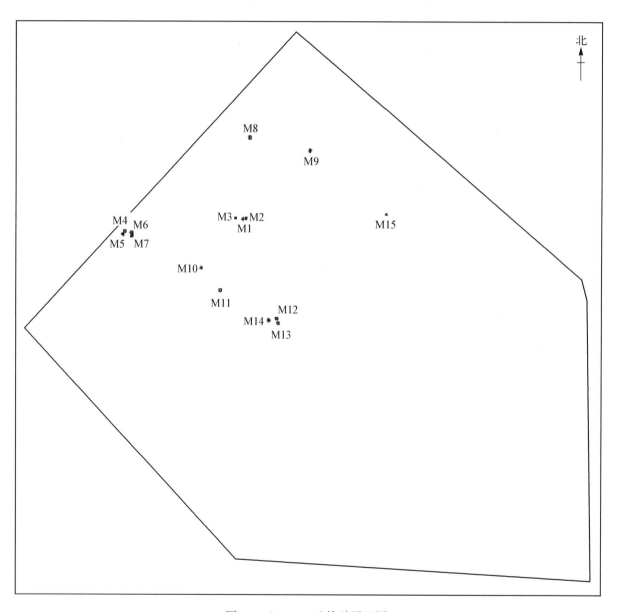

图一一五　E3-1地块总平面图

二、地 层 堆 积

该地块地层堆积较为简单,自上向下分为四层(图一一六)。

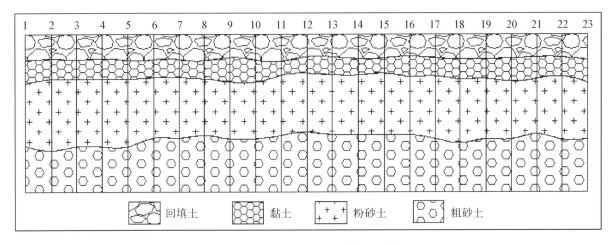

图一一六　E3-1地块地层剖面示意图

第①层:回填土层,深0-0.8米,土色深褐色,土质较松散,含砖渣、植物根系等。

第②层:黏土层,深0.8-1.4米,厚0.2-0.6米,土色浅褐色,土质较致密,内含少量砂浆石。

第③层:粉砂土层,深1.4-3.7米,厚0.4-2.5米,土色浅黄色,土质较疏松,较为纯净。

第④层:粗砂土层,深3.7-5.2米,厚0.8-1.5米,土色灰褐色,土质较疏松,较为纯净。

以下为生土。

三、墓 葬 和 遗 物

均开口于②层下,为竖穴土圹墓。依据棺数,分为三类。

1.单棺墓:2座,M3、M15。平面均呈长方形。

M3　位于发掘区西北部,东邻M2,向下打破生土。南北向,方向为0°。墓口距地表深1米,墓底距地表深2.5米。墓圹南北长2.6米、东西宽1.2米、深1.5米(图一一七;彩版六〇,1)。

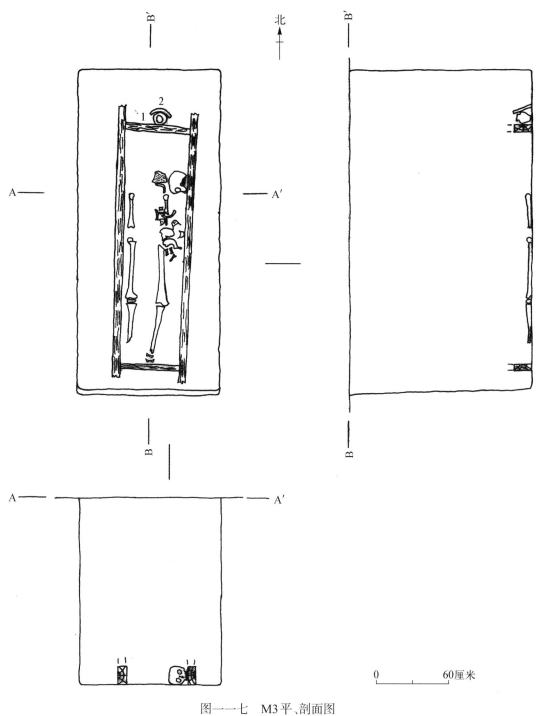

图一一七　M3平、剖面图

1.半釉罐　2.板瓦

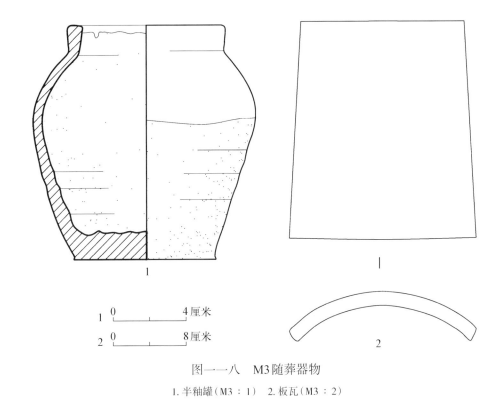

图一一八　M3随葬器物

1.半釉罐(M3:1)　2.板瓦(M3:2)

　　棺木保存一般。棺长2.2米、宽0.62-0.68米、残高0.15米、残厚0.05米。内有人骨一具，性别不详，保存较差，大部分缺失移位，头向西，面向南，推测为仰身直肢葬式，人骨残长1.5米。四壁较规整，内填黄褐色花黏土。棺板北部中间出土半釉罐、板瓦。

　　半釉罐，1件。M3:1，方唇、直口、卷沿、溜肩，肩部略折，斜腹，平底。肩上及口沿内侧施绿釉，以下露灰胎，外壁有轮痕，底部有偏心轮痕。素面。口径8.6厘米、肩径10.5厘米、底径7.7厘米、高12.5厘米(图一一八，1；彩版六四，1)。

　　板瓦，1块。M3:2，细砂灰陶，长方形，正面有朱砂书写的字迹，但不清楚，背面施布纹。长23.3厘米、宽20.6厘米、厚1.5厘米(图一一八，2；彩版六四，2、3)。

　　M15　位于发掘区东北部，向下打破生土。南北向，方向为340°。墓口距地表深1米，墓底距地表深1.6米。墓圹南北长1.8米、东西宽0.61-0.66米、深0.6米(图一一九；彩版六〇，2)。

　　棺木已朽。棺长1.2米、宽0.28-0.4米、残高0.1米。内有人骨一具，性别不详，保存较差，部分缺失移位。头向西，面向上，为仰身直肢葬式，人骨残长1米。四壁较规整，内填黄褐色花黏土。未发现随葬器物。

　　2.双棺墓：12座，M1、M2、M4、M5、M7、M8、M9、M10、M11、M12、M13、M14。由平面形状分为三种类型。

　　A型：3座，M5、M12、M14。平面呈长方形。

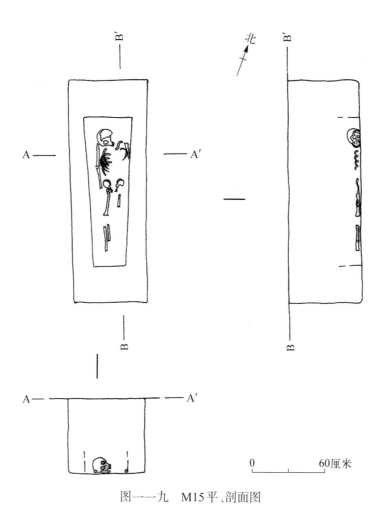

图一一九　M15平、剖面图

M5　位于发掘区西北部,北邻M4,向下打破生土。南北向,方向为5°。墓口距地表深1米,墓底距地表深1.7米。墓圹南北长2.3米、东西宽2.16米、深0.7米(图一二〇;彩版六一,1)。

两棺间相距0.1-0.26米。东棺棺木已朽蚀,仅存少量棺板残片。长1.65米、宽0.5-0.7米、残高0.1米、棺板残厚0.03米。内有人骨一具,性别为女,保存较差,大部分缺失移位,散乱置于棺内,头向北,面向西,为仰身直肢葬式。棺内北部出土板瓦,棺木北部中间出土半釉罐。西棺棺木已无存,仅存棺印。棺长1.9米、宽0.54-0.68米、残高0.1米。内有人骨一具,性别为男,保存较差,部分已缺失移位,头向东北,面向南,为仰身直肢葬式。四壁较规整。东棺打破西棺。内填黄褐色花黏土。棺内东北角出土半釉罐。

半釉罐,2件。M5：1,斜腹,平底略内凹。肩部以上施绿釉,底下露灰白胎。外壁有轮制抹痕,底部有偏心旋纹。底径7.4厘米、残高8.5厘米(图一二一,1;彩版六五,1)。M5：2,泥制红陶,斜腹,平底。素面。底径6.5厘米、残高3.7厘米(图一二一,2;彩版六五,2)。

板瓦,1件。M5：3,泥质灰陶,近正方形,正面有凹弦纹两道,背面布纹。长21.8厘米、宽19.5厘米、厚1.55厘米(图一二一,3;彩版六五,3、4)。

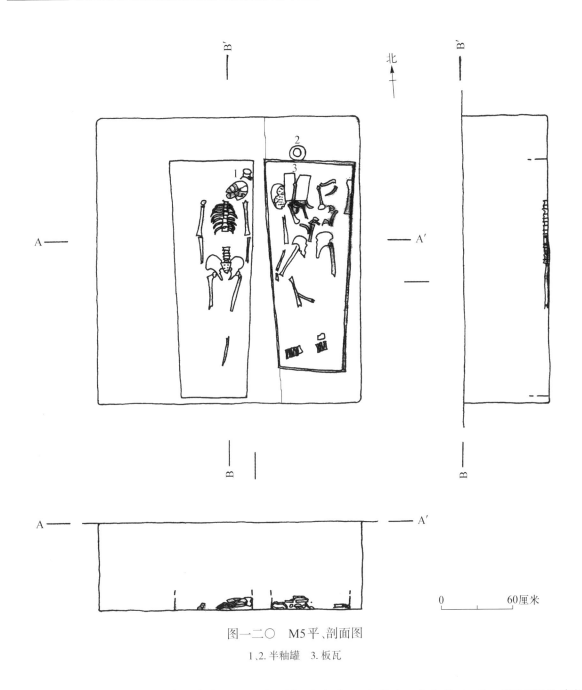

图一二〇　M5平、剖面图

1、2. 半釉罐　3. 板瓦

　　M12　位于发掘区中部，南邻M13，向下打破生土。南北向，方向为355°。墓口距地表深1米，墓底距地表深1.5米。墓圹长2.65米、宽1.92-2米、深0.5米（图一二二；彩版六一，2）。

　　两棺间相距0.1米。西棺保存一般。棺残长1.8米、宽0.55-0.65米、残高0.22米、厚0.05米。内有人骨一具，性别为男，保存较差，大部分缺失移位，散置于棺内。头向西，面向下，为仰身直肢葬式。棺内出土铜钱。东棺保存一般。棺残长1.8米、宽0.62-0.68米、残高0.26米、厚0.06米。内有人骨一具，性别为女，保存较差，大部分已缺失移位，凌乱散置于棺内，头向北，面向上，为仰身直肢葬式。四壁较规整，内填黄褐色花黏土。棺内出土铜钱，头骨下出土银簪。西

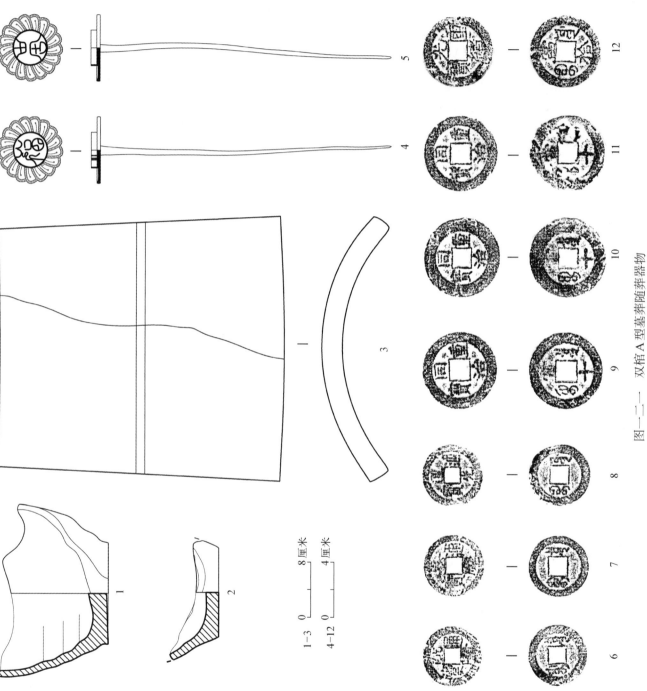

图一二一 双棺 A 型墓葬随葬器物

1、2. 半釉罐（M5：1，M5：2） 3. 板瓦（M5：3） 4、5. 银簪（M5：3） 6. 乾隆通宝（M12：3-1,M12：3-2） 7. 嘉庆通宝（M14：2-1）
8. 道光通宝（M14：2-3） 9-11. 同治通宝（M12：1-1,M12：1-2,M12：2-1） 12. 光绪通宝（M14：1-1）

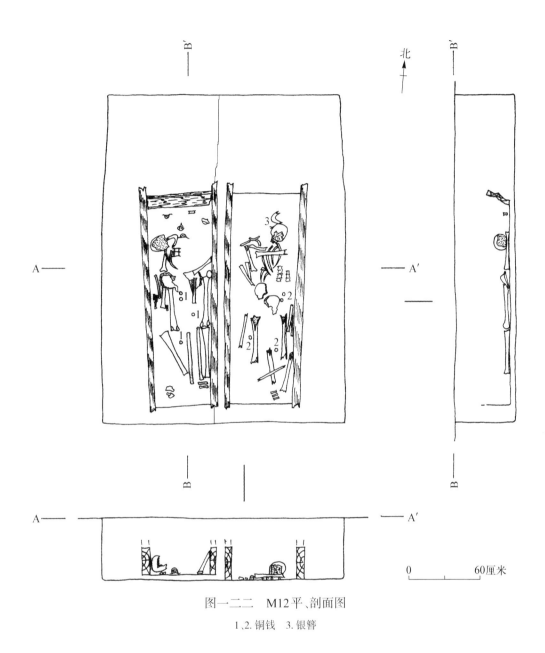

图一二二　M12平、剖面图

1、2. 铜钱　3. 银簪

棺打破东棺。

　　银簪,2件。M12:3-1,首为葵花形,花瓣呈逆时针转,共17瓣,可分两层。上层直径1.2厘米,用银丝在圆环内掐成"福"字,篆体;下层直径2.5厘米,正面錾刻月华锦纹。体为圆锥体,尾尖。首高0.3厘米、通长11.5厘米(图一二一,4;彩版六五,5)。M12:3-2,首为葵花形,花瓣呈逆时针转,共17瓣,可分两层。上层直径1.25厘米,用银丝在圆环内掐成"寿"字,篆体;下层直径2.4厘米,正面錾刻月华锦纹。体为圆锥体,尾尖。首高0.3厘米、通长11.3厘米(图一二一,5;彩版六五,6)。

　　同治重宝，3枚。模制、完整，圆形、方穿。正面有郭，铸"同治重宝"四字，楷书，对读；背面有郭，穿左右为满文"宝泉"，纪局名，穿上下为楷书"当十"。M12：1-1，直径2.9厘米、穿径0.8厘米、郭厚0.15厘米（图一二一，9）。M12：1-2，直径2.9厘米、穿径0.7厘米、郭厚0.15厘米（图一二一，10）。M12：2-1，直径2.7厘米、穿径0.8厘米、郭厚0.12厘米（图一二一，11）。

　　其余15枚，皆锈蚀较甚，字迹模糊不清。

　　M14　位于发掘区中部，东北邻M12，向下打破生土。南北向，方向为340°。墓口距地表深1米，墓底距地表深1.5米。墓圹南北长2.7米、东西宽2.2米、深0.5米。（图一二三；彩版六一，3）。

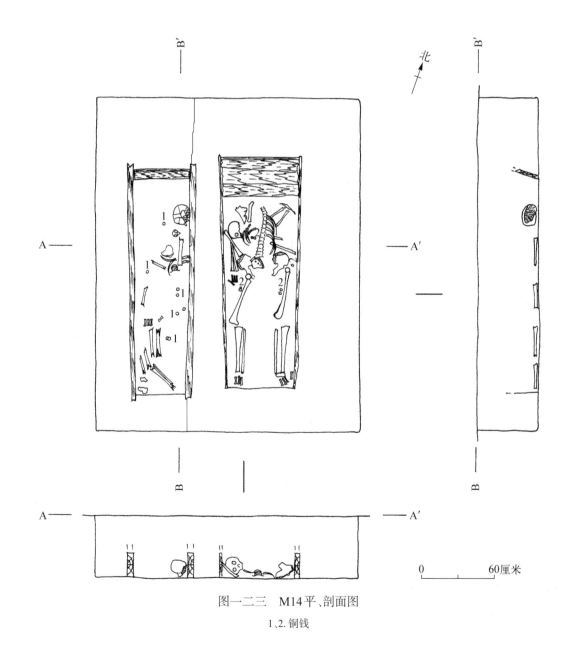

图一二三　M14平、剖面图

1、2. 铜钱

　　两棺间相距0.2-0.3米。西棺保存一般。棺长1.86米、宽0.5-0.6米、残高0.2米、残厚0.04米。内有人骨一具,性别为女,保存较差,大部分缺失移位,凌乱散置于棺内。头向北,面向上,为仰身直肢葬式。棺内出土铜钱,铜钱表面腐蚀严重,年代不辨,少数可分辨为"光绪通宝"。西棺打破东棺。东棺保存一般。棺长1.88米、宽0.56-0.7米、残高0.2米、厚0.04米。内有人骨一具,性别为男,保存较差,部分已缺失移位,头向北,面向上,为仰身直肢葬式,人骨残长1.5米。四壁较规整,内填黄褐色花黏土。棺内出土铜钱,铜钱表面腐蚀严重,年代不辨,少数可分辨为"道光通宝"。西棺打破东棺。

　　光绪通宝,1枚。M14:1-1,模制、完整、圆形、方穿。正面有郭,铸"光绪通宝"四字,楷书,对读;背面有郭,穿左右为满文"宝泉",纪局名,穿上下为楷书"当拾"。直径2.5厘米、穿径0.7厘米、郭厚0.12厘米(图一二一,12)。

　　乾隆通宝,1枚。M14:2-1,模制、完整、圆形、方穿。正面有郭,铸"乾隆通宝"四字,楷书,对读;背面有郭,穿左右为满文"宝泉",纪局名。直径2.1厘米、穿径0.6厘米、郭厚0.1厘米(图一二一,6)。

　　嘉庆通宝,1枚。M14:2-2,模制、完整、圆形、方穿。正面有郭,铸"嘉庆通宝"四字,楷书,对读;背面有郭,穿左右为满文"宝泉",纪局名。直径2.2厘米、穿径0.6厘米、郭厚0.1厘米(图一二一,7)。

　　道光通宝,1枚。M14:2-3,模制、完整、圆形、方穿。正面有郭,铸"道光通宝"四字,楷书,对读;背面有郭,穿左右为满文"宝泉",纪局名。直径2.2厘米、穿径0.6厘米、郭厚0.1厘米(图一二一,8)。

　　其余29枚,皆锈蚀较甚,字迹模糊不清。

　　B型:6座,M1、M4、M8、M9、M10、M11。平面呈梯形。

　　M1　位于发掘区中部,东邻M2,向下打破生土。南北向,方向为5°。墓口距地表深1米,墓底距地表深1.5-1.9米。墓圹南北长2.2-2.5米、东西宽1.7-2.2米、深0.5-0.9米(图一二四;彩版六二,1)。

　　两棺间相距0.1-0.4米,高差为0.4米。东棺棺木已朽,仅存棺印痕。棺长1.6米、宽0.53米、残高0.13米。内有人骨一具,性别为男,保存较差,少部缺失移位。头向北,面向上,为仰身直肢葬式,人骨残长1.5米。棺外北部中间出土半釉罐(残),棺内西北角出土板瓦。西棺仅存少量棺板残片。棺长1.8米、宽0.56-0.72米、残高0.1米、残厚0.04米。内有人骨一具,性别为女,保存较差,部分已缺失移位。头向北,面向上,为仰身直肢葬式,人骨残长1.6米。四壁较规整,内填黄褐色花黏土。棺外北部中间出土瓷罐(残)。东棺打破西棺。

　　半釉罐,1件。M1:3,方唇、直口,卷沿,圆肩略折,斜腹,平底。肩部以上及口沿内壁施酱黄釉,以下露灰白胎。外壁有轮制抹痕,底部有偏心旋纹。内底有滴釉。素面。口径9厘米、肩

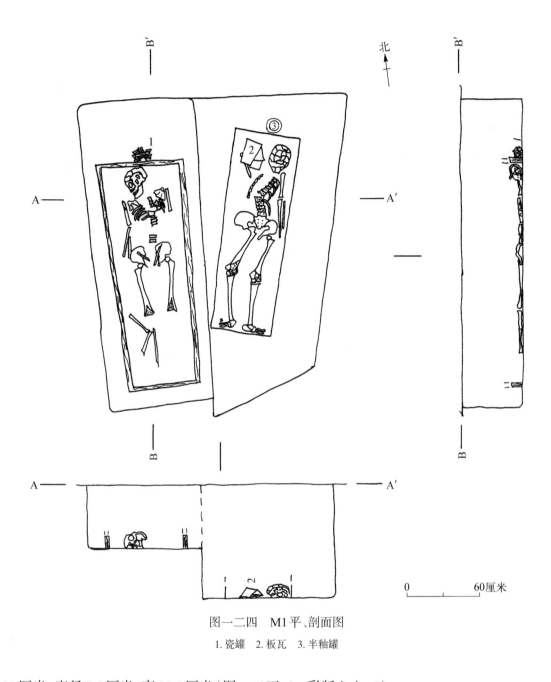

图一二四　M1平、剖面图

1. 瓷罐　2. 板瓦　3. 半釉罐

径11厘米、底径7.5厘米、高11.1厘米（图一二五,3；彩版六六,4）。

瓷罐,1件。M1:1,方唇、敛口,矮领,圆肩,弧腹,平底。下腹以上及内壁施黑釉,其余露灰胎,唇部未施釉。素面。口径10.4厘米、肩径15厘米、底径11.6厘米、高16.5厘米（图一二五,1；彩版六六,1）。

板瓦,1块。M1:2,泥质灰陶,正方形,正面素面,中间有朱砂写的字迹,但不清,背面布纹。长24.2厘米、宽18.5厘米、厚1.4厘米（图一二五,2；彩版六六,2、3）。

M4　位于发掘区西北部,南邻M5,向下打破生土。南北向,方向为5°。墓口距地表深1

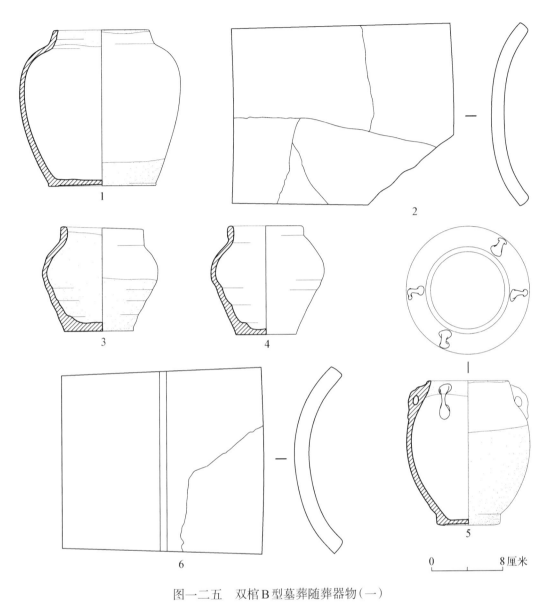

图一二五　双棺B型墓葬随葬器物（一）

1.瓷罐（M1∶1）　2、6.板瓦（M1∶2、M4∶3）　3、5.半釉罐（M1∶3、M4∶2）　4.陶罐（M4∶1）

米，墓底距地表深1.95-2.05米。墓圹南北长2.4-2.6米、东西宽2.28-2.4米、深0.95-1.05米（图
一二六；彩版六二，2）。

　　两棺间相距0.1-0.15米。东棺棺木已朽蚀，仅存少量棺板残片。棺残长1.68米、宽0.45-
0.6米、残高0.1米、残厚0.02米。内有人骨一具，性别为男，保存较差，大部分缺失移位。头向
东，面向西，为仰身直肢葬式，人骨残长1.55米。棺外北部中间出土陶罐。西棺棺木已朽蚀，仅
存少量棺板残片。棺残长1.85米、宽0.52-0.8米、残深0.2米、棺板残厚0.04米。内有人骨一具，
性别为女，保存差，大部分已缺失移位，仅存部分肢骨散落棺内。头向北，面向上，为仰身直肢
葬式。四壁较规整，内填黄褐色花黏土。棺外北部中间出土半釉罐、板瓦。西棺打破东棺。

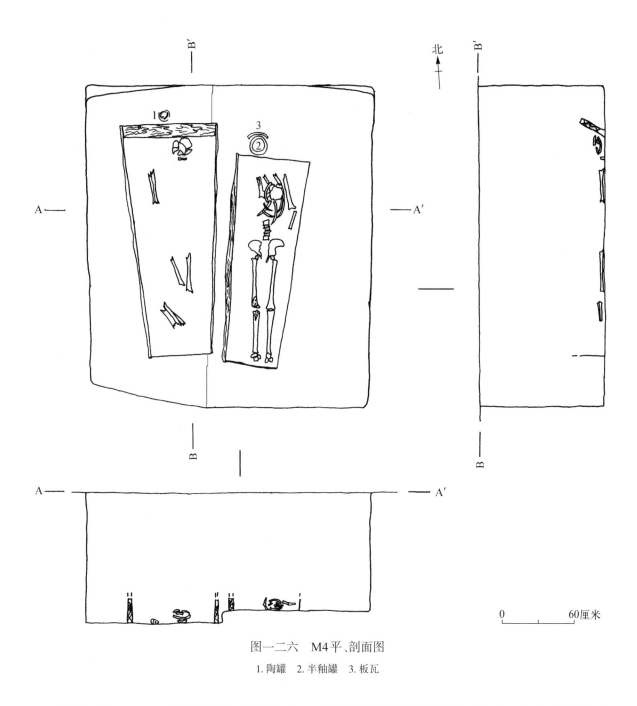

图一二六　M4平、剖面图
1.陶罐　2.半釉罐　3.板瓦

　　陶罐，1件。M4:1，泥制红陶。圆唇、直口，卷沿，圆鼓肩，腹下斜收，平底。内壁有轮痕，底部有偏心轮痕。素面。口径8.3厘米、肩径11.5厘米、底径6.5厘米、高11.5厘米（图一二五，4；彩版六六，5）。

　　半釉罐，1件。M4:2，圆唇、直口，溜肩，弧腹，平底。肩部至颈部贴不对称象鼻状四系，肩部以上及内壁施黑釉，其余露灰胎。火候较高，陶质坚硬。口径9.2厘米、肩径11.5厘米、底径7厘米、高15.3厘米（图一二五，5；彩版六六，6）。

板瓦,1块。M4:3,正方形,泥质灰陶。局部泛黑,正面有凹弦纹两道,背面有布纹。长21.9厘米、宽19.8厘米、厚1.6厘米(图一二五,6;彩版六七,1、2)。

M8   位于发掘区北部,向下打破生土。南北向,方向为355°。墓口距地表深1米,墓底距地表深1.95米。墓圹南北长2.7~2.9米、东西宽2~2.2米、深0.95米(图一二七;彩版六二,3)。

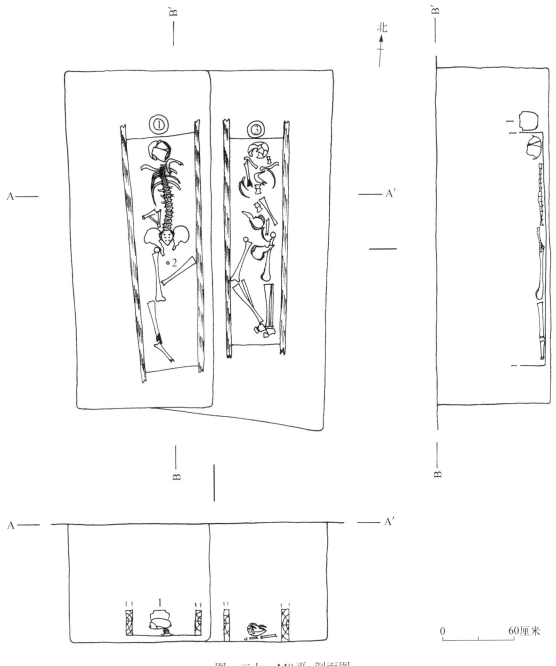

图一二七   M8平、剖面图

1. 瓷罐   2. 铜钱   3. 半釉罐

两棺间相距0.2米。西棺棺木已朽,仅存少量棺板残片。棺长2.1米、宽0.5-0.64米、残高0.2米、厚0.04米。内有人骨一具,性别不详,保存差,大部分缺失移位。头向北,面向上,为仰身直肢葬式,人骨残长1.76米。棺外北部中间出土瓷罐,棺内出土铜钱。东棺棺木已朽,仅存少量棺板残片。棺长1.9米、宽0.48-0.54米、残高0.26米。内有人骨一具,性别不详,保存差,大部分已缺失移位,散置于棺内,头向北,面向上,为仰身直肢葬式。四壁较规整,内填黄褐色花黏土。棺外北部出土半釉罐。西棺打破东棺。

半釉罐,1件。M8:3,圆唇、直口、卷沿、圆肩、弧腹,下腹略折,矮圈足。肩部以上及口沿内壁施酱黄釉,其余露灰胎。外壁有轮制抹痕。素面。口径9.2厘米、肩径12.5厘米、足径6.7厘米、高13.2厘米(图一二八,2;彩版六七,4)。

瓷罐,1件。M8:1,圆唇、直口、卷沿、圆肩、弧腹,平底略内凹。下腹以上及内壁施黑褐釉,其余露灰胎。唇面未施釉,素面。口径10.4厘米、肩径15.5厘米、底径11.3厘米、高15.5厘米(图一二八,1;彩版六七,3)。

咸丰重宝,1枚。M8:2-1,模制、完整、圆形、方穿。正面有郭,铸"咸丰重宝"四字,楷书,对读;背面有郭,穿左右为满文"宝泉",纪局名,穿上下为楷书"当十"。直径2.7厘米、穿径0.8厘米、郭厚0.12厘米(图一二八,7)。

其余10枚,皆锈蚀较甚,字迹模糊不清。

M9 位于发掘区北部,向下打破生土。南北向,方向为20°。墓口距地表深1米,墓底距地表深1.3-1.6米。墓圹南北长2.6米、东西宽1.6-2.1米、深0.3-0.6米(图一二九;彩版六二,4)。

两棺间相距0.1-0.15米,东棺打破西棺,高差为0.3米。西棺棺木已朽,仅存棺痕。棺残长1.66米、宽0.38-0.56米、残高0.17米。内有人骨一具,性别为女,保存差,大部分缺失移位。头向北,面向上,为仰身直肢葬式,人骨残长1.6米。头骨下出土银簪,棺内出土铜钱。东棺棺木已朽,仅存少量棺板残片。棺残长1.94米、宽0.56-0.64米、残高0.16米、厚0.04米。内有人骨一具,性别为男,保存差,大部分已缺失移位,散置于棺内。头向北,面向上,为仰身直肢葬式。四壁较规整,内填黄褐色花黏土。棺内出土铜钱。东棺打破西棺。

银簪,2件。M9:1-1,首为葵花形,花瓣呈逆时针转,共21瓣,可分两层。上层直径1.2厘米,用银丝在圆环内掐成"寿"状;下层直径2.2厘米,正面錾刻月华锦纹,背面左侧錾刻"足纹"二字,右侧錾刻"务本"二字。体为圆锥体,尾尖。首高0.3厘米、通长9厘米(图一二八,3;彩版六七,5、6)。M9:1-2,首残,体为圆锥体,尾尖。残长8.8厘米(图一二八,4;彩版六八,1)。

铜簪,1件。M9:1-3,首残,体为竹节状,五节,节间饰双凸弦纹,尾尖。残长8.2厘米(图一二八,5;彩版六八,2)。

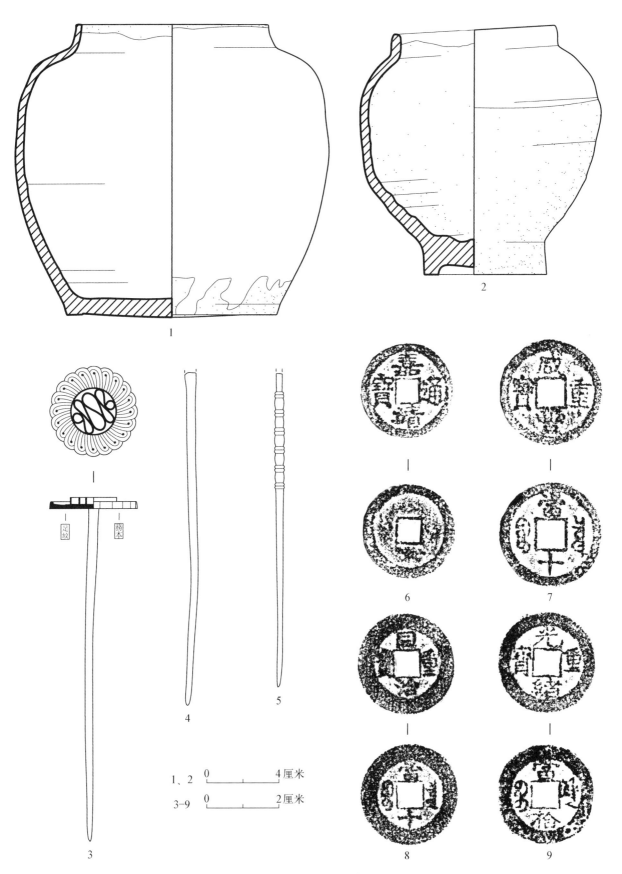

图一二八　双棺 B 型墓葬随葬器物（二）

1. 瓷罐（M8：1）　2. 半釉罐（M8：3）　3、4. 银簪（M9：1-1、M9：1-2）　5. 铜簪（M9：1-3）　6. 嘉靖通宝（M9：2-1）
7. 咸丰重宝（M8：2-1）　8. 同治重宝（M9：2-3）　9. 光绪重宝（M9：2-2）

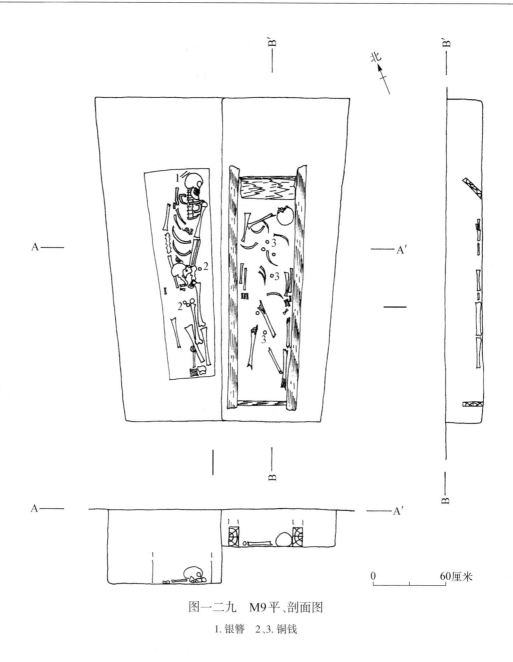

图一二九　M9平、剖面图

1. 银簪　2、3. 铜钱

嘉靖通宝，1枚，M9：2-1，模制、完整、圆形、方穿。正面有郭，铸"嘉靖通宝"四字，楷书，对读；背面有郭，无字。直径2.5厘米、穿径0.6厘米、郭厚0.1厘米（图一二八，6）。

光绪重宝，1枚，M9：2-2，模制、完整、圆形、方穿。正面有郭，铸"光绪重宝"四字，楷书，对读；背面有郭，穿左右为满文"宝泉"，纪局名，穿上下为楷书"当拾"。直径2.6厘米、穿径0.7厘米、郭厚0.1厘米（图一二八，9）。

同治重宝，1枚，M9：2-3，模制、完整、圆形、方穿。正面有郭，铸"同治重宝"四字，楷书，对读；背面有郭，穿左右为满文"宝泉"，纪局名，穿上下为楷书"当十"。直径2.6厘米、穿径0.7厘米、郭厚0.12厘米（图一二八，8）。

其余17枚。皆锈蚀较甚，字迹模糊不清。

M10　位于发掘区西部，向下打破生土。南北向，方向为10°。墓口距地表深1米，墓底距地表深1.5米。墓圹南北长2.5米、东西宽1.8-2米、深0.5米（图一三〇；彩版六二，5）。

两棺间相距0.1-0.26米。西棺棺木已朽蚀，仅存少量棺板残片。棺残长1.72米、宽0.5-0.6米、残高0.15米。内有人骨一具，性别不详，保存较差，大部分缺失移位，散乱置于棺内。头向北，面向东，为仰身直肢葬式。棺内中部出土银簪，棺内出土铜钱，铜钱表面腐蚀严重，年代不辨，少数可分辨为"光绪通宝"。东棺棺木已朽蚀，仅存棺印。棺残长1.7米、宽0.5-0.6米、残高0.15米。内有人骨一具，性别不详，保存较差，大部分已缺失移位，散乱置于棺内。头向

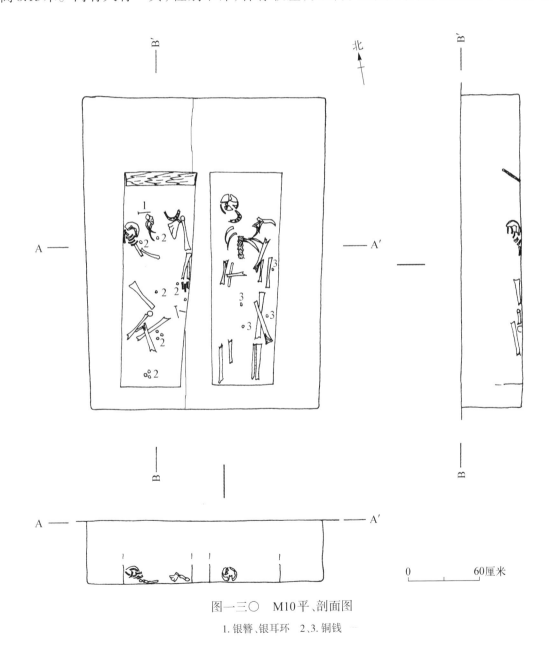

图一三〇　M10平、剖面图

1.银簪、银耳环　2、3.铜钱

北，面向上，为仰身直肢葬式。四壁较规整，内填黄褐色花黏土。棺内出土铜钱。西棺打破东棺。

银簪，2件。M10：1-1，首为葵花形，花瓣呈逆时针转，共18瓣。可分两层。上层直径1.4厘米，用银丝在圆环内掐成"福"字；下层直径2.6厘米，正面錾刻月华锦纹。体为圆锥体，尾尖。首高0.3厘米、通长11.5厘米（图一三一，1；彩版六八，3、4）。M10：1-2，首为葵花形，花瓣呈逆时针转，共18瓣。可分两层。上层直径1.3厘米，用银丝在圆环内掐成"寿"字；下层直径2.5厘米，正面錾刻月华锦纹，背面左侧錾刻"万华"二字。体为圆锥体，尾尖。首高0.3厘米、通长11.5厘米（图一三一，2；彩版六八，5、6）。

银耳环，1件。M10：1-3，体呈"U"形，圆柱状。直径2.9厘米（图一三一，3；彩版六九，1）。

乾隆通宝，1枚。M10：2-1，模制、完整、圆形、方穿。正面有郭，铸"乾隆通宝"四字，楷书，对读；背面有郭，穿左右为满文"宝泉"，纪局名。直径2.1厘米、穿径0.6厘米、郭厚0.1厘米（图一三一，4）。

嘉庆通宝，1枚。M10：2-2，模制、完整、圆形、方穿。正面有郭，铸"嘉庆通宝"四字，楷书，对读；背面有郭，穿左右为满文"宝泉"，纪局名。直径2.2厘米、穿径0.6厘米、郭厚0.1厘米（图一三一，5）。

道光通宝，1枚。M10：2-3，模制、完整、圆形、方穿。正面有郭，铸"道光通宝"四字，楷书，对读；背面有郭，穿左右为满文"宝泉"，纪局名。直径2.2厘米、穿径0.6厘米、郭厚0.1厘米（图一三一，6）。

同治重宝，1枚，M10：2-4，模制、完整、圆形、方穿。正面有郭，铸"同治重宝"四字，楷书，对读；背面有郭，穿左右为满文"宝泉"，纪局名，穿上下为楷书"当十"。直径2.9厘米、穿径0.8厘米、郭厚0.12厘米（图一三一，7）。

光绪重宝，1枚。M10：2-5，模制、完整、圆形、方穿。正面有郭，铸"光绪重宝"四字，楷书，对读；背面有郭，穿左右为满文"宝泉"，纪局名，穿上下为楷书"当十"。直径2.9厘米、穿径0.8厘米、郭厚0.12厘米（图一三一，8）。

光绪通宝，1枚。M10：3-1，模制、完整、圆形、方穿。正面有郭，铸"光绪通宝"四字，楷书，对读；背面有郭，穿左右为满文"宝泉"，纪局名，穿上为楷书"宇"字。直径2厘米、穿径0.6厘米、郭厚0.1厘米（图一三一，9）。

其余35枚，皆锈蚀较甚，字迹模糊不清。

M11　位于发掘区中部，向下打破生土。南北向，方向为20°。墓口距地表深1米，墓底距地表深1.26米。墓圹南北长2.5米、东西宽1.8-2米、深0.26米（图一三二；彩版六二，6）。

两棺间相距0.2-0.28米。西棺保存一般，仅存少量棺板残片。棺残长2.06米、宽0.58-0.66

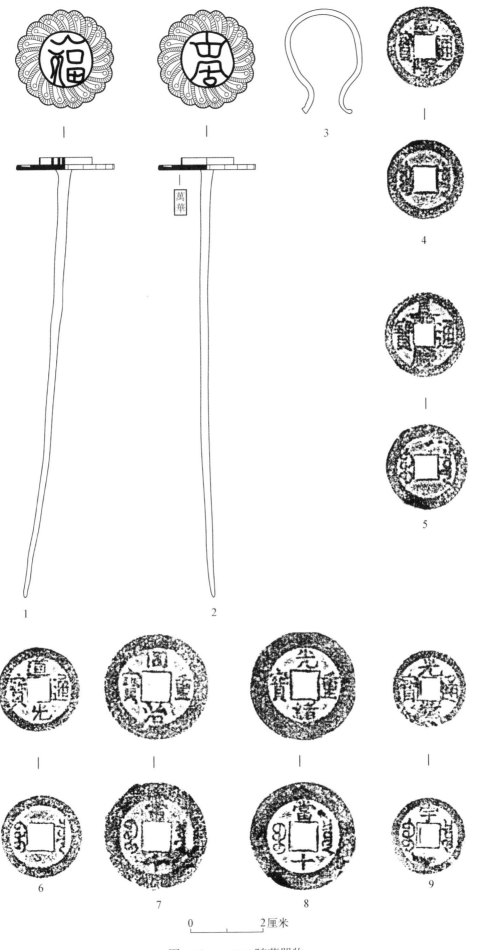

图一三一　M10随葬器物

1、2.银簪(M10：1-1、M10：1-2)　3.银耳环(M10：1-3)　4.乾隆通宝(M10：2-1)　5.嘉庆通宝(M10：2-2)
6.道光通宝(M10：2-3)　7.同治重宝(M10：2-4)　8.光绪重宝(M10：2-5)　9光绪通宝(M10：3-1)

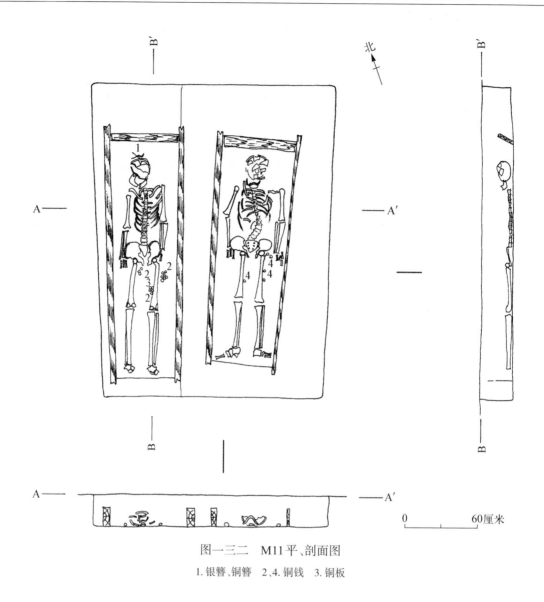

图一三二　M11平、剖面图

1.银簪、铜簪　2、4.铜钱　3.铜板

米、残高0.15米、厚0.04米。内有人骨一具,性别为女,保存一般,少量缺失移位。头向北,面向上,为仰身直肢葬式,人骨残长1.72米。头骨处出土银簪,棺内出土铜钱、铜板。东棺保存一般,仅存少量棺板残片。棺残长1.94米、宽0.56~0.68米、残高0.15米、厚0.05米。内有人骨一具,性别为男,保存一般,少量已缺失移位。头向北,面向上,为仰身直肢葬式,人骨残长1.66米。四壁较规整,内填黄褐色花黏土。棺内出土铜钱。西棺打破东棺。

银簪,2件。M11:1-1,首双股交叉呈麻花状,顶为圆环状。尾尖锐,呈圆锥状。首高0.4厘米、宽1.2厘米、通长9厘米(图一三三,1;彩版六九,2)。M11:1-2,首呈柳叶形,内弯。体呈细圆锥状,尾尖。首铸六瓣梅花一朵,上下为一草叶纹,底部刻以细密的圆点纹。做工精美。首高0.5厘米、宽1.5厘米、长3.4厘米、通长7厘米(图一三三,2;彩版六九,3、4)。

铜簪,1件。M11:1-3,首残,颈为圆柱状,颈下圆凸。体呈圆锥状,尾尖。首残高1.12厘

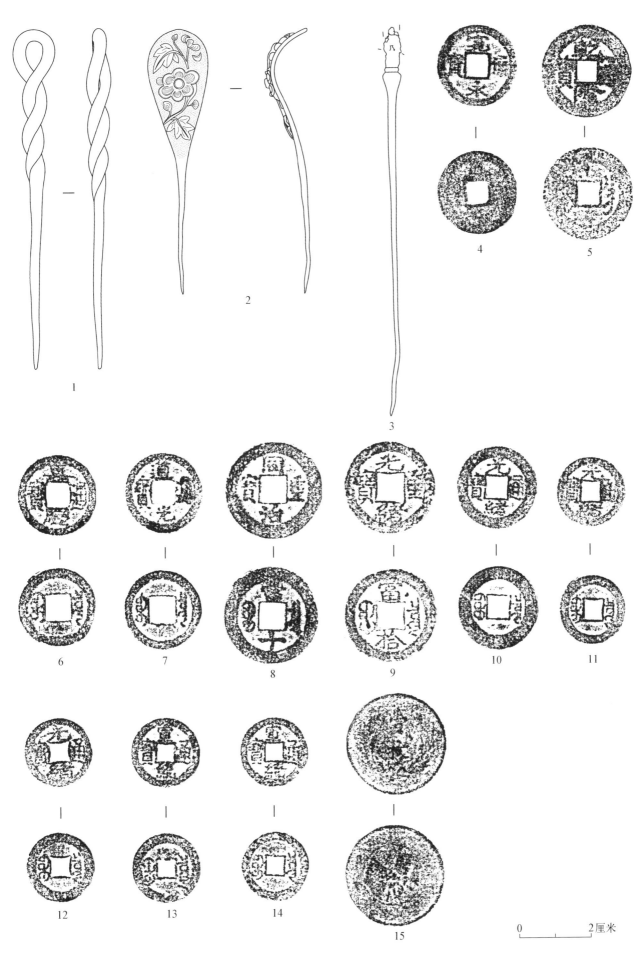

图一三三　M11随葬器物

1、2.银簪（M11：1-1、M11：1-2）　3.铜簪（M11：1-3）　4.宽永通宝（M11：2-3）　5.乾隆通宝（M11：4-1）　6.嘉庆通宝
（M11：2-4）　7.道光通宝（M11：2-5）　8.同治重宝（M11：4-5）　9.光绪重宝（M11：4-3）　10-12.光绪通宝（M11：2-1、
M11：2-2、M11：4-4）　13、14.宣统通宝（M11：2-6、M11：4-2）　15.铜板（M11：3-1）

米、宽0.3厘米、残长11厘米(图一三三,3;彩版六九,5)。

宽永通宝,1枚。M11:2-3,模制、完整、圆形、方穿。正面有郭,铸"宽永通宝"四字,楷书,对读;背面有郭,无字。直径2.2厘米、穿径0.6厘米、郭厚0.1厘米(图一三三,4)。

乾隆通宝,1枚。M11:4-1,模制、完整、圆形、方穿。正面有郭,铸"乾隆通宝"四字,楷书,对读;背面有郭,穿左右为满文"宝泉",纪局名。直径2.5厘米、穿径0.5厘米、郭厚0.1厘米(图一三三,5)。

嘉庆通宝,1枚。M11:2-4,模制、完整、圆形、方穿。正面有郭,铸"嘉庆通宝"四字,楷书,对读;背面有郭,穿左右为满文"宝泉",纪局名。直径2.1厘米、穿径0.6厘米、郭厚0.1厘米(图一三三,6)。

道光通宝,1枚。M11:2-5,模制、完整、圆形、方穿。正面有郭,铸"道光通宝"四字,楷书,对读;背面有郭,穿左右为满文"宝泉",纪局名。直径2.1厘米、穿径0.6厘米、郭厚0.1厘米(图一三三,7)。

同治重宝,1枚。M11:4-5,模制、完整、圆形、方穿。正面有郭,铸"同治重宝"四字,楷书,对读;背面有郭,穿左右为满文"宝泉",纪局名,穿上下为楷书"当十"。直径2.6厘米、穿径0.7厘米、郭厚0.12厘米(图一三三,8)。

光绪通宝,2枚。均模制、完整、圆形、方穿。正面有郭,铸"光绪通宝"四字,楷书,对读;背面有郭,穿左右为满文"宝泉",纪局名。M11:2-1,直径2.2厘米、穿径0.6厘米、郭厚0.1厘米(图一三三,10)。M11:2-2,直径1.9厘米、穿径0.5厘米、郭厚0.1厘米(图一三三,11)。

光绪重宝,1枚。M11:4-3,模制、完整、圆形、方穿。正面有郭,铸"光绪重宝"四字,楷书,对读;背面有郭,穿左右为满文"宝泉",纪局名,穿上下为楷书"当拾"。直径2.5厘米、穿径0.8厘米、郭厚0.1厘米(图一三三,9)。

光绪通宝,1枚。M11:4-4,模制、完整、圆形、方穿。正面有郭,铸"光绪通宝"四字,楷书,对读;背面有郭,穿左右为满文"宝泉",纪局名。直径1.8厘米、穿径0.5厘米、郭厚0.1厘米(图一三三,12)。

宣统通宝,2枚。均模制、完整、圆形、方穿。正面有郭,铸"宣统通宝"四字,楷书,对读;背面有郭,穿左右为满文"宝泉",纪局名。M11:2-6,直径1.8厘米、穿径0.5厘米、郭厚0.1厘米(图一三三,13)。M11:4-2,直径1.8厘米、穿径0.5厘米、郭厚0.1厘米(图一三三,14)。

其余24枚,皆锈蚀较甚,字迹模糊不清。

铜板,1枚。标本:M11:3-1,圆形。正面铸"壹枚"二字,楷书,对读;背面纹饰模糊不清。直径2.7厘米、厚0.1厘米(图一三三,15)。

其余3枚,皆锈蚀较甚,字迹模糊不清。

C型:3座,M2、M7、M13。平面呈不规则形。

　　M2　位于发掘区中部,西邻M1,开口于①层下,向下打破生土。南北向,方向为2°。墓口距地表深1米,墓底距地表深1.6米。墓圹南北长2.95-3.2米、东西宽2.16米、深0.6米(图一三四;彩版六三,1)。

　　两棺间相距0.1米。东棺保存一般。棺残长2.14米、宽0.54-0.64米、残高0.3米、残厚0.05米。内有人骨一具,性别为男,保存较差,部分缺失移位。头向北,面向上,为仰身直肢葬式,人

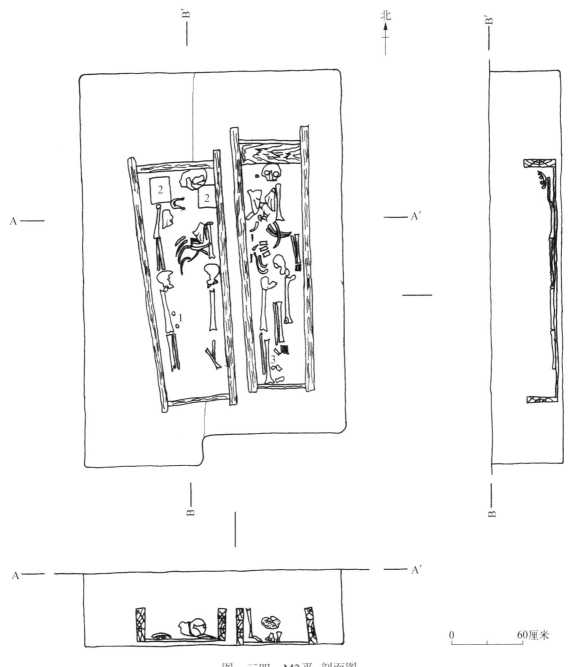

图一三四　M2平、剖面图

1、3. 铜钱　2. 板瓦

骨残长1.8米。棺内出土铜钱。西棺保存一般。棺残长2.1米、宽0.62-0.76米、残高0.26米、残厚0.05米。内有人骨一具,性别为女,保存较差。部分已缺失移位。头向北,面向上,为仰身直肢葬式。人骨残长1.6米。四壁较规整,内填黄褐色花黏土。右腿旁出土铜钱,其中一枚可分辨为"康熙通宝",棺内北部出土板瓦。西棺打破东棺。

板瓦,2块。M2:1-1,泥质灰陶,正面中间有凹弦纹一道,背面有布纹。长18厘米、宽16.8厘米、厚1.3厘米(图一三五,1;彩版七〇,1、2)。M2:1-2,细砂灰陶,长方形,正面中间有凹弦纹三道,局部泛黑,背面有布纹。长20.3厘米、宽18.7厘米、厚1.4厘米(图一三五,2;彩版七〇,3、4)。

道光通宝,1枚。M2:2-1,模制、完整、圆形、方穿。正面有郭,铸"道光通宝"四字,楷书,对读;背面有郭,穿左右为满文"宝泉",纪局名。直径2.2厘米、穿径0.6厘米、郭厚0.1厘米(图一三五,10)。

其余2枚,皆锈蚀较甚,字迹模糊不清。

M7　位于发掘区西北部,北邻M6,向下打破生土。南北向,方向为0°。墓口距地表深1米,墓底距地表深1.95-2.1米。墓圹南北长2.56-2.8米、东西宽2.2-2.8米、深0.95米-1.1米(图一三六;彩版六三,2)。

两棺间相距0.4-0.7米,高差为0.15米。西棺棺木已朽蚀,仅存少量棺板残片。棺残长2米、宽0.66-0.8米、残高0.15米、残厚0.05米。内有人骨一具,性别为女,保存差,部分缺失移位,散乱置于棺内。头向北,面向上,为仰身直肢葬式。棺外北部中间出土半釉罐,棺内出土铜钱。东棺棺木已朽蚀,仅存少量棺板残片。棺残长1.96米、宽0.64-0.84米、残高0.3米、厚0.04米。内有人骨一具,性别为男,保存较差,部分已缺失移位。头向北,面向上,为仰身直肢葬式,人骨残长1.52米。四壁较规整,内填黄褐色花黏土。棺外北部中间出土半釉罐(残)、板瓦(残),棺内出土铜钱,铜钱表面腐蚀严重,可分辨为"道光通宝"。西棺打破东棺。

半釉罐,2件。M7:1,方唇、直口、卷沿,溜肩,肩腹处略折,腹下斜收,平底略内凹。肩部以上及口沿内壁施酱釉,有流釉现象,其余露灰白胎。外壁有轮痕,内壁有偏心旋痕。素面。口径8.6厘米、肩径10厘米、底径7.7厘米、高11.7厘米(图一三五,4;彩版七〇,5)。M7:3,方唇、直口、卷沿、圆肩、弧腹、平底。肩部以上及口沿内部施绿釉,以下露白褐胎。外壁有轮制抹痕,底部有偏心旋痕。器形不规整。素面。口径8.8厘米、肩径12厘米、底径7.4厘米、高12.9厘米(图一三五,5;彩版七〇,6)。

板瓦,1块。M7:4,长方形,泥质灰陶,正面中间有朱砂写的字迹,但不清,背面有布纹。长23.2厘米、宽19.6厘米、厚1.3厘米(图一三五,3;彩版七一,1、2)。

康熙通宝,2枚。均模制、完整、圆形、方穿。正面有郭,铸"康熙通宝"四字,楷书,对读;背面有郭,穿左右为满文"宝泉",纪局名。M7:5-1,直径2.7厘米、穿径0.6厘米、郭厚0.1厘米(图一三五,9)。M7:2,直径2.6厘米、穿径0.5厘米、郭厚0.1厘米(图一三五,8)。

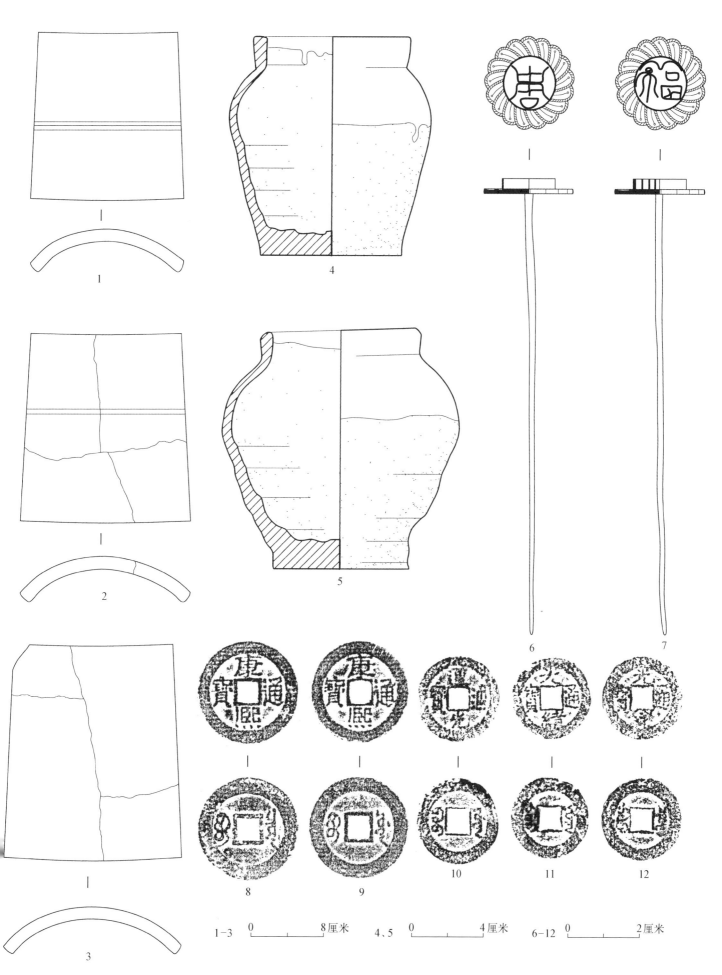

图一三五　双棺C型墓葬随葬器物

1-3.板瓦（M2：1-1、M2：1-2、M7：4）　4、5.半釉罐（M7：1、M7：3）　6、7.铜簪（M13：1-1、M13：1-2）

8、9.康熙通宝（M7：2、M7：5-1）　10.道光通宝（M2：2-1）　11、12.光绪通宝（M13：2-1、M13：3-1）

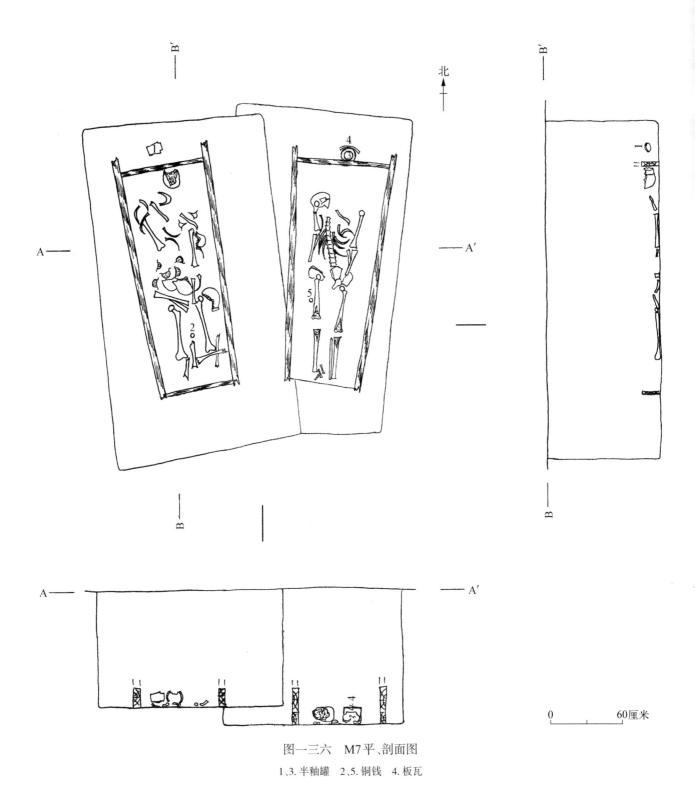

图一三六　M7平、剖面图

1、3.半釉罐　2、5.铜钱　4.板瓦

M13　位于发掘区中部,北邻M12,向下打破生土。南北向,方向为325°。墓口距地表深1米,墓底距地表深1.3米。墓圹南北长2.33-2.45米、东西宽1.5-1.7米、深0.3米(图一三七;彩版六三,3)。

两棺间相距0.14-0.18米。西棺保存一般。棺长1.96米、宽0.54-0.64米、残高0.2米、厚0.05米。内有人骨一具,性别不详,保存较差,大部分缺失移位,散置于棺内。头向东,面向北,为仰身直肢葬式。棺内头骨下出土铜簪,棺内出土铜钱,铜钱表面腐蚀严重,年代不辨,少数可分辨为"乾隆通宝"。东棺保存一般。棺长1.9米、宽0.56-0.64米、残深0.2米、厚0.05米。内有人骨一具,性别不详,保存较差,大部分已缺失移位,凌乱散置于棺内。头向东,面向上,为仰身直肢葬式。四壁较规整,内填黄褐色花黏土。棺内出土铜钱,铜钱表面腐蚀严重,年代不辨,少数可分辨为"光绪通宝"。

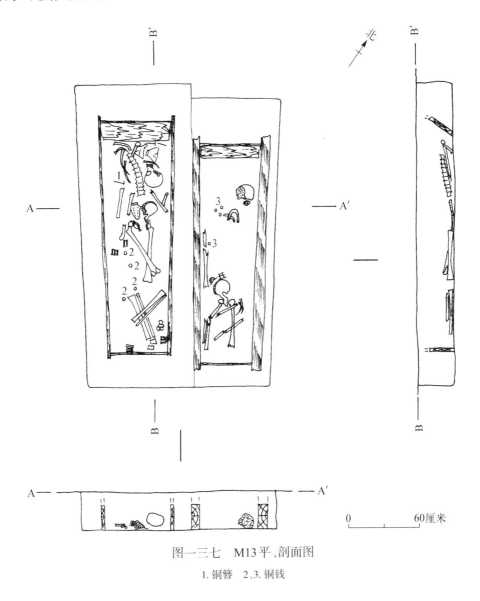

图一三七　M13平、剖面图

1.铜簪　2、3.铜钱

铜簪，2件。M13：1-1，首为葵花形，花瓣呈逆时针转，共17瓣，可分两层。上层直径1.3厘米，用铜丝在圆环内掐成"寿"字；下层直径2.5厘米，正面錾刻月华锦纹。体为圆锥体，尾尖。首高0.3厘米、通长12厘米（图一三五，6；彩版七一，3）。M13：1-2，首为葵花形，花瓣呈逆时针转，共17瓣，可分两层。上层直径1.4厘米，用铜丝在圆环内掐成"福"字；下层直径2.4厘米，正面錾刻月华锦纹。体为圆锥体，尾尖。首高0.3厘米、通长12厘米（图一三五，7；彩版七一，4）。

光绪通宝，2枚。均模制、完整、圆形、方穿。正面有郭，铸"光绪通宝"四字，楷书，对读；背面有郭，穿左右为满文"宝泉"，纪局名。M13：2-1，直径2.1厘米、穿径0.6厘米、郭厚0.1厘米（图一三五，11）。M13：3-1，直径2.2厘米、穿径0.6厘米、郭厚0.1厘米（图一三五，12）。

其余35枚，皆锈蚀较甚，字迹模糊不清。

3. 三棺墓：1座，M6。

M6　位于发掘区西北部，南邻M7，向下打破生土。南北向，方向为0°。平面呈多边形。墓口距地表深1米，墓底距地表深1.78-2.1米。墓圹南北长2.55-3.35米、东西宽1.32-3.32米、深0.78-1.1米（图一三八；彩版六三，4）。

由东、中、西三棺组成，中、西两棺间相距0.05米，东、西棺打破中棺，高差为0.3米，中、东两棺间距0.08米。东棺保存一般。棺残长2米、宽0.8-0.92米、残高0.3-0.4米、残厚0.1米。内有人骨一具，性别为女，保存较差，大部分缺失移位，仅存头骨及肢骨，散乱置于棺内。头向东，面向南，为仰身直肢葬式。棺外北部中间出土瓷罐。中棺保存一般。棺残长1.9米、宽0.5-0.6米、残高0.3米、残厚0.04米。内有人骨一具，性别为男，保存较差，部分已缺失移位。头向北，面向上，为仰身直肢葬式，人骨残长1.58米。棺外北部中间出土残瓷罐，棺内出土骨簪、铜钱。西棺保存一般。棺残长1.9米、宽0.74-0.8米、残高0.15米、厚0.04米。有人骨一具，性别为女，保存一般，少量已缺失移位。头向北，面向上，为仰身直肢葬式，人骨残长1.58米。四壁较规整，内填黄褐色花黏土。棺外北部中间出土残半釉罐、残板瓦。

半釉罐，1件。M6：1，方唇、直口、卷沿，肩部略折，斜腹，平底。肩部以上及口沿内侧施黄釉，其余露红胎。外壁有轮痕，底部有偏心轮痕。素面。口径8.5厘米、肩径11.5厘米、底径6.6厘米、高11.7厘米（图一三九，1；彩版七二，1）。

瓷罐，2件。M6：3，圆唇、直口、卷沿，圆肩，斜腹，平底。下腹以上、口沿内壁施黑釉，其余露灰胎。火候较高，陶质坚硬。素面。口径9.6厘米、肩径15厘米、底径11.3厘米、高14.9厘米（图一三九，3；彩版七二，4）。M6：6，方唇、直口、卷沿，矮领，圆肩，弧腹，平底。下腹以上施黑釉，内壁施酱釉，唇部未施釉。素面。口径11厘米、肩径15厘米、底径12.1厘米、高16.5厘米（图一三九，5；彩版七二，6）。

骨簪，1件。M6：4，褐色，局部泛黑，首近圆球状，颈部刻五道凸弦纹，体呈圆锥状，尾残断，

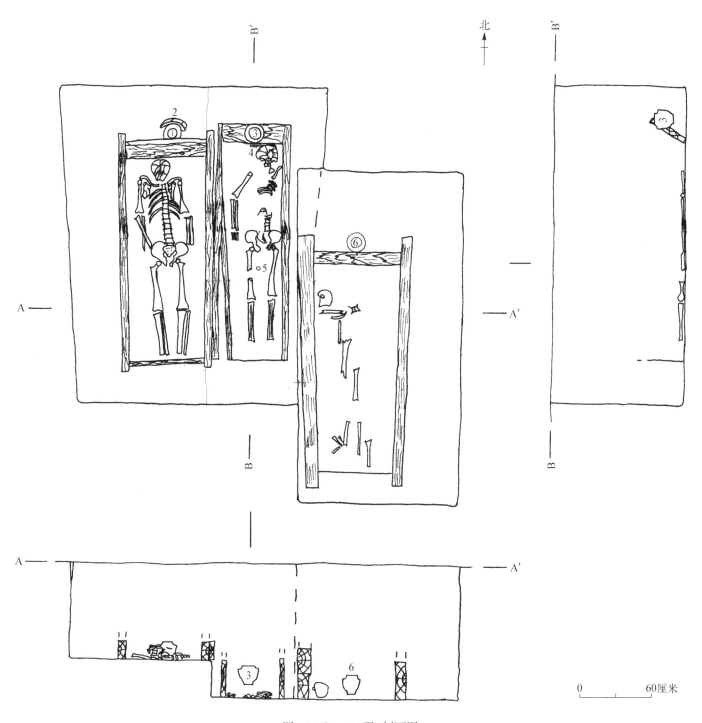

图一三八　M6平、剖面图

1.半釉罐　2.板瓦　3、6.瓷罐　4.骨簪　5.铜钱

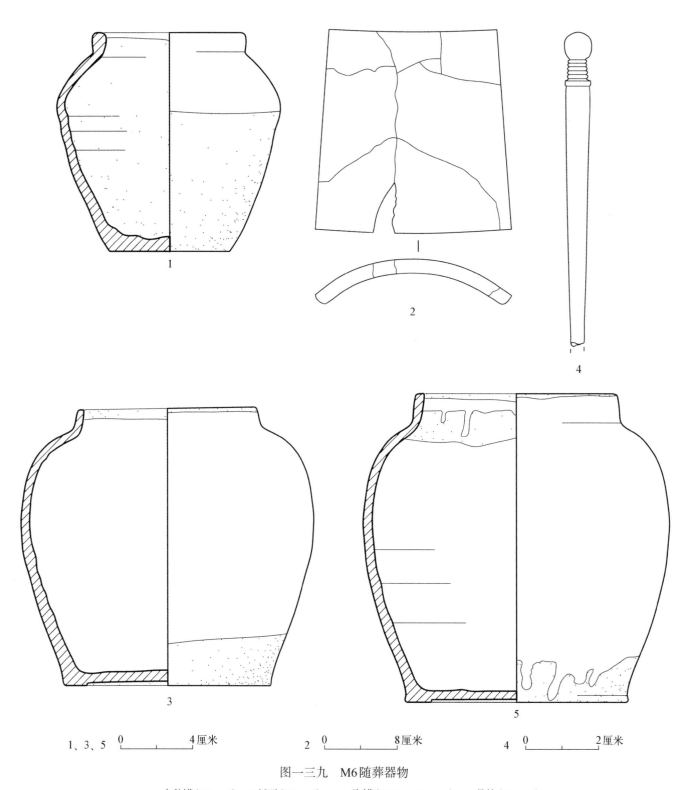

1、3、5 0 —————— 4厘米   2 0 —————— 8厘米   4 0 —————— 2厘米

图一三九 M6随葬器物

1.半釉罐（M6：1） 2.板瓦（M6：2） 3、5.瓷罐（M6：3、M6：6） 4.骨簪（M6：4）

通体磨光。首高1.2厘米、长1.2厘米、宽0.6厘米、残长8.3厘米(图一三九,4;彩版七二,5)。

板瓦,1块。M6:2,长方形,泥质灰陶,正面中间有两道凹弦纹,背面有布纹。长21.8厘米、宽21.4厘米、厚1.5厘米(图一三九,2;彩版七二,2、3)。

铜钱,1枚。M6:5,锈蚀较甚,字迹模糊不清。

四、小　结

墓葬形制均为竖穴土圹墓,其中单棺墓2座,占13.3%;双棺墓12座,占80%;三棺墓1座,占6.7%。

15座墓葬中,葬具均为木棺,大部分棺木已朽蚀,仅存少量棺板残片。葬式均为仰身直肢葬。

出土器物较少,主要为陶罐、瓷罐、板瓦、银簪等,另有铜钱201枚、铜板4枚。出土的铜钱大多腐蚀严重,多不辨字迹,部分可分辨为"康熙通宝""乾隆通宝""道光通宝""同治通宝"以及"光绪通宝"等。

根据出土器物和墓葬形制,结合铜钱字号,初步推断这批墓葬为清代中晚期的平民墓葬。

这批墓葬的发掘,为进一步研究清代中晚期的丧葬习俗和当时北京地区的社会生活状况提供了新的资料。

附表七　E3-1地块墓葬登记表

（单位：米）

墓号	方向	墓口（长×宽×深）	墓底（长×宽×深）	深度	棺数	葬式	人骨保存情况	头向及面向	性别	随葬品（件）	备注
M1	5°	(2.2-2.5)×(1.7-2.2)×1	(2.2-2.5)×(1.7-2.2)×(1.5-1.9)	0.5-0.9	双棺	仰身直肢葬	较差	皆头向北，面向上	东棺男性；西棺女性	瓷罐1，板瓦1，半釉罐1	
M2	2°	(2.95-3.2)×2.16×1	(2.95-3.2)×2.16×1.6	0.6	双棺	仰身直肢葬	较差	皆头向北，面向上	东棺男性；西棺女性	板瓦2，铜钱3	
M3	0°	2.6×1.2×1	2.6×1.2×2.5	1.5	单棺	仰身直肢葬	较差	头向西，面向南	不详	半釉罐1，板瓦1	
M4	5°	(2.4-2.6)×(2.28-2.4)×1	(2.4-2.6)×(2.28-2.4)×(1.95-2.05)	0.95-1.05	双棺	仰身直肢葬	较差	东棺头向东，面向西；西棺头向北，面向上	东棺男性；西棺女性	瓷罐1，半釉罐1，板瓦1	
M5	5°	2.3×2.16×1	2.3×2.16×1.7	0.7	双棺	仰身直肢葬	较差	东棺头向北，面向西；西棺头向东，面向南	东棺女性；西棺男性	半釉罐2，板瓦1	
M6	0°	(2.55-3.35)×(1.32-3.32)×1	(2.55-3.35)×(1.32-3.32)×(1.78-2.1)	0.78-1.1	三棺	仰身直肢葬	较差	东棺头向东，面向南；中、西棺头向北，面向上	东棺女性；中棺男性；西棺女性	瓷罐2，半釉罐1，板瓦1，骨簪1，铜钱1	
M7	0°	(2.56-2.8)×(2.2-2.8)×1	(2.56-2.8)×(2.2-2.8)×(1.95-2.1)	0.95-1.1	双棺	仰身直肢葬	较差	皆头向北，面向上	东棺男性；西棺女性	半釉罐2，铜钱2，板瓦1	
M8	355°	(2.7-2.9)×(2-2.2)×1	(2.7-2.9)×(2-2.2)×1.95	0.95	双棺	仰身直肢葬	较差	皆头向北，面向上	不详	瓷罐1，半釉罐1，铜钱11	

续　表

墓号	方向	墓口（长×宽×深）	墓底（长×宽×深）	深度	棺数	葬式	人骨保存情况	头向及面向	性别	随葬品（件）	备注
M9	20°	2.6×(1.6−2.1)×1	2.6×(1.6−2.1)×(1.3−1.6)	0.3−0.6	双棺	仰身直肢葬	较差	皆头向北，面向上	东棺男性；西棺女性	银簪2，铜簪1，铜钱20	
M10	10°	2.5×(1.8−2)×1	2.5×(1.8−2)×1.5	0.5	双棺	仰身直肢葬	较差	东棺头向上，面向北；西棺头向北，面向东	不详	银簪2，银耳环1，铜钱41	
M11	20°	2.5×(1.8−2)×1	2.5×(1.8−2)×1.26	0.26	双棺	仰身直肢葬	较差	皆头向北，面向上	东棺男性；西棺女性	银簪2，铜簪1，铜钱35，铜板4	
M12	355°	2.65×(1.92−2)×1	2.65×(1.92−2)×1.5	0.5	双棺	仰身直肢葬	较差	东棺头向北，面向上，面向下	东棺女性；西棺男性	银簪2，铜钱18	
M13	325°	(2.33−2.45)×(1.5−1.7)×1	(2.33−2.45)×(1.5−1.7)×1.3	0.3	双棺	仰身直肢葬	较差	东棺头向东，面向上；西棺头向东，面向北	不详	铜钱37，铜簪2	
M14	340°	2.7×2.2×1	2.7×2.2×1.5	0.5	双棺	仰身直肢葬	较差	皆头向北，面向上	东棺男性；西棺女性	铜钱33	
M15	340°	1.8×(0.61−0.66)×1	1.8×(0.61−0.66)×1.6	0.6	单棺	仰身直肢葬	较差	头向西，面向上	不详	无	

附表八　E3-1地块出土铜钱统计表　　　　　　（单位：厘米）

单位	编号	种 类	直径	穿径	郭厚/厚	备 注
M2	2-1	道光通宝	2.2	0.6	0.1	穿左右为满文"宝泉"
M7	2	康熙通宝	2.6	0.5	0.1	穿左右为满文"宝泉"
	5-1	康熙通宝	2.7	0.6	0.1	穿左右为满文"宝泉"
M8	2-1	咸丰重宝	2.7	0.8	0.12	穿左右为满文"宝泉"，穿上下为楷书"当十"
M9	2-1	嘉靖通宝	2.5	0.6	0.1	
	2-2	光绪重宝	2.6	0.7	0.1	穿左右为满文"宝泉"，穿上下为楷书"当拾"
	2-3	同治重宝	2.6	0.7	0.12	穿左右为满文"宝泉"，穿上下为楷书"当十"
M10	2-1	乾隆通宝	2.1	0.6	0.1	穿左右为满文"宝泉"
	2-2	嘉庆通宝	2.2	0.6	0.1	穿左右为满文"宝泉"
	2-3	道光通宝	2.2	0.6	0.1	穿左右为满文"宝泉"
	2-4	同治重宝	2.9	0.8	0.12	穿左右为满文"宝泉"，穿上下为楷书"当十"
	2-5	光绪重宝	2.9	0.8	0.12	穿左右为满文"宝泉"，穿上下为楷书"当十"
	3-1	光绪通宝	2	0.6	0.1	穿左右为满文"宝泉"，穿上为"宇"
M11	2-1	光绪通宝	2.2	0.6	0.1	穿左右为满文"宝泉"
	2-2	光绪通宝	1.9	0.5	0.1	穿左右为满文"宝泉"
	2-3	宽永通宝	2.2	0.6	0.1	
	2-4	嘉庆通宝	2.1	0.7	0.1	穿左右为满文"宝泉"
	2-5	道光通宝	2.1	0.6	0.1	穿左右为满文"宝泉"
	2-6	宣统通宝	1.8	0.5	0.1	穿左右为满文"宝泉"
	3-1	铜板	2.7		0.1	
	4-1	乾隆通宝	2.5	0.5	0.1	穿左右为满文"宝泉"
	4-2	宣统通宝	1.8	0.5	0.1	穿左右为满文"宝泉"
	4-3	光绪重宝	2.5	0.8	0.1	穿左右为满文"宝泉"，穿上下为楷书"当拾"

单位	编号	种 类	直径	穿径	郭厚/厚	备 注
M11	4-4	光绪通宝	1.8	0.5	0.1	穿左右为满文"宝泉"
	4-5	同治重宝	2.6	0.7	0.12	穿左右为满文"宝泉"，穿上下为楷书"当十"
M12	1-1	同治通宝	2.9	0.8	0.15	穿左右为满文"宝泉"，穿上下为楷书"当十"
	1-2	同治通宝	2.9	0.7	0.15	穿左右为满文"宝泉"，穿上下为楷书"当十"
	2-1	同治通宝	2.7	0.8	0.12	穿左右为满文"宝泉"，穿上下为楷书"当十"
M13	2-1	光绪通宝	2.1	0.6	0.1	穿左右为满文"宝泉"
	3-1	光绪通宝	2.2	0.6	0.1	穿左右为满文"宝泉"
M14	1-1	光绪通宝	2.5	0.7	0.12	穿左右为满文"宝泉"，穿上下为楷书"当拾"
	2-1	乾隆通宝	2.1	0.6	0.1	穿左右为满文"宝泉"
	2-2	嘉庆通宝	2.2	0.6	0.1	穿左右为满文"宝泉"
	2-3	道光通宝	2.2	0.6	0.1	穿左右为满文"宝泉"

编　后　记

　　这是我的"救火"系列之五。2017年的夏天，我将北京轻轨L2线通州段次渠站、垡渠南站、亦庄火车站土地一级开发项目的四部小报告分别整理完毕。2019年8月，先请罗娇同志帮我合了一次稿。2020年5-9月，我又作了修改订正。

　　2020年9月28日，习近平总书记在十九届中共中央政治局第二十三次集体学习时发表了重要讲话，指出要高度重视考古工作，努力建设中国特色、中国风格、中国气派的考古学。这是国家最高领导人第一次系统地阐述考古学的意义、价值，并提出明确要求。这使我深感自己从事的工作意义重大。至今回想起来，还能感受到那段让人心潮澎湃的岁月。

　　由于工作单位几经变动，书稿今日方得以出版。感谢刘风亮在勘探、发掘过程中的协助。感谢靳枫毅先生在审稿过程中提出的宝贵意见。感谢李永强先生对瓷器内容的审核。感谢北京艺术博物馆李廙先生对铜钱内容的审核。

　　本书由郭京宁执笔。

郭京宁

2021年8月